BIGVOCA
advanced

BIGVOCA
advanced

신영준 지음

머리말

1. 영어 정복의 꿈
"도대체 얼마나 공부를 해야 영어를 잘할까?"

이 물음에 대한 답을 알고 싶었다. 주변의 영어를 잘하는 사람들에게 물어봐도 시원한 답변은 돌아오지 않았다. 외국 생활을 6년이나 했다. 전공분야의 영어는 그다지 문제없이 읽을 수 있었지만 전공서적이 아닌 원서는 읽기가 너무 어려웠다. 또 외신을 접해도 쉽게 이해할 수 없었다.

"도대체 뭐가 문제일까?"

곰곰이 생각해보니 답은 간단했다. 다른 것은 둘째치고 단어의 뜻을 모르면 해석이 절대로 불가능했다. 그럼 얼마나 많은 단어를 알아야 한단 말인가? 조사를 해보니 영어를 모국어로 쓰는 사람들은 대략 3~5만 개 사이의 어휘를 안다고 한다. 그럼 얼마나 많은 단어를 알아야 불편함 없이 영어로 의사소통이 가능한지 궁금해졌다.

2. 우리는 얼마나 많은 단어를 알아야 하는가?

단어의 사용 빈도는 거듭제곱의 법칙(멱법칙)을 따른다는 것은 잘 알려진 사실이다. 거듭제곱의 법칙을 간단히 설명하자면 큰 사건이 일어날 확률은 낮고 일상적인 사건이 일어날 확률은 높다는 법칙이다. 더 구체적인 비유를 들자면 큰 지진이 일어날 확률은 매우 낮고 우리가 느끼지 못하는 작은 강도의 지진은 아주 자주 발생한다는 것이다. 그래도 혹시 이해가 안 된다면 우리가 자주 들어본 파레토의 법칙(인구 20%가 80%의 부를 가진다.)을 생각하면 된다. 자주 사용되는 20%의 단어가 총 단어 사용량의 80%를 차지하는 것이다. 원어민이 평균 4만 개의 단어를 알고 있다는 것을 고려하면 우리는 그것의 20%, 즉 8000개의 단어를 알면 영어를 외국어로 쓰는 입장에서 충분히 많이 아는 것이라고 통계적으로 결론을 내릴 수 있다.

3. BIGVOCA의 탄생

나에게는 그 마법의 영어 8000단어가 너무나도 절실히 필요했다. 그래서 조사를 시작했다. 역시 '구글신'은 모든 것을 알고 있었다. 검색을 해보니 온라인상에서 영어 단어 뭉치들을 찾는 것은 그렇게 어려운 일이 아니었다. 그중에서도 가장 큰 뭉치는 모든 책을 전자화하는 구텐베르크 프로젝트에서 추출된 단어 뭉치였다. 2만 4천 권의 책에서 추려진 단어의 모수는 약 8억 개였다. 구텐베르크 프로젝트의 책들은 저작권이 만료된 고전이 많아서 단어 뭉치 안에는 고어가 많았다. 그래서 단점을 보강하기 위해 TV 대본(script)과 다양한 자료에서 만들어진 단어 뭉치들과 합쳐서 단어 모집단을 11억 개로 늘렸다.

4. BIGVOCA의 완성

11억 개 단어 모집단에서 우선순위 2만 단어를 추려냈다. 고어를 빼고 이름과 지명 같은 고유명사도 다 제거했다. 그 작업만 꼬박 1년이 걸렸다. 2만 개를 추려도 추가 작업이 남아 있었다. 빅데이터는 말 그대로 데이터일 뿐이다. 그 결과에 대한 판단은 우리가 해야 한다. 2만 개의 단어 안에는 예를 들어 take라고 하면 takes, taking, taken, took가 모두 포함되어 있었다. 그래서 관련 단어들은 묶어주고 불필요한 것은 제거하는 작업을 진행했다. 그러면서 표제어를 알면 직관적 추론이 가능한 관련 어휘들은 전부 표제어와 함께 묶었다. 그렇게 작업을 하니 우리가 외워야 할 표제어는 8천 개로 줄어들었다. 행복했다.

5. BIGVOCA가 진리인 이유

우선순위를 검증하는 작업은 구글의 Ngram Viewer를 통해 이뤄졌다. 구글 Ngram Viewer로 검색할 수 있는 책은 700만 권이다. 실로 어마어마한 데이터라고 말할 수 있다. 8000개로 추려진 단어를 일일이 Ngram viewer에 검색해서 2008년(검색이 가능한 가장 최근 연도) 기준으로 그 우선순위를 검증했다. 결과는 그래프(1)에서 보면 알 수 있듯이 거듭제곱의 법칙을 놀라울 정도로 아주 잘 충족시켰다. 최종 우선순위는 2008년 기준으로 거듭제곱 법칙을 충족시키지 못하는 단어를 제거하는 보정 작업을 통해서 그래프(2)에서 보이는 것처럼 완벽하게 구성되었다.

Ngram viewer를 이용하면 정확히 단어가 몇 년도에 몇 퍼센트 쓰였는지까지 알 수 있다. 8000개의 표제어가 700만 권에서 쓰인 총 빈도는 45%였다. 어? 생각보다 적은 것이 아닌가? 그렇지 않다. 우선 고유

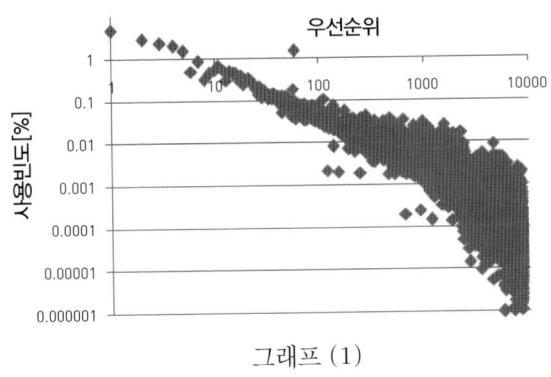

그래프 (1)

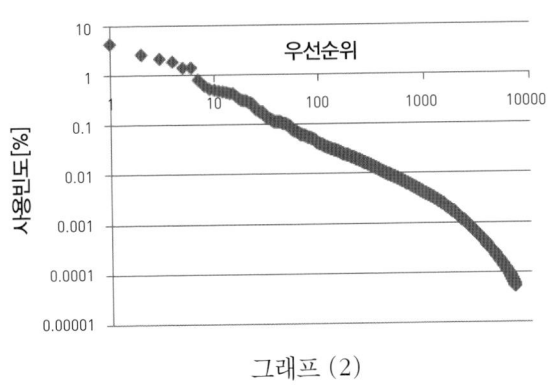

그래프 (2)

명사를 우선순위에서 제거했기 때문에 상당수의 빈도가 빠진다. 예를 들어 China는 원래 우선순위를 적용했으면 800위 정도에 들어가는 아주 중요한 단어다. 또 다른 예로 take 같은 경우는 동사원형을 제외하고 현재분사, 과거분사 같은 경우는 다 관련 어휘로 표제어 8000개에서 빠졌기 때문에 이런 데이터를 모두 합하면 실제로는 90%가 넘는다(앞에서 우리가 언급했던 파레토의 법칙에 완벽하게 부합하는 수치이다.). 표제어와 부록에 실린 관련 어휘를 다 알게 되면 700만 권을 기준으로 했을 때 90%의 사용 빈도에 해당하는 단어는 다 알게 된다. 3억 개의 표본을 대상으로 조사하여 우선순위 3000단어를 발표한 A New General Service List에 따르면 7000개 정도의 어휘를 알면 95% 이상의 사용 빈도에 해당하는 단어를 아는 것이라고 한다.

앞에서 언급한 것처럼 BIGVOCA의 우선순위는 시대를 반영했다. 예를 들어 interact라는 단어는 과거에 많이 사용되지 않았기 때문에 그 어떤 사전에서도 흔히 우선순위 범주로 여겨지는 별표시가 없다. 하지만 1940년대와 2000년의 interact의 사용 빈도를 비교하면 20배가 늘어난 것을 확인할 수 있다. 웬만한 중요도 별 두 개짜리 단어들보다 interact가 빈번하게 사용되고 있는 것이다. 이런 식으로 시대를 반영했기 때문에 BIGVOCA로 공부하면 평소 학업이나 업무에서 공부한 단어가 실제로 나올 확률이 극도로 높아진다. 시험의 지문들은 여러 문헌에서 일부 발췌한 것이기 때문에 시험을 잘 볼 확률 또한 당연히 높아진다.

6. BIGVOCA의 신뢰도 검증

단어장에 실린 단어가 얼마나 포괄적으로 적용될 수 있는지 CNN 머리기사 제목 모음과 수능 영어 부분을 가지고 신뢰도 검증을 진행하였다. 뉴스 제목은 단어를 모르면 그 뜻을 절대 알 수가 없다. 제목의 단어 하나하나가 정말 중요하기 때문에 평가 대상으로 아주 적절했다. 50일 정도 CNN 홈페이지에 뜨는 다양한 주제의 머리기사 제목으로 단어장의 포괄범위를 평가한 결과 뉴스 제목에 쓰인 단어의 98%가 평균적으로 단어장에 포함되는 것으로 확인되었다. 최근 5개년 수능을 평가했을 때 99%의 단어가 단어장 표제어와 관련 어휘에 포함되는 것이 판명되었다(단어장 서두에 언급한 접두사와 접미사를 적용했을 때 100% 직관적 추론이 가능한 단어는 포함된다고 평가하였다.). 일본 수능의 영어 파트를 테스트하여도 BIGVOCA 우선순위 단어에 모든 출제 어휘가 100% 포함되었다(일본 수능 영어의 난이도는 우리나라보다는 많이 낮다.). 또 대중이 얼마나 단어를 알고 있는지 페이스북을 통해 총 2000여 명을 대상으로 조사하였다. 우선순위 2000번을 넘어가면 설문 퀴즈 정답률이 60% 이하로 떨어지고 4000번만 넘어가도 40% 이하로 떨어지는 것을 볼 수 있었다. 대부분의 일반인이 독해에 꼭 필요한 어휘를 모르고 있다는 사실이 확인된 것이다. 마지막으로 실제 CNN에서 표제어가 얼마나 많은 기사에서 쓰였는지 검증을 해보았다. 그래프(3)에서 확인할 수 있듯이 BIGVOCA 단어 우선순위와 실제로 단어가 포함된 기사 개수의 관계는 거듭제곱의 법칙에 아주 잘 부합되었다. 우선순위가 높을수록 많은 기사에서 빈번하게 사용되었다는 것이다.

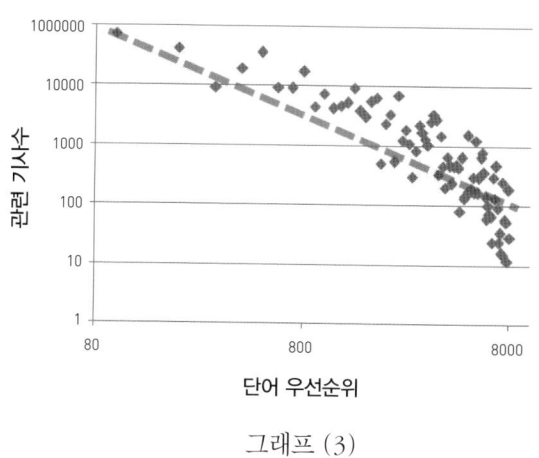

그래프 (3)

7. BIGVOCA의 작업을 마치며...

모든 결과를 떠나서 나 자신이 최종 결과물을 통해 왜 영어를 못하는지 알게 되었다. 그래도 외국에서 공부하고 생활한 덕분에 전반부의 단어 4000개는 80% 이상을 알고 있었다. 하지만 후반부의 단어 4000개는 30%만 알고 있었다. 그렇기에 전공과 관련되지 않은 글들은 도저히 읽을 수 없었던 것이다. 모국어가 영어가 아닌 이상 영어를 배울 때 단어를 의도적으로 암기하지 않고 영어를 잘할 수 있는 방법은 없다. 8000개는 생각보다 그렇게 많은 숫자는 아니다. 또 무작정 외울 것이 아니라 우선 단어장의 core 편에 있는 4000개의 단어만 순서대로 확실히 외워도 영어 실력은 엄청나게 향상될 것이다. 지금 대한민국의 영어 교육은 대부분 회화 위주로 구성되어 있다. 물론 잘 말하고 듣는 것은 매우 중요하다. 하지만 공부나 업무를 하려면 읽고 쓰기가 우선적으로 되어야 한다. 잘 읽고 잘 쓰려면 가장 필요한 조건은 적절한 어휘를 아는 것이다.

그렇게 2년이 넘는 작업이 드디어 끝났다. 다니던 회사까지 그만두고 작업을 했다. 참으로 긴 시간이었고 정말 열심히 만들었다. 많은 분께 도움이 되었으면 좋겠다. 대한민국 사람 모두가 단어를 암기한다고 해도 영어를 원어민처럼 유창하게 하지는 못하겠지만 어떤 지문을 봐도 어느 정도 내용을 추론할 수 있고, 또 자기 분야의 업무를 정확한 단어로 표현할 수 있도록 돕는 것이 내 꿈이다. 꿈을 이루기 위해 나는 단어장 출간에서 작업을 끝내지는 않을 것이다. 팟캐스트에 모두가 무료로 들을 수 있도록 모든 표제어의 예문을 올릴 것이며, 다양한 프로젝트들을 통해서 많은 분이 포기하지 않고 영어 단어를 외울 수 있도록 꾸준히 활동할 것이다. 그렇게 열심히 노력해서 '콩글리시'가 말도 안

되는 영어를 뜻하는 것이 아니라 한국의 고유 악센트와 문화를 담고 있는 진짜 영어가 되도록 만들고 싶다.

마지막으로 감사의 말을 전하고 싶다. 영어 전문가가 아니다 보니 정말 많은 분이 도와주셨다. 우선 감수를 해주신 황예슬 선생님, 김필립 선생님, 황지환 선생님께 진심으로 감사의 말씀을 드리고 싶다. 또 우선순위 확인과 예문 작성에 도움을 준 Bruce, James에게도 감사를 드린다. 작업 관련 모든 프로그래밍을 도와준 나의 오랜 절친 태웅이에게도 정말 고맙다는 말을 전하고 싶다. 출판 전반에 관련하여 조언과 지지를 해주신 고영성 작가님에게도 진심으로 감사의 인사를 드린다. 또 2년 동안 나에게 무한한 사랑과 지지를 주신 사랑하는 페친/팔로워 여러분께도 진심으로 고맙다는 말씀을 드리고 싶다. 마지막으로 남편의 무모해 보이는 사직까지 허락해준 최고의 아내 추현경 여사와 새벽에 작업할 때 귀여운 잠꼬대로 아빠에게 미소를 준 신채아 아기에게 정말 고맙고 사랑한다고 전하고 싶다.

저자 신영준

사용 설명서 (User Guide)

1____ 단어를 본격적으로 외우기 전에 다음 장에 나오는 필수 접두사/접미사를 외워야 합니다. 필수 접두사/접미사를 알고 있으면 아주 많은 단어의 뜻을 쉽게 유추할 수 있습니다. 반드시 외우고 단어 암기를 시작해야 합니다.

2____ 우선 단어를 순서대로 외우는 것이 중요합니다. 철저하게 빅데이터를 바탕으로 우선순위에 근거하여 만들어진 단어장이기 때문에 순서대로 외우는 것이 가장 효율적인 방법입니다.

3____ 1~300 사이에는 대명사나 전치사 같은 문법을 위한 단어들이 많이 있습니다. 그런 단어들은 무리해서 외우려고 하지 마시고 이런 단어가 있다는 것만 알고 넘어가시면 됩니다. 이런 단어들은 매우 빈번하게 모든 문장에서 계속 나오기 때문에 많이 읽어야 자연스럽게 체득이 됩니다.

4____ 단어만 외우면 기억 속에 오래 남지도 않고 나중에 문맥을 파악할 때 쉽게 적용을 하기도 어렵습니다. 그러므로 예문을 찾아가면서 외우시는 것이 훨씬 효과적입니다. 지면 관계상 문장을 포함하지 못해

모든 표제어의 예문은 팟캐스트 [영어 독서 공부합시다]의 [단어교실]에 꾸준히 업데이트할 예정입니다.

5 각 페이지에는 동기부여나 영감을 주는 좋은 명언들이 한 문장씩 있습니다. 하루에 한 문장 정도는 통째로 외우는 것이 좋습니다. 명언 암기를 통해 문장 단위의 감각을 키우고 나중에 암기한 단어를 습득한 문장 형식에 적용하면 아주 유창한 영어를 구사할 수 있습니다.

6 표제어를 다 외웠으면 꼭 부록에 있는 관련 어휘도 공부해야 합니다. 표제어를 정확히 외운다면 관련 어휘의 뜻은 쉽게 추론할 수 있게 됩니다.

7 그렇게 단어를 외웠으면 본인에 수준에 맞는 영어 기사나 책을 꼭 읽어야 합니다. 그렇게 실제 문장에 적용된 단어를 자꾸 접해야 진짜 단어가 체득되고 그 단어들을 통해 영어를 자유자재로 구사하게 됩니다.

★ BIGVOCA 발음기호는 Phonemic Respelling 방식으로 표기하였습니다. 단어 몇 개를 www.dictionary.com에서 찾아 직접 소리로 익히시면 쉽게 이해하실 수 있습니다.

추천 예시 단어) light, eight, ship, sheep, oat, ought, look, Luke, alpha, organic, binocular, pronunciation

반드시 알아야 하는 접두사/접미사

단어를 외우기 전에는 핵심 접두사/접미사는 반드시 외워야 합니다. 접두사/접미사를 잘 알고 있으면 아주 많은 단어의 뜻을 기존에 알고 있던 단어들로부터 쉽게 유추할 수 있습니다. 그래서 합성어의 뜻이 직관적인 기본 접두사와 접미사를 정리했습니다. 본격적으로 단어를 외우기 전에 꼭 암기하세요!

접두사

1. [반하여] anti → (사회적인) social - (반사회적인) antisocial
2. [부정] dis → (동의하다) agree - (반대하다) disagree
3. [틀린] mis → (이해하다) understand - (오해하다) misunderstand
4. [부정/반대] un → (하다) do - (원래대로 돌리다/취소하다) undo
5. [아니다/비(非)] non → (멈추다) stop - (직행의/연속적인) nonstop
6. [다시] re → (재생하다) play - (다시 재생하다) replay
7. [만들다] en → (위험) danger - (위험에 빠뜨리다) endanger
8. [바꾸다] trans → (형태) form - (변형시키다) transform
9. [뒤에] post → (전쟁) war - (전후(戰後)의) postwar

10. [미리] pre → (보다) view - (예습하다) preview
11. [아래에] sub → (의식하는) conscious - (잠재의식의) subconscious
12. [반대] in / im / ir / il → (직접적인) direct - (간접적인) indirect
13. [~보다 많이/보다 나은] out → (보다) look - (전망) outlook

접미사

1. 명사를 만드는 접미사

동사+-ment, -at(s)ion, -i(s)tion, -t(s)ion, -al, -ance 등

develop → development, convert → conversion, arrive → arrival, ignore → ignorance

형용사+-ness, -(i)ty, -th ,-y, -ance 등

kind → kindness, able → ability, true → truth, important → importance

동사+-er, -ar, -or, -ant, -ent, -ee 등

teach → teacher, attend → attendant, employ → employee

2. 형용사를 만드는 접미사

명사+-ant, -ful, -less(부정의미), -ous, -ent, -al, -ly, -y, -ic(al) 등

resonance → resonant, beauty → beautiful, care → careless, danger → dangerous, addition → additional

동사+-ing, -ive, -able 등

surprise → surprising, act → active, respect → respectable

3. 동사를 만드는 접미사

명사, 형용사, 혹은 어근+-ify, -ize, -en, -ate 등

active → activate, final → finalize, terr(or) → terrify, deaf → deafen

4. 부사를 만드는 접미사

형용사 + -ly, 명사 + -wise 등

easy → easily, clock → clockwise

단어로 세상 읽기 2

positive & negative

사람들은 점점 긍정적으로 변할까요? 그래서 '긍정적인(positive)'이라는 단어를 검색해 보았습니다. 검색 결과 다행히 간절히 바랐던 대로 많은 문헌에서 긍정이라는 단어가 부정이라는 단어보다 많이 쓰였습니다. 하지만! '부정적(negative)'이라는 단어 또한 신기할 정도로 비슷한 추세로 문헌에서 많이 나타났습니다. 긍정과 부정은 동전의 양면 같은 것이기에 떼놓고 생각할 수 없는 것 같습니다. 그래도! 부정적이라는 단어보다는 긍정적이라는 단어가 언제나 더 많이 쓰였습니다. 흔히 인생을 제로섬(zero-sum)게임이라고 하지만 빅데이터에 누적된 단어로만 보면 인간은 조금 더 긍정적이라고 말할 수 있을 것 같습니다. 긍정의 힘으로 함께 열심히 단어를 외워보실까요?

[X축: 연도, Y축: 총 단어 중 사용 빈도]

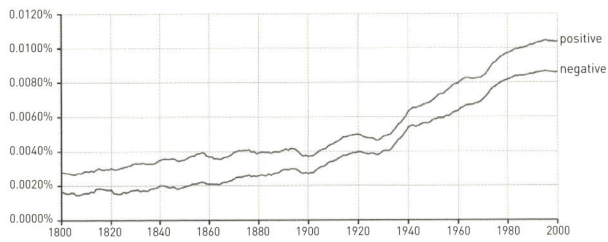

4001	**senate** [**sen**-it]	(미국·프랑스 등의) 상원, (일부 국가에서) 대학 평의회, (고대 로마의) 원로원
4002	**martyr** [**mahr**-ter]	순교자, (질병 등에) 끊임없이 시달리는 사람, 순교자로 만들다
4003	**encompass** [en-**kuhm**-p*uh* s]	아우르다, 망라하다, 둘러싸다
4004	**antagonist** [an-**tag**-*uh*-nist]	적대자, 악역
4005	**throng** [thrawng]	인파, 군중, (떼를 지어) 모여들다[모여 있다]
4006	**bead** [beed]	구슬, (구슬 같은) 방울
4007	**unification** [yoo-n*uh*-fi-**key**-sh*uh* n]	통일, 단일화, 통합
4008	**stigma** [**stig**-m*uh*]	치욕, 낙인, 오명, (꽃의) 암술머리
4009	**preclude** [pri-**klood**]	못하게 하다, 불가능하게 하다
4010	**offend** [*uh*-**fend**]	기분 상하게 하다, 범죄를 저지르다, (도덕 등에) 위배되다
4011	**reap** [reep]	(특히 좋은 결과 등을) 거두다[수확하다], (농작물을) 수확하다
4012	**mitigate** [**mit**-i-geyt]	완화[경감]시키다, 누그러뜨리다
4013	**regimen** [**rej**-*uh*-m*uh* n]	식이요법

1. My only fault is that I don't realize how great I really am. _Mohamed Ali
나에게 흠이 하나 있다면 내가 얼마나 끝내주는 사람인지 잘 모르고 있다는 것이다. _무하마드 알리

4014	**vanish** [**van**-ish]	(갑자기 · 불가사의하게) 사라지다, 없어지다
4015	**impart** [im-**pahrt**]	(정보 · 지식 등을) 전하다, (특정한 특성을) 주다
4016	**rum** [ruhm]	럼주, 럼주 한 잔, 이상한, 기묘한
4017	**junk** [juhngk]	쓸모없는 물건, 쓰레기, 폐물로 처분하다
4018	**drastic** [**dras**-tik]	과감한, 극단적인, 급격한
4019	**posterior** [po-**steer**-ee-er]	~뒤의, 뒤쪽에 있는
4020	**cherry** [**cher**-ee]	버찌, 체리, 벚나무, 체리 나무, 선홍색, 선홍색의
4021	**jolly** [**jol**-ee]	행복한, 쾌활한, 즐거운, 아주
4022	**providence** [**prov**-i-d*uh* ns]	(신의) 섭리
4023	**dispatch** [dih-**spach**]	파견하다, (편지 등을) 발송하다, 신속히 해치우다, 파견, 발송, 긴급 공문
4024	**feat** [feet]	위업, 개가, (뛰어난) 솜씨[재주]
4025	**lore** [lawr]	(특정 주제에 대한) 구전 지식, 구비 설화, (민간) 전통
4026	**rot** [rot]	(자연스럽게 서서히) 썩다[부식/부패하다], 썩음, 부식, 상황 악화

2. Any man is liable to err, only a fool persists in error. _Marcus Tullius Cicero
잘못은 누구나 범하기 쉽지만 오직 바보만이 잘못을 고집한다. _마르쿠스 툴리우스 키케로

4027	**lure** [loo r]	꾀다, 유혹하다, 유혹, 매력
4028	**annuity** [uh-**noo**-i-tee]	연금, 연금보험
4029	**ballet** [ba-**ley**]	발레, 무용극
4030	**chariot** [**char**-ee-uh t]	(고대의 전투나 경주용) 마차[전차]
4031	**modal** [**mohd**-l]	법의, 법에 관한, 양식의, 형식의
4032	**rubbish** [**ruhb**-ish]	쓰레기, (질이) 형편없는 것, 헛소리, 말도 안 되는 소리
4033	**dagger** [**dag**-er]	단도, 단검
4034	**evacuation** [ih-vak-yoo-**ey**-shuh n]	비우기, 피난, 철수, 배설, 배출
4035	**deter** [dih-**tur**]	단념시키다, 방해하다, 저지하다
4036	**cleavage** [**klee**-vij]	(앞이 파인 드레스 밖으로 보이는) 유방 사이 오목한 부분, (집단의) 분열
4037	**pirate** [**pahy**-ruh t]	해적, 저작권 침해자
4038	**cosmos** [**koz**-muh s]	(질서와 조화가 있는 체계로서의) 우주
4039	**facade** [fuh-**sahd**]	(건물의) 정면[앞면], (실제와는 다른) 표면, 허울

> 3. Life levels all men, Death reveals the eminent. _George Bernard Shaw
> 삶은 모든 사람을 동등하게 한다. 죽음은 탁월한 사람들을 드러낸다. _조지 버나드 쇼

4040	**saloon** [s*uh*-**loon**]	세단형 승용차, (과거 북미에서) 술집, (여객선에서) 휴게실
4041	**inlet** [**in**-let]	좁은 물줄기, 작은 만, (액체·가스 등의) 주입구
4042	**hatch** [hach]	부화하다, (비밀리에 계획 등을) 만들어내다, (배·항공기의) 출입구
4043	**bug** [buhg]	벌레, 작은 곤충, 유행성 질병, 오류, (열광적인) 취미, 도청하다, 괴롭히다
4044	**pinch** [pinch]	꼬집다, 꼭 잡다, 꽉 끼다, 꼬집기, (작은 양) 한 줌, (굶주림 등의) 고생
4045	**tilt** [tilt]	기울다, 젖혀지다, (한쪽으로) 기울어지게 하다, 기울어짐, 우승하려는 시도
4046	**nurture** [**nur**-cher]	(잘 자라도록) 양육[육성]하다, (감정·계획 등을 마음속으로) 키우다, 양육, 육성
4047	**ledge** [lej]	절벽에서 (선반처럼) 튀어나온 바위, (창문 아래 벽에 붙인) 선반
4048	**accuse** [*uh*-**kyooz**]	고발[기소/비난]하다, 혐의를 제기하다
4049	**bud** [buhd]	싹, 꽃봉오리, 눈, 싹을 틔우다
4050	**bleak** [bleek]	(상황이) 암울한, 절망적인, (날씨가) 으스스한, 음산한, (장소가) 황량한
4051	**scalp** [skalp]	두피, 머리 가죽, (승리의) 징표, 전리품, (승리 표시로 적의) 머리 가죽을 벗기다
4052	**intercept** [in-ter-**sept**]	(중간에) 가로막다[가로채다]

4. Who seeks more than he needs hinders himself from enjoying what he has. _Hebrew Proverb
필요한 것보다 더 많은 것을 구하는 사람은 그가 가진 것을 즐기는 것을 스스로 방해한다 _히브리인 속담

4053	**lame** [leym]	절름발이의, (변명 등이) 불충분한, 설득력이 없는, 부자연스러운
4054	**fragrant** [**frey**-gr*uh* nt]	향기로운, 향긋한, 냄새가 좋은, (추억 등이) 달콤한
4055	**glove** [gluhv]	장갑
4056	**consul** [**kon**-s*uh* l]	영사, 집정관
4057	**pill** [pil]	알약, 정제, (경구) 피임약, 환약을 만들다
4058	**coward** [**kou**-erd]	겁쟁이, 비겁자
4059	**porter** [**pawr**-ter]	짐꾼, 문지기, 수위
4060	**hypocrisy** [hi-**pok**-r*uh*-see]	위선
4061	**perennial** [p*uh*-**ren**-ee-*uh* l]	(아주 오랫동안) 지속되는, 영원한, (식물이) 다년생의
4062	**insurrection** [in-s*uh*-**rek**-sh*uh* n]	반란[내란] 사태
4063	**stringent** [**strin**-j*uh* nt]	(법률 등이) 엄중한, 엄한
4064	**bang** [bang]	쾅 하고 치다, 쾅 하고 닫다, 쾅
4065	**plaque** [plak]	장식 액자[현판], (치아에 끼는) 치석

5. The perils of overwork are slight compared with the dangers of inactivity. _Thomas A. Edison
일을 하지 않았을 때의 위험들과 비교하면 과로로 인한 위험들은 경미하다. _토머스 A. 에디슨

4066	**roast** [rohst]	(오븐 속이나 불 위에 대고) 굽다, 볶다, 혹평하다
4067	**revise** [ri-**vahyz**]	(의견·계획을) 변경[수정]하다, 개정[수정/조정]하다
4068	**tablet** [**tab**-lit]	(약의) 정제, 명판(名板), 평판(平板), 태블릿 PC
4069	**wondrous** [**wuhn**-dr*uh* s]	경이로운, 경탄스러운
4070	**dogma** [**dawg**-m*uh*]	(독단적인) 신조, 교리
4071	**simulate** [**sim**-y*uh*-leyt]	~한 체[척]하다, 가장하다, 모의실험을 하다, ~처럼 보이게 만들어지다
4072	**rib** [rib]	갈비(뼈), 늑골
4073	**lucrative** [**loo**-kr*uh*-tiv]	수익성이 좋은
4074	**speculate** [**spek**-y*uh*-leyt]	추측[짐작]하다, 투기하다(in, on과 함께 쓰임)
4075	**ant** [ant]	개미
4076	**villain** [**vil**-*uh* n]	(이야기 등의 중심인물인) 악당[악한], 범죄자
4077	**incense** [**in**-sens]	몹시 화나게[격분하게] 하다, (특히 종교의식에 쓰이는) 향
4078	**forge** [fawrj]	구축하다, 위조하다, (금속을) 벼려서 만들다, 대장간, 용광로

> 6. A true friend is one who overlooks your failures and tolerates your success. _Proverb
> 진정한 친구는 당신의 실패들은 눈감아주면서 당신의 성공은 용인하는 자이다. _속담

4079	**limp** [limp]	기운[활기]이 없는, 축 처진, 다리를 절다, (손상이 생겨) 느릿느릿 나아가다
4080	**accelerate** [ak-**sel**-*uh*-reyt]	가속화되다, 가속화하다, 속도를 높이다
4081	**butcher** [**boo ch**-er]	정육점 주인, 도살업자, 잔인한 살인자, 도축하다, 학살하다, 엉망으로 만들다
4082	**slit** [slit]	(좁고 기다란) 구멍[틈], (좁고) 길게 자르다[구멍을 내다]
4083	**maneuver** [m*uh*-**noo**-ver]	책략, 술책, 공작, 교묘한 조작, 연습시키다, (교묘하게) 처리하다, 책략을 쓰다
4084	**pier** [peer]	부두
4085	**yarn** [yahrn]	(직물·편물용) 실, 방적사, (특히 과장되거나 지어낸) 긴 이야기
4086	**opaque** [oh-**peyk**]	(유리 등이) 불투명한, (말·글 등이) 불투명한, 이해하기 힘든
4087	**lament** [l*uh*-**ment**]	애통[한탄/통탄]하다, 애도, 애가, 비가
4088	**ruthless** [**rooth**-lis]	무자비한, 가차없는, 인정사정없는
4089	**mattress** [**ma**-tris]	(침대의) 매트리스
4090	**enact** [en-**akt**]	(법을) 제정하다, 상연[연기] 하다, 일어나다, 벌어지다
4091	**shrill** [shril]	(목소리 등의 소리가) 날카로운

7. Zest is the secret of all beauty. There is no beauty that is attractive without zest. _Christian Dior
열정은 모든 아름다움의 비밀이다. 열정이 없는 매력적인 아름다움은 없다. _크리스챤 디올

4092	**fabulous** [**fab**-y*uh*-l*uh* s]	기막히게 좋은, 엄청난, 굉장한, (문예체) 우화에 나오는
4093	**tar** [tahr]	(석탄을 건류할 때 생기는) 타르, (담배를 태울 때 생기는) 타르, 타르를 바르다
4094	**dessert** [dih-**zurt**]	디저트, 후식
4095	**bail** [beyl]	보석(금), 보석으로 풀어주다, (급히) 떠나다
4096	**errand** [**er**-*uh* nd]	심부름, (다른 사람을 대신해서 해주는) 일
4097	**groan** [grohn]	(고통·짜증으로) 신음 소리를 내다, 끙 하는 소리
4098	**orator** [**awr**-*uh*-ter]	연설가, 웅변가
4099	**tournament** [**too** r-n*uh*-m*uh* nt]	토너먼트, (중세 기사의) 마상 시합
4100	**homicide** [**hom**-*uh*-sahyd]	살인, 살인범
4101	**carbohydrate** [kahr-boh-**hahy**-dreyt]	탄수화물, 탄수화물 식품
4102	**inception** [in-**sep**-sh*uh* n]	시초, 발단, 개시
4103	**dialectic** [dahy-*uh*-**lek**-tik]	변증법, 변증법적 방식
4104	**concise** [k*uh* n-**sahys**]	간결한, 축약된

> 8. Some people don't like change, but you need to embrace change if the alternative is disaster. _Elon Musk
> 어떤 사람들은 변화를 달가워하지 않는다. 하지만 변화를 받아들여야만 하는 순간이 있기 마련이다. 변화를 거부한 결과가 재앙으로 되돌아오는 경우가 그런 순간이다. _엘론 머스크

4105	**plunder** [**pluhn**-der]	(전시에 어떤 장소를) 약탈[강탈]하다, 약탈, 강탈, 약탈품
4106	**excursion** [ik-**skur**-zh*uh* n]	(보통 단체로 짧게 하는) 여행, (잠깐 다른 일에 손을 대는) 외도
4107	**abyss** [*uh*-**bis**]	심연, 깊은 구렁
4108	**censure** [**sen**-sher]	비난, 책망, 엄한 견책, 불신임의 표명
4109	**summon** [**suhm**-*uh* n]	(법원으로) 소환하다, (회의를) 소집하다, 요청하다, (용기 등을 어렵게) 내다
4110	**dilute** [dih-**loot**]	묽게 하다, 희석하다, (효과 등을) 희석시키다
4111	**wallet** [**wol**-it]	지갑, (서류를 넣는 납작한) 가방
4112	**maxim** [**mak**-sim]	격언, 금언
4113	**guise** [gahyz]	(흔히 평상시와 다르거나 가장된) 겉모습[외피], 외관
4114	**jerk** [jurk]	얼간이, 홱 움직임, 홱 움직이다(갑자기 날카롭게 움직이는 동작을 나타냄)
4115	**muster** [**muhs**-ter]	(지지 등을 최대한) 모으다, (용기 등을) 내다, (병사들이) 동원되다, 집결[소집]
4116	**staple** [**stey**-p*uh* l]	주된, 주요한, (스테이플러의) 'ㄷ'자 모양 철사 침
4117	**fabrication** [fab-ri-**key**-sh*uh* n]	제작, 제조, 꾸며낸 것, 위조

---

9. Do not dwell in the past, do not dream of the future, concentrate the mind on the present moment. _Buddha
과거에 사로잡히지 마라. 미래를 꿈꾸지 마라. 온 마음을 지금 이 순간에 집중하라. _부처

4118	**ramp** [ramp]	경사로, 화가 나서 덤비다
4119	**morbid** [**mawr**-bid]	(특히 질병·죽음에 대한 관심이) 병적인[소름끼치는], 병과 관련된, 병의
4120	**phantom** [**fan**-tuh m]	유령, 혼령, 환영, 환상, 유령[혼령] 같은, 상상의
4121	**mole** [mohl]	두더지, 스파이, 터널 굴착기, (화학) 몰(물질의 양을 나타내는 단위)
4122	**subscribe** [suh b-**skrahyb**]	(신문 등을) 구독하다, (단체에 유료 회원으로) 가입하다, 청약[신청]하다
4123	**incessant** [in-**ses**-uh nt]	끊임없는, 쉴 새 없는
4124	**owl** [oul]	올빼미, 부엉이
4125	**haunt** [hawnt]	귀신이 나타나다, (불쾌한 생각이) 뇌리에서 떠나지 않다, 계속 문제가 되다
4126	**appal** [uh-**pawl**]	간담을 서늘케 하다, 끔찍한 충격을 주다
4127	**donkey** [**dong**-kee]	당나귀
4128	**stride** [strahyd]	(성큼성큼 걷는) 걸음, 걸음걸이, 진전
4129	**anarchy** [**an**-er-kee]	무정부 상태, 난장판
4130	**maze** [meyz]	미로, (규칙·내용 등이 많아서) 종잡을 수 없이 복잡한 것

---

10. Do not do to others what angers you if done to you by others. _Socrates
자신을 화나게 했던 행동을 다른 이에게 행하지 말라. _소크라테스

4131	**relapse** [ri-**laps**]	(병의) 재발[악화], (안 좋은 상태로) 다시 빠지다[되돌아가다]
4132	**disparity** [dih-**spar**-i-tee]	(한쪽에 불공평한) 차이, 불균형
4133	**topography** [t*uh*-**pog**-r*uh*-fee]	지형, 지형학
4134	**spill** [spil]	(실수로) 흘리다, 쏟다, 쏟아져 나오다, 유출, 흘린 액체, 불쏘시개
4135	**slogan** [**sloh**-g*uh* n]	구호, 표어, 슬로건
4136	**affliction** [*uh*-**flik**-sh*uh* n]	고통, 고통의 원인
4137	**frenzy** [**fren**-zee]	광분, 광란
4138	**surf** [surf]	(해변으로 밀려오는 큰) 파도, 파도타기를 하다, 인터넷을 서핑하다
4139	**algebra** [**al**-j*uh*-br*uh*]	대수학, 대수
4140	**deploy** [dih-**ploi**]	(군대 등을) 배치하다, 효율적으로 사용하다
4141	**edifice** [**ed**-*uh*-fis]	(크고 인상적인) 건물, 조직, 체계
4142	**primacy** [**prahy**-m*uh*-see]	최고, 으뜸, 탁월함, 제1위, 대주교의 지위
4143	**eruption** [ih-**ruhp**-sh*uh* n]	폭발, 분화, 분출, 발진, 이가 남

> 11. Fear is the tax that conscience pays to guilt. _George Sewell
> 두려움은 양심이 죄에 내는 세금이다. _조지 스웰

4144	**puppy** [**puhp**-ee]	강아지, 자만심에 찬[무례한] 청년
4145	**convex** [kon-**veks**]	(표면이) 볼록한, 볼록렌즈
4146	**aviation** [ey-vee-**ey**-sh*uh* n]	항공(술), 비행
4147	**influenza** [in-floo-**en**-*zuh*]	(병리) 인플루엔자, 유행성 감기, (사상적·경제적) 유행
4148	**weave** [weev]	(옷감·카펫 등을) 짜다, 짜서 엮다, (이야기 등을) 엮다, 짜는 법, (직물의) 무늬
4149	**rap** [rap]	톡 때리기, (음악) 랩, 혐의, 부당한 평가, 비방, 톡톡 두드리다, 혹평하다
4150	**antecedent** [an-*tuh*-**seed**-nt]	선행 사건, 선조, (문법) 선행사, 선행된, 이전의
4151	**premier** [pri-**meer**]	최고의, 제1의, 수상
4152	**stereotype** [**ster**-ee-*uh*-tahyp]	고정관념, 정형화된 생각, 고정관념을 형성하다, 정형화하다
4153	**trance** [trans]	비몽사몽, 무아지경, 트랜스 음악
4154	**linger** [**ling**-ger]	(예상보다 오래) 남다[계속되다], 머물다, (시름시름) 버티다[목숨을 부지하다]
4155	**comb** [kohm]	빗, 빗질, (수탉 머리 위의) 볏, 빗다, 빗질하다, 샅샅이 찾다
4156	**chronology** [kr*uh*-**nol**-*uh*-jee]	연대순, 연대표, 연대기

12. Rudeness is the weak man's imitation of strength. _Eric Hoffer
무례함이란 약자의 강한 척이다. _에릭 호퍼

4157	**ache** [eyk]	(계속 무지근히) 아프다, (~하고 싶어) 못 견디다, 통증, (계속적인) 아픔
4158	**amend** [*uh*-**mend**]	(법 등을) 개정[수정]하다
4159	**recess** [ri-**ses**]	휴회 (기간), (방의 벽에서) 우묵 들어간 부분, 구석진[후미진] 곳, 휴회를 하다
4160	**blur** [blur]	흐릿한 형체, 희미한 것, 흐릿해지다, (눈이) 흐려지다, 모호해지다
4161	**masonry** [**mey**-s*uh* n-ree]	(건물에서) 석조 부분, 돌[벽돌] 쌓기 공사
4162	**obese** [oh-**bees**]	비만인, 지나치게 살찐
4163	**haze** [heyz]	연무, (시야를 가리는) 희부연 것, 몽롱한 상태, 연무로 뒤덮이다, 괴롭히다
4164	**slack** [slak]	느슨한, 늘어진, (사업이) 부진한, (태도가) 해이한
4165	**shudder** [**shuhd**-er]	(공포 등으로) 몸을 떨다, 전율하다, (기계 등이) 마구 흔들리다, 전율, 몸서리
4166	**guerrilla** [g*uh*-**ril**-*uh*]	게릴라, 유격대
4167	**kindergarten** [**kin**-der-gahr-tn]	유치원
4168	**rumor** [**roo**-mer]	소문, 풍문, 유언비어, 소문내다
4169	**retina** [**ret**-n-*uh*]	망막

---

13. Never give up. Today is hard, tomorrow will be worse, but the day after tomorrow will be sunshine. _Jack Ma

절대 포기하지 마라. 오늘은 고되고 내일은 더 고된 하루일 것이다. 하지만 그 다음 날은 햇빛이 찬란하게 비출 것이다. _마윈

4170	**swap** [swop]	교환하다, 교대로 하다
4171	**amuse** [*uh*-**myooz**]	(사람을) 즐겁게[미소 짓게/재미있게] 하다, 즐거운 시간을 갖게 해주다
4172	**torrent** [**tawr**-*uh* nt]	급류, 마구 쏟아짐[퍼부음], 빗발침
4173	**inflict** [in-**flikt**]	(괴로움 등을) 가하다[안기다]
4174	**groove** [groov]	홈, 최고조, (음악의) 리듬
4175	**transcend** [tran-**send**]	초월하다, 능가하다, 넘다
4176	**brink** [bringk]	(새롭거나 위험하거나 흥미로운 상황이 발생하기) 직전, (벼랑·강가 등의) 끝
4177	**haven** [**hey**-v*uh* n]	안식처, 피난처
4178	**predicament** [pri-**dik**-*uh*-m*uh* nt]	곤경, 궁지
4179	**hum** [huhm]	콧노래를 부르다, (노래를) 흥얼거리다, 웅웅[윙윙]거리다, 활기가 넘치다
4180	**grease** [grees]	(끈적끈적한) 기름, 기계의 윤활유, (굳어 있는 동물성) 기름, 기름을 바르다
4181	**canyon** [**kan**-y*uh* n]	협곡
4182	**cartoon** [kahr-**toon**]	만화, 만화영화, (그림의) 밑그림

14. Youth is easily deceived because it is quick to hope. _Aristotle
젊은이들은 희망을 빨리 갖기 때문에 그만큼 쉽게 현혹된다. _아리스토텔레스

#	Word	Meaning
4183	**twofold** [**too**-fohld]	두 배의, 두 부분으로 된
4184	**defy** [dih-**fahy**]	(권위·법률·규칙 등에) 반항[저항/거역]하다, (기이할 정도로 잘) 견뎌내다
4185	**fuss** [fuhs]	호들갑, 법석, 야단, 화[불평], 법석[호들갑]을 떨다, (하찮은 것을 두고) 안달하다
4186	**vigilance** [**vij**-*uh*-l*uh* ns]	경계, 조심, 불침번, 각성, 불면증
4187	**lavish** [**lav**-ish]	풍성한, 호화로운, 사치스러운, 마음이 후한, 아끼지 않는, 아낌없이 주다
4188	**repeal** [ri-**peel**]	(법률을) 폐지하다
4189	**stitch** [stich]	(바느질에서) 바늘땀, (뜨개질에서) 코, 바느질하다, 꿰매다, (상처를) 봉합하다
4190	**devastate** [**dev**-*uh*-steyt]	(한 장소나 지역을) 완전히 파괴하다, (사람에게) 엄청난 충격을 주다
4191	**suspend** [s*uh*-**spend**]	매달다, 걸다, (공식적으로) 유예[중단]하다, 연기[유보]하다, 정직[정학]시키다
4192	**chant** [chant]	구호[성가]를 외치다[부르다], 기도문을 읊조리다, 구호, 성가
4193	**buck** [buhk]	달러, 수사슴, (말이) 날뛰다, (아래위로) 걷잡을 수 없이 흔들리다, 저항하다
4194	**incur** [in-**kur**]	(좋지 못한 상황을) 초래하다[처하게 되다], (비용을) 발생시키다[물게 되다]
4195	**sow** [soh]	(씨를) 뿌리다[심다], (감정·생각 등을) 싹트게 하다, 암퇘지, 암컷

15. Respect yourself and others will respect you. _Confucius
스스로 존경하면 다른 사람도 그대를 존경할 것이니라. _공자

4196	**emblem** [**em**-bl*uh* m]	(국가 · 단체를 나타내는) 상징, (전형적인 표본이 되는) 상징
4197	**reel** [reel]	릴, 얼레, 비틀거리다, (화가 나서) 마음이 어지럽다, 빙글빙글 도는 것 같다
4198	**mimic** [**mim**-ik]	(웃기려고 남의) 흉내를 내다, ~을 모방하다, ~처럼 보이다, 흉내쟁이
4199	**platinum** [**plat**-n-*uh* m]	백금, (음반 등이) 100만 장 이상 팔린
4200	**sullen** [**suhl**-*uh* n]	뚱한, 시무룩한, (하늘 · 날씨가) 음침한, 침울한
4201	**concomitant** [kon-**kom**-i-t*uh* nt]	(인과관계에 있어서) 수반되는, 동시에 일어나는
4202	**calculus** [**kal**-ky*uh*-l*uh* s]	(수학) 계산법, 미적분학, (신장 등의) 결석
4203	**lyric** [**lir**-ik]	(시가) 서정시의, 노래[가사]의, 서정시, (노래의) 가사
4204	**vase** [veys]	꽃병, 항아리
4205	**seismic** [**sahyz**-mik]	지진의, 지진에 의한
4206	**dummy** [**duhm**-ee]	(전시용) 인체모형, 모조품, 모조의, 가짜의
4207	**tranquil** [**trang**-kwil]	고요한, 평온한
4208	**streak** [streek]	기다란 줄 모양의 것, (성공 · 실패의) 연속, 줄무늬를 넣다, 벌거벗고 달리다

16. Never underestimate your own ignorance. _Albert Einstein
네 자신의 무지를 절대 과소평가하지 마라. _알버트 아인슈타인

4209	**reunion** [ree-**yoon**-y*uh* n]	모임, 동창회
4210	**marvel** [**mahr**-v*uh* l]	경이(로운 사람·것), 경이로운 결과[업적], 경이로워하다, 경탄하다
4211	**duel** [**dyoo**-*uh* l]	결투, (두 사람·집단 사이의) 다툼[싸움]
4212	**medal** [**med**-l]	메달, (메달 모양의) 훈장, 메달을 따다
4213	**turtle** [**tur**-tl]	거북
4214	**lunar** [**loo**-ner]	달의
4215	**lottery** [**lot**-*uh*-ree]	복권, 복권 추첨과 같은 것
4216	**cascade** [kas-**keyd**]	작은 폭포, 폭포처럼 쏟아지는 물, 폭포처럼 흐르다, 풍성하게 늘어지다
4217	**relish** [**rel**-ish]	(어떤 것을 대단히) 즐기다[좋아하다], (큰) 즐거움[기쁨]
4218	**kettle** [**ket**-l]	주전자, 솥
4219	**oar** [awr]	노, 노를 젓다
4220	**polish** [**pol**-ish]	광택제, 닦기, 윤 내기, 윤, 광택, (기교의) 세련, 광을 내다, (좋아지도록) 다듬다
4221	**monotonous** [m*uh*-**not**-n-*uh* s]	단조로운[변함없는]

17. It is time for parents to teach young people early on that in diversity there is beauty and there is strength. _Maya Angelou
부모들은 이제 다양성 속에 아름다움이 있고 또 강함이 존재한다는 점을 일찍부터 자녀들에게 가르쳐야 한다. _마야 안젤루

4222	**redeem** [ri-**deem**]	(결함 등을) 보완[벌충/상쇄]하다, (명예 등을) 만회하다, (빚을) 청산하다
4223	**attic** [**at**-ik]	다락(방)
4224	**porcelain** [**pawr**-s*uh*-lin]	자기, 자기 제품
4225	**pelvis** [**pel**-vis]	골반
4226	**novice** [**nov**-is]	초보자, 초보 경주마
4227	**pat** [pat]	(애정을 담아) 쓰다듬다, 토닥거리기, (대답 등이) 재빠른, 자연스럽지 못한
4228	**strenuous** [**stren**-yoo-*uh* s]	힘이 많이 드는, 몹시 힘든, 격렬한, 불굴의, 완강한
4229	**din** [din]	(오래 계속되는 크고 불쾌한) 소음
4230	**pest** [pest]	해충, 유해 동물, 성가신 사람[것]
4231	**cereal** [**seer**-ee-*uh* l]	곡물, 곡류, 시리얼, 곡물의
4232	**ambivalent** [am-**biv**-*uh*-l*uh* nt]	상반된 감정을 품은, 애증이 엇갈리는
4233	**repository** [ri-**poz**-i-tawr-ee]	창고, 저장소, (지식의) 보고
4234	**scant** [skant]	거의[별로] 없는, 부족한, 빠듯한

> 18. Happiness isn't something you experience; it's something you remember. _Oscar Levant
> 행복은 네가 경험하는 것이 아니라 기억하는 것이다. _오스카 레반트

#	Word	Meaning
4235	**rag** [rag]	(걸레·행주 등으로 쓰는) 해진 천[누더기]
4236	**juncture** [**juhngk**-cher]	(활동·일련의 사건에서 특정) 시점[단계]
4237	**vest** [vest]	조끼[상의], 속옷, 러닝셔츠
4238	**ale** [eyl]	에일, 상면발효맥주
4239	**nostalgia** [no-**stal**-j*uh*]	향수, 그리움
4240	**anecdote** [**an**-ik-doht]	일화, 개인적인 진술
4241	**convoy** [**kon**-voi]	(군인이나 다른 차량의) 호송[수송]대, 호송하다
4242	**tow** [toh]	(자동차 등을) 끌다, 견인하다, 견인, 예인
4243	**inert** [in-**urt**]	기력이 없는, 비활성[불활성]의
4244	**sparse** [spahrs]	(흔히 넓은 지역에 분포된 정도가) 드문, (밀도가) 희박한
4245	**shrimp** [shrimp]	작은 새우, 작은 새우를 잡다
4246	**tempo** [**tem**-poh]	속도, 박자, 템포
4247	**bluff** [bluhf]	허세를 부리다, 엄포를 놓다

19. Attitude is a little thing that makes a big difference. _Winston Churchill
태도는 아주 사소한 것이지만 거대한 차이를 만들어낸다. _윈스턴 처칠

4248	**salon** [s*uh*-**lon**]	(고급 의상실 같은) 상점, (대저택의) 응접실, 사교 모임
4249	**plank** [plangk]	널빤지[나무판자], (정당 정책의) 주된 항목, 강령
4250	**tonic** [**ton**-ik]	토닉(진 · 보드카 등에 섞어 마시는 탄산음료), 강장제, 으뜸음
4251	**judicious** [joo-**dish**-*uh* s]	사려분별이 있는, 신중한
4252	**denominator** [dih-**nom**-*uh*-ney-ter]	(수학) 분모, 공통의 특징
4253	**referendum** [ref-*uh*-**ren**-d*uh* m]	국민투표, 총선거, 레퍼렌덤
4254	**scissors** [**siz**-erz]	가위
4255	**genial** [**jeen**-y*uh* l]	상냥한, 다정한
4256	**brisk** [brisk]	활발한, 호조의, 빠른, 바쁜, 딱딱한, 사무적인, (차갑지만) 상쾌한
4257	**marsh** [mahrsh]	습지
4258	**scout** [skout]	(무엇을 찾아) 돌아다니다, 정찰하다, 스카우트[발굴]하다, 정찰병, 스카우트
4259	**masterpiece** [**mas**-ter-pees]	걸작, 명품, 일품
4260	**cabbage** [**kab**-ij]	양배추

---

20. The way to get started is to quit talking and begin doing. _Walt Disney
실천하고 싶다면 말하기를 멈추고 움직이기를 시작하라. _월트 디즈니

4261	**nap** [nap]	(낮에) 잠깐 잠, 낮잠, (낮에) 잠깐 자다, 낮잠을 자다
4262	**strap** [strap]	(가죽 · 천 등으로 된) 끈[줄/띠], 끈으로 묶다, 붕대를 감다
4263	**cholera** [**kol**-er-*uh*]	콜레라
4264	**endorse** [en-**dawrs**]	(공개적으로) 지지하다, (유명인이 광고에서 상품을) 보증[홍보]하다, 이서하다
4265	**override** [oh-ver-**rahyd**]	(직권을 이용하여) 기각하다, ~보다 더 우선하다, ~을 압도하다
4266	**profess** [pr*uh*-**fes**]	(특히 사실이 아닌 것을 사실이라고) 주장하다, 공언[천명]하다
4267	**illuminate** [ih-**loo**-m*uh*-neyt]	(~에 불을) 비추다, (이해하기 쉽게) 밝히다[분명히 하다], 환하게 만들다
4268	**badge** [baj]	휘장, 증표, 표, 배지
4269	**orphan** [**awr**-f*uh* n]	고아, (아이를) 고아로 만들다
4270	**corporal** [**kawr**-per-*uh* l]	신체[육체]의, 개인적인, 상등병
4271	**geology** [jee-**ol**-*uh*-jee]	지질학, (특정 지역의) 지질학적 기원[역사]
4272	**haughty** [**haw**-tee]	거만한, 오만한
4273	**obstinate** [**ob**-st*uh*-nit]	고집 센, 완강한, 없애기[처리하기] 힘든, 난감한

21. Learning without thought is labor lost; thought without learning is perilous. _Confucius
배우기만 하고 생각하지 않으면 얻는 것이 없고, 생각만 하고 배우지 않으면 위태로우니라. _공자

인생에서 선택의 순간은 계속 온다. 수험생은 수능만 보면 인생이 끝날 것이라고 착각하지만 절대 그렇지 않다. 또한 취업 준비생은 취업만 되면 모든 문제가 사라질 것 같다고 착각하지만 절대 그렇지 않다. 선택의 순간은 죽을 때까지 온다. 그래서 우리는 최고의 선택을 하기 위해 너무 애쓰기보다는 어떤 선택을 해도 후회가 남지 않게 최선을 다하는 습관을 가지도록 노력해야 한다. 또 한 번의 선택이 실수라고 판명이 나더라도 다음 선택에서 올바른 선택을 한다면 실수는 언제나 만회될 수가 있다. 그러니 올바른 선택을 하지 못할까봐 너무 초조해하지 말고 차분히 실력을 쌓는 데 더 집중하자. 그러면 다 잘 될 것이다.

In life, you will continuously encounter moments of choice. Students tend to believe that life is over when they graduate, but that's not true. Job seekers tend to believe that being employed is the one and only solution to all the problems, but that's not true, either. Moments of choice never end until you die; therefore, instead of putting too much effort in choosing the optimal option, you must try to build a habit of trying your best to free yourself from regrets. When your selection turns out to be a mistake, don't panic, because if you choose it right on the next round, that mistake can always be retrieved. So focus more on building your skills than making right choices. Then, everything will be fine.

#	Word	Meaning
4274	**crusade** [kroo-**seyd**]	(옳다고 믿는 것을 이루기 위한 단호한) 운동, 십자군 전쟁, 운동을 벌이다
4275	**flora** [**flawr**-*uh*]	(특정 장소·시대·환경의) 식물군[상]
4276	**denomination** [dih-nom-*uh*-**ney**-sh*uh* n]	(기독교의) 교파, (특히 돈의) 액면가
4277	**consonant** [**kon**-s*uh*-n*uh* nt]	자음, ~와 일치하는 (to, with)
4278	**rattle** [**rat**-l]	달그락거리다, 덜컹거리다, 당황하게[겁먹게] 하다, 덜컹거리는 소리, 딸랑이
4279	**pigment** [**pig**-m*uh* nt]	그림물감, (자연 상태로 존재하는) 색소
4280	**occult** [*uh*-**kuhlt**]	주술적인, 초자연적인, 주술
4281	**dignify** [**dig**-n*uh*-fahy]	위엄[품위] 있어 보이게 하다, 중요한 것처럼 보이게[그럴듯하게] 만들다
4282	**rustic** [**ruhs**-tik]	시골 특유의, 소박한, 통나무로 간소하게 만든, 투박한, 시골 출신인 사람
4283	**bounty** [**boun**-tee]	너그러움, 풍부함, 포상금
4284	**drown** [droun]	물에 빠져 죽다, 흠뻑 젖게 하다, (소리가 다른 소리를) 안 들리게 하다
4285	**precede** [pri-**seed**]	~에 앞서다[선행하다], ~앞에 가다
4286	**parole** [pa-**rawl**]	가석방, 가석방시키다, (개인이 구체적 사용하는 것으로서의) 언어

22. We aim above the mark to hit the mark. _Ralph Waldo Emerson
성공에 다다르기 위해 우리는 그 이상을 목표로 잡는다. _랠프 월도 에머슨

#	Word	Meaning
4287	**browse** [brouz]	(가게 안의 물건들을) 둘러보다, (책 등을) 대강 읽다, (잎 등을) 뜯어먹다
4288	**converge** [k*uh* n-**vurj**]	(사람들이나 차량이) 모여들다, 집중되다
4289	**proverb** [**prov**-erb]	속담
4290	**lava** [**lah**-v*uh*]	용암
4291	**allegory** [**al**-*uh*-gawr-ee]	우화, 풍자
4292	**suck** [suhk]	빨아먹다, (특정한 방향으로) 빨아들이다, 엉망이다, 빨기, 빨아들이기
4293	**loaf** [lohf]	(모양을 만들어 한 덩어리로 구운) 빵 한 덩이, 빈둥[어정]거리다
4294	**withhold** [with-**hohld**]	보류하다, 숨기다, 억제하다
4295	**sanitary** [**san**-i-ter-ee]	위생의, 위생적인, 깨끗한
4296	**heuristic** [hy*oo*-**ris**-tik]	(교수법·교육이) 체험적인
4297	**veritable** [**ver**-i-t*uh*-b*uh* l]	(강조의 뜻으로 쓰여) 진정한
4298	**volcano** [vol-**key**-noh]	화산
4299	**hysterical** [hi-**ster**-i-k*uh* l]	히스테리 상태의, 발작적인, 너무나도 웃기는

> 23. Tell me and I forget. Teach me and I remember. Involve me and I learn.
> _Benjamin Franklin
>
> 말해주는 것은 곧 잊게 된다. 가르쳐주는 것은 기억하게 된다. 참여하게 해준다면 진정으로 배우게 된다.
> _벤저민 프랭클린

#	Word	Meaning
4300	**degenerate** [dih-**jen**-*uh*-reyt]	(도덕적·육체적·정신적으로) 악화되다, 퇴폐적인, 타락한, 퇴보한
4301	**replicate** [**rep**-li-kit]	(정확히) 모사[복제]하다, (바이러스 등이) 자기 복제를 하다
4302	**bully** [b*oo*l-ee]	(약자를) 괴롭히는 사람, (약자를) 괴롭히다, 협박하다
4303	**ginger** [**jin**-jer]	생강, 연한 적갈색, 연한 적갈색의
4304	**tout** [tout]	(설득하기 위해) 장점을 내세우다, 성가시게 조르다, 암표를 팔다, 암표상
4305	**intrigue** [in-**treeg**]	강한 흥미[호기심]를 불러일으키다, 모의하다, 음모를 꾸미다
4306	**eclipse** [ih-**klips**]	(일식·월식의) 식(蝕), (권력 등의) 퇴색, (달·지구 등이 다른 천체를) 가리다
4307	**tug** [tuhg]	(여러 번) 잡아당기다, (세게) 끌어당기다, 예인선
4308	**deformity** [dih-**fawr**-mi-tee]	기형(인 상태)
4309	**rue** [roo]	후회하다, 뉘우치다
4310	**artifact** [**ahr**-t*uh*-fakt]	인공물, 공예품, 가공품
4311	**tumult** [**tyoo**-m*uh*lt]	소란, 소동, (마음이) 심란함, 혼란스러움
4312	**distract** [dih-**strakt**]	(정신이) 집중이 안 되게[산만하게/산란하게] 하다, (주의를) 딴 데로 돌리다

> 24. Friendship is always a sweet responsibility, never an opportunity.
> _Khalil Gibran
> 우정은 언제나 달콤한 책임감이다. 절대 어떠한 기회가 아니다. _칼릴 지브란

4313	**cherish** [**cher**-ish]	소중히 여기다, 아끼다, (마음속에) 간직하다
4314	**prerogative** [pri-**rog**-*uh*-tiv]	특권, 특혜
4315	**constellation** [kon-st*uh*-**ley**-sh*uh* n]	별자리, 성좌, (관련 있는 생각 · 사람들의) 무리, 기라성
4316	**wretch** [rech]	가엾은[불쌍한] 사람, 악마 같은[비열한] 인간, 철면피
4317	**ghetto** [**get**-oh]	슬럼가, 빈민가
4318	**fraught** [frawt]	(좋지 않은 것들) 투성이의 [가득한], 걱정스러운
4319	**pouch** [pouch]	(보통 가죽으로 만든) 주머니, 우편낭, (캥거루 같은 동물의) 새끼 주머니
4320	**mug** [muhg]	머그잔, (잘 속는) 바보, 강도짓을 하다, 우스꽝스런 표정을 짓다
4321	**fuse** [fyooz]	퓨즈, (폭약의) 도화선
4322	**remuneration** [ri-myoo-n*uh*-**rey**-sh*uh* n]	보수, 급료, 보상
4323	**sludge** [sluhj]	진흙[진창], 폐기물
4324	**sponge** [spuhnj]	스펀지, 해면동물, (스펀지 등으로) 닦다, (돈 등을 얻기 위해) 빌붙다, 뜯어먹다
4325	**palate** [**pal**-it]	구개(입천장), (좋은 음식 · 술을 알아보는) 미각[감식력]

25. Do you want to know who you are? Don't ask. Act! Action will delineate and define you. _Thomas Jefferson

자신이 누구인지 알고 싶다면 물음을 던지지 마라. 행동하라. 행동이 너를 설명하고 정의할 것이다.
_토머스 제퍼슨

4326	**puberty** [**pyoo**-ber-tee]	사춘기
4327	**endemic** [en-**dem**-ik]	(특정 집단·지역) 고유의, 고질적인, 풍토적인
4328	**prowess** [**prou**-is]	(절묘한) 기량[솜씨]
4329	**stadium** [**stey**-dee-*uh* m]	경기장, 스타디움
4330	**marshal** [**mahr**-sh*uh* l]	(육·공군) 원수, (스포츠 행사의) 진행 요원, (많은 사람들을) 통제하다, (사람·생각 등을) 모으다
4331	**tick** [tik]	똑딱거리다, 체크 표시를 하다, 체크 표시, 똑딱똑딱 하는 소리
4332	**mobilize** [**moh**-b*uh*-lahyz]	동원하다[되다], 전시 동원하다
4333	**footage** [**foo t**-ij]	(특정한 사건을 담은) 장면[화면]
4334	**prodigious** [pr*uh*-**dij**-*uh* s]	(감탄을 자아낼 정도로) 엄청난[굉장한], (수량이) 거대한
4335	**fluid** [**floo**-id]	유체(流體), 유동체, 부드러운, 우아한, 유동[가변]적인, 유(동)체의
4336	**stump** [stuhmp]	그루터기, (잘라지거나 난 뒤에) 남은 부분, (어려운 문제로) 쩔쩔매게 하다
4337	**emphatic** [em-**fat**-ik]	(진술·대답 등이) 강한[단호한], (분명히) 강조하는, (승리나 패배가) 확실한
4338	**apprentice** [*uh*-**pren**-tis]	견습생, 도제

26. Done Is Better Than Perfect. _Sheryl Sandberg
일을 끝내는 것이 (끝내지 못한) 완벽한 것보다 낫다. _셰릴 샌드버그

4339	**consolidate** [k*uh* n-**sol**-i-deyt]	(세력 있는 위치·성공의 가능성 등을) 굳히다[강화하다], 통합하다
4340	**slumber** [**sluhm**-ber]	잠, 수면, 잠을 자다
4341	**astray** [*uh*-**strey**]	길을 잃고, 못된 길에 빠져, 정도에서 벗어나, 타락하여
4342	**restitution** [res-ti-**too**-sh*uh* n]	(분실물·절도 물품의) 반환, 배상, 보상
4343	**sectarian** [sek-**tair**-ee-*uh* n]	종파의, 편협한, 분파의, 근시안적인
4344	**apprehend** [ap-ri-**hend**]	(경찰이) 체포하다, 파악하다
4345	**dean** [deen]	(대학의) 학과장, 처장, 대성당 주임 사제
4346	**partake** [pahr-**teyk**]	(자기에게 제공된 것을) 먹다[마시다], 참가하다, 나누어 갖다, 함께하다
4347	**shark** [shahrk]	상어, 사기꾼
4348	**retribution** [re-tr*uh*-**byoo**-sh*uh* n]	(강력한) 응보, 징벌
4349	**crow** [kroh]	까마귀, 수탉 울음소리, '꼬끼오' 하고 울다, 마구 자랑하다, 까르르 웃다
4350	**discord** [**dis**-kawrd]	불화, 다툼, 불협화음
4351	**arduous** [**ahr**-joo-*uh* s]	몹시 힘든, 고된

27. My attitude is that if you push me towards something that you think is a weakness, then I will turn that perceived weakness into a strength.
_Michael Jordan

당신이 생각하기에 내 약점인 부분으로 나를 몰고 간다면, 겉보기에 약점인 그 부분을 강점으로 변화시키는 것이 내 방식이다. _마이클 조던

4352	**resonant** [**rez**-*uh*-nuh nt]	(소리가) 깊이 울리는, 낭랑한, 공명하게 하는
4353	**aerobic** [ai-**roh**-bik]	유산소운동의, (화학) 산소의 존재하에서만 진행되는
4354	**prefix** [**pree**-fiks]	접두사, (다른 것) 앞에 오는 것 (단어·글자·숫자 등)
4355	**oblivion** [*uh*-**bliv**-ee-*uh* n]	의식하지 못하는 상태, 잊혀짐, 망각, (완전 파괴되어) 흔적도 없이 사라짐
4356	**ware** [wair]	상품, 제품, 용품
4357	**aspire** [*uh*-**spahy***uh* r]	열망[염원]하다
4358	**prolific** [pr*uh*-**lif**-ik]	(작가 등이) 다작하는, (동식물 등이) 다산하는, 열매를 많이 맺는, (수가) 많은
4359	**federation** [fed-*uh*-**rey**-sh*uh* n]	연방 국가, (협회 등의) 연합[연맹]
4360	**tact** [takt]	요령, 눈치, 재치
4361	**truce** [troos]	휴전
4362	**beset** [bih-**set**]	괴롭히다
4363	**profane** [pr*uh*-**feyn**]	신성모독적인, 불경한, 세속적인, 신성을 더럽히다[모독하다]
4364	**apparel** [*uh*-**par**-*uh* l]	(매장에서 판매되는) 의류, (공식 행사 때 입는) 의복[복장]

28. The highest result of education is tolerance. _Helen Keller
교육으로 얻을 수 있는 가장 큰 성과는 관용이다. _헬런 켈러

4365	**digest** [dih-**jest**]	(음식을) 소화하다, 소화되다, (어떤 내용을) 완전히 이해하다[소화하다]
4366	**dice** [dahys]	주사위, 깍둑썰기를 하다
4367	**paddle** [**pad**-l]	(보트의) 노, 주걱, 회초리, 노를 젓다, 첨벙거리며 다니다, 매질하다
4368	**slap** [slap]	(손바닥으로) 철썩 때리다, (화가 나서) 탁 놓다, 철썩 부딪치다, 철썩 때리기
4369	**storage** [**stawr**-ij]	저장, 보관, 저장고, 창고 보관
4370	**ransom** [**ran**-s*uh* m]	(납치 · 유괴된 사람에 대한) 몸값, 몸값을 지불하다
4371	**rogue** [rohg]	악당[불한당], 무리를 떠나 사는 (위험할 수도 있는), 독자적으로 행동하는
4372	**candid** [**kan**-did]	솔직한, (사진이) 자연스러운 모습 그대로 찍은
4373	**etiquette** [**et**-i-kit]	(사회 · 특정 직종 구성원들 사이의) 예의
4374	**gin** [jin]	진(보통 토닉 워터나 과일 주스를 섞어 마시는 독한 술)
4375	**quarry** [**kwawr**-ee]	채석장, 사냥감, (채석장에서 돌 등을) 캐내다, 채석하다
4376	**pathos** [**pey**-thos]	(말 · 글 · 연극에서) 연민을 자아내는 힘
4377	**patriot** [**pey**-tree-*uh* t]	애국자

---

29. Let us never negotiate out of fear. But let us never fear to negotiate.
_John F. Kennedy
두려움 때문에 협상하지 말아라. 하지만 협상하는 것을 두려워하지도 말아라. _존 F. 케네디

4378	**renounce** [ri-**nouns**]	(신조·행위 등을) 버리다[그만두다], 포기[단념]하다, 의절을 선언하다
4379	**swarm** [swawrm]	떼[무리], 벌 떼, (같은 방향으로 급히 이동 중인) 군중[대중], 떼를 지어 다니다
4380	**gilt** [gilt]	금박, 금가루, (고정 금리의) 우량 채권, 어린 암퇘지
4381	**traverse** [**trav**-ers]	가로지르다, 횡단하다, 횡단, 횡단 지역
4382	**manor** [**man**-er]	(넓은 영지 안에 들어서 있는) 영주의 저택, 영지, (경찰의) 관할 지역
4383	**mirth** [murth]	(유쾌한·즐거운) 웃음소리, 즐거움, 명랑
4384	**razor** [**rey**-zer]	면도기, 면도칼
4385	**trough** [trawf]	여물통
4386	**dictator** [**dik**-tey-ter]	독재자, 독재자 같은 사람
4387	**servitude** [**sur**-vi-tood]	노예 상태, 예속
4388	**fowl** [foul]	가금, 닭
4389	**ignition** [ig-**nish**-*uh* n]	점화장치[스위치], 연소, 발화
4390	**hash** [hash]	삶아서 잘게 썬 고기와 채소의 요리, 다지다, 마리화나, #

---

30. We must accept finite disappointment, but never lose infinite hope.
_Martin Luther King, Jr

제한된 조건의 실망과 낙담은 받아들여야 한다. 그러나 모든 조건을 초월한 '희망'만큼은 버려선 안 된다.
_마틴 루터 킹 주니어

4391	**commonwealth** [**kom**-uh n-welth]	영연방, (미국의) 연방국, (일부 국가의 이름에 쓰여) 연합
4392	**embark** [em-**bahrk**]	(배에) 승선하다[승선시키다]
4393	**vie** [vahy]	(어떤 것을 차지하기 위해) 다투다[경쟁하다]
4394	**brittle** [**brit**-l]	잘 부러지는, (기분·정서가) 불안정한, (소리가) 귀에 거슬리는
4395	**tempest** [**tem**-pist]	(거센) 폭풍
4396	**notch** [noch]	(성취 정도를 나타내는) 급수[등급], (V 자나 동그라미) 표시
4397	**shuttle** [**shuht**-l]	정기 왕복 항공기[기차 등], (두 장소를) 왕복하다, (정기적으로) 실어 나르다
4398	**splash** [splash]	(물 등이) 튀기다[끼얹다], 첨벙거리다, 알록달록하게 장식하다, 방울, 얼룩
4399	**commotion** [kuh-**moh**-shuh n]	소란, 소동
4400	**galaxy** [**gal**-uh k-see]	은하계, 은하수, 기라성 (같은 사람들)
4401	**enmity** [**en**-mi-tee]	원한, 증오, 적대감
4402	**starve** [stahrv]	굶주리다, 굶어 죽다, 굶기다
4403	**rebuke** [ri-**byook**]	힐책[질책]하다, 꾸짖다

> 31. Our prime purpose in this life is to help others. And if you can't help them, at least don't hurt them. _Dalai Lama
> 삶의 가장 중요한 목적은 다른 사람을 돕는 것이다. 만약 도움을 줄 수 없다면 적어도 해를 끼치지 말아야 한다. _달라이 라마

4404	**ferocious** [f*uh*-**roh**-sh*uh* s]	흉포한, 맹렬한, 격렬한
4405	**frivolous** [**friv**-*uh*-l*uh* s]	경솔한, 바보 같은, 까부는, 시시한, 하찮은
4406	**caravan** [**kar**-*uh*-van]	이동식 주택, (말이 끄는 주거용) 포장마차, (특히 사막을 건너는) 대상
4407	**scrub** [skruhb]	(보통 비눗물과 솔로) 문질러 씻다[청소하다], (예정했던 일을) 취소하다, 관목
4408	**herb** [urb]	허브, 약초, 향초
4409	**mania** [**mey**-nee-*uh*]	(흔히 많은 사람들이 동시에 보이는) 열광[열기]
4410	**annihilation** [*uh*-nahy-*uh*-**ley**-sh*uh* n]	전멸, 절멸, 소멸
4411	**ravine** [r*uh*-**veen**]	(좁고 험한) 산골짜기, 협곡
4412	**spindle** [**spin**-dl]	(기계의) 축, 회전심봉, 물레가락
4413	**primal** [**prahy**-m*uh* l]	원시의, 태고의
4414	**shabby** [**shab**-ee]	(건물·옷·물건 등이) 다 낡은, (사람이) 추레한, (행동이) 터무니없는
4415	**rein** [reyn]	고삐, (통솔·지휘의) 고삐, 통솔권, 통제력
4416	**fraternity** [fr*uh*-**tur**-ni-tee]	협회[조합], (미국 대학의) 남학생 사교 클럽, 형제애, 박애

> 32. Hope sees the invisible, feels the intangible, and achieves the impossible. _Helen keller
> 희망은 볼 수 없는 것을 보고, 만져질 수 없는 것을 느끼고, 불가능한 것을 이룬다. _헬렌 켈러

4417	**discard** [dih-**skahrd**]	(불필요한 것을) 버리다, (카드 게임에서 필요 없는 카드를) 버리다, 버린 패
4418	**aspirin** [**as**-per-in]	아스피린, 진통제
4419	**ram** [ram]	숫양, (다른 차량 등을) 들이받다, (억지로) 밀어 넣다
4420	**spike** [spahyk]	못[징], 뾰족한 것, 급등, 못을 박다, (몰래 독약 등을) 타다, (가치가) 급등하다
4421	**stair** [stair]	계단
4422	**mourn** [mawrn]	(사람의 죽음을) 애도[슬퍼]하다
4423	**primer** [**prim**-er]	입문서, 기본 지침서, 밑칠 페인트, 뇌관
4424	**plump** [pluhmp]	포동포동한, 통통한, (과일 등이) 불룩한[속이 가득 찬], 불룩하게 하다
4425	**bake** [beyk]	굽다, 익히다, 구워지다, 구워 단단하게 하다
4426	**broth** [brawth]	(걸쭉한) 수프, 죽, 육수
4427	**buzz** [buhz]	(벌이) 윙윙거리다, 활기가 넘치다, 버저를 누르다, 윙윙거림, 신나는 기분
4428	**sneak** [sneek]	살금살금 가다, 몰래 하다, (하찮은 것을) 몰래 챙기다, 일러바치다, 고자질쟁이
4429	**cuff** [kuhf]	(상의) 소맷동, (손바닥으로 살짝) 침[때림], (손바닥으로 살짝) 치다[때리다]

33. So long as little children are allowed to suffer, there is no true love in this world. _Isadora Duncan
어린아이들을 고통 받게 놔두는 한, 이 세상에 참된 사랑은 없다. _이사도라 덩컨

4430	**primordial** [prahy-**mawr**-dee-*uh* l]	태고의, 근본적인, 원시의
4431	**refine** [ri-**fahyn**]	(어떤 물질을) 정제[제련]하다, (작은 변화를 주어) 개선[개량]하다
4432	**rust** [ruhst]	녹, (식물의) 곰팡이병, 녹슬다, 부식하다, 부식시키다
4433	**stalk** [stawk]	몰래 접근하다, 쫓아다니며 괴롭히다, 성큼성큼 걷다, 활보하다, (식물의) 줄기
4434	**dormant** [**dawr**-m*uh* nt]	휴면기의, 활동을 중단한
4435	**mint** [mint]	박하, 박하사탕, 화폐 주조소, 조폐국, 많은 돈, (화폐를) 주조하다
4436	**outgoing** [**out**-goh-ing]	외향적인, 사교적인, (책임 있는 자리를) 떠나는, (특정 장소에서) 떠나는
4437	**shawl** [shawl]	어깨걸이, 숄, 숄을 걸치다
4438	**apathy** [**ap**-*uh*-thee]	냉담, 무관심
4439	**secession** [si-**sesh**-*uh* n]	(국가 등의) 분리 독립, 탈퇴, 탈당
4440	**fauna** [**faw**-n*uh*]	(한 지역 또는 시대의) 동물상, 동물군
4441	**amorphous** [*uh*-**mawr**-f*uh* s]	확실한 형태가 없는, 무정형의
4442	**snack** [snak]	(보통 급히 먹는) 간단한 식사[간식]

> 34. Success without honor is an unseasoned dish; it will satisfy your hunger, but it won't taste good. _Joe Paterno
> 명예 없는 성공은 양념하지 않은 요리다. 당신의 허기를 채울 수 있을지 모르지만 맛은 없다. _조 패터노

4443	**helm** [helm]	(배의) 키, 지도(적 지위), (국가 · 정부 등의) 지배, (배의) 키를 잡다, 지휘하다
4444	**shiver** [**shiv**-er]	(추위 · 두려움 · 흥분 등으로 가볍게 몸을) 떨다
4445	**colossal** [k*uh*-**los**-*uh* l]	거대한, 엄청난
4446	**hawk** [hawk]	매, (군사적 해결책을 지지하는) 매파[강경파], 팔러 다니다, 가래를 뱉다
4447	**genesis** [**jen**-*uh*-sis]	기원, 발생, 창세기
4448	**maple** [**mey**-p*uh* l]	단풍나무
4449	**steak** [steyk]	스테이크, 살코기, (생선을 두툼하게 자른) 토막
4450	**accessory** [ak-**ses**-*uh*-ree]	부대용품, 액세서리, 장신구, (범행의) 방조자
4451	**municipality** [myoo-nis-*uh*-**pal**-i-tee]	지방자치제, 자치제 당국
4452	**amenable** [*uh*-**mee**-n*uh*-b*uh* l]	말을 잘 듣는, 잘 받아들이는
4453	**rapport** [ra-**pawr**]	(친밀한) 관계, 협조
4454	**curl** [kurl]	곱슬곱슬하다, (둥그렇게) 감다[감기다], 비죽거리다, 곱슬, 동그렇게 감긴 것
4455	**stroll** [strohl]	거닐다, 산책하다, 거닐기, 산책

> 35. Design is not just what it looks like and feels like. Design is how it works. _Steve Jobs
> 디자인은 어떻게 보이고 느껴지냐의 문제만은 아닙니다. 어떻게 기능하냐의 문제입니다. _스티브 잡스

4456	**atonement** [*uh*-**tohn**-m*uh* nt]	보상, 속죄, 죗값
4457	**archaic** [ahr-**key**-ik]	낡은, 폐물이 된, 구식인
4458	**semblance** [**sem**-bl*uh* ns]	외관, 겉모습
4459	**rapture** [**rap**-cher]	황홀(감)
4460	**foreman** [**fawr**-m*uh* n]	(공장·건설 현장의) 감독, 배심장[배심원 대표]
4461	**gasp** [gasp]	숨이 턱 막히다, 숨을 제대로 못 쉬다, (술이나 담배를) 간절히 원하다
4462	**stale** [steyl]	(식품 등이) 신선하지 않은, 퀴퀴한, 진부한, 김빠진, 생산성이 떨어지는
4463	**tramp** [tramp]	부랑자, 떠돌이, 오래 걷기, (오랫동안) 터벅터벅 걷다
4464	**quilt** [kwilt]	누비이불, 퀼트
4465	**socket** [**sok**-it]	콘센트, (전기기구에서 플러그 등을) 꽂는 곳, 소켓, 푹 들어간 곳[구멍]
4466	**prism** [**priz**-*uh* m]	각기둥, 프리즘, 분광기
4467	**suburb** [**suhb**-urb]	교외(도심지를 벗어난 주택 지역)
4468	**debut** [dey-**byoo**]	데뷔, 첫 출연[출전], 처음으로 나가다, 처음으로 공개하다

36. Truth is generally the best vindication against slander. _Abraham Lincoln
진실은 보통 모함에 맞서는 최고의 해명이다. _에이브러햄 링컨

4469	**sibling** [**sib**-ling]	형제자매
4470	**clutch** [kluhch]	(꽉) 움켜잡다, (두려움 등으로) 와락 움켜잡다, 클러치, 무리, (세력의) 손아귀
4471	**reassure** [ree-*uh*-**shoo** r]	안심시키다
4472	**cavern** [**kav**-ern]	(특히 큰) 동굴
4473	**molar** [**moh**-ler]	어금니, 어금니의
4474	**putative** [**pyoo**-t*uh*-tiv]	추정[상상]의, 소문에 들리는
4475	**nude** [nood]	나체의, 알몸인, 살색의, 누드화, 나체상
4476	**flatter** [**flat**-er]	아첨하다, 알랑거리다, (실제보다) 돋보이게 하다
4477	**liaison** [lee-ey-**zawn**]	(조직 간의 정보·의견 교환을 포함한) 연락, (두 집단 간의) 연락 담당자, 간통
4478	**demeanor** [dih-**mee**-ner]	처신, 거동, 행실, 품행
4479	**havoc** [**hav**-*uh* k]	대 파괴, 큰 혼란[피해]
4480	**suction** [**suhk**-sh*uh* n]	빨아들이기, 흡입
4481	**hoarse** [hawrs]	(목이) 쉰

---

37. Great achievement is usually born of great sacrifice, and is never the result of selfishness. _Napoleon Hill
위대한 업적은 보통 위대한 희생에서 나온다. 이기심에선 절대 나오지 않는다. _나폴레온 힐

4482	**miscellaneous** [mis-*uh*-**ley**-nee-*uh* s]	여러 가지 종류의, 이것저것 다양한
4483	**soy** [soi]	콩, 간장
4484	**perch** [purch]	(새가 나뭇가지 등에) 앉아 있다, (꼭대기나 끝에) 위치하다, 횃대, 높은 위치
4485	**drawback** [**draw**-bak]	결점, 문제점
4486	**torso** [**tawr**-soh]	몸통, 동체
4487	**elevate** [**el**-*uh*-veyt]	승진시키다, (들어) 올리다, (정도를) 높이다[증가시키다], 기분을 좋게 하다
4488	**hike** [hahyk]	하이킹, 도보 여행, (가격 등의) 대폭 인상, 도보 여행을 가다, 대폭 인상하다
4489	**prosecute** [**pros**-i-kyoot]	기소[고발/소추]하다, 공소를 제기하다, 추진하다
4490	**dispense** [dih-**spens**]	나누어주다, 내놓다, (서비스를) 제공하다[베풀다], (약사가 약을) 조제하다
4491	**pancreas** [**pan**-kree-*uh* s]	췌장
4492	**atrophy** [**a**-tr*uh*-fee]	위축, 쇠약, 위축시키다
4493	**steadfast** [**sted**-fast]	(태도 · 목표가) 변함없는
4494	**figurative** [**fig**-yer-*uh*-tiv]	(의미 · 어구가) 비유적인, (그림 · 조각이) 조형적인

---

38. Those who don't know history are destined to repeat it. _Edmund Burke
과거를 알지 못하는 자, 그 역사를 반복하리라. _에드먼드 버크

4495	**circuit** [**sur**-kit]	순환, 순회, (전기) 회로, (자동차나 오토바이) 경주로
4496	**nocturnal** [nok-**tur**-nl]	야행성의, 밤에 일어나는
4497	**empathize** [**em**-p*uh*-thahyz]	(자기 경험에서 우러나) 공감하다, 감정이입을 하다
4498	**aloof** [*uh*-**loof**]	냉담한, 초연한
4499	**scaffold** [**skaf**-*uh* ld]	교수대, 처형대, (건축 공사장의) 비계
4500	**pharmacy** [**fahr**-m*uh*-see]	약국, 약학
4501	**rudimentary** [roo-d*uh*-**men**-tree]	가장 기본[기초]적인, 갓 시작한, 미숙한
4502	**shrug** [shruhg]	(어깨를) 으쓱하다
4503	**flaw** [flaw]	(사물의) 결함, 흠
4504	**crank** [krangk]	괴짜, 화를 잘 내는 사람, (기계의) 크랭크[L 자형의 손잡이], 크랭크로 돌리다
4505	**hostage** [**hos**-tij]	인질, 볼모
4506	**adept** [*uh*-**dept**]	능숙한, 숙련된
4507	**surrogate** [**sur**-*uh*-geyt]	대리의, 대용의

> 39. The pessimist complains about the wind; the optimist expects it to change; the realist adjusts the sails. _William Arthur Ward
> 비관주의자가 바람에 대해 불평하는 동안 낙관주의자는 그 바람이 바뀌기를 바란다. 한편 현실주의자는 돛의 방향을 조절한다. _윌리엄 아서 워드

4508	**brace** [breys]	버팀대, 죔쇠, 치아 교정기, 스스로 대비하다, 버팅기다, (몸에) 단단히 힘을 주다
4509	**grind** [grahynd]	갈다[빻다], (날을) 갈다, 비비다[문지르다], 고된 일, 삐걱거리는 소리
4510	**cocktail** [**kok**-teyl]	칵테일, 잘게 썬 음식 재료들을 섞어 보통 차게 해서 차려내는 요리, 혼합제
4511	**sap** [sap]	(나무·식물 등의) 수액, 얼간이, 약화시키다, 차츰 무너뜨리다
4512	**facet** [**fas**-it]	측면, 양상, (보석의 깎인) 면
4513	**batter** [**bat**-er]	(심한 손상이 가해지도록 계속) 두드리다[구타하다], (튀김) 반죽, 튀김옷, 타자
4514	**bleed** [bleed]	피를 흘리다, (누구에게서 많은 돈을) 쥐어짜다, (물·공기를) 빼내다, 번지다
4515	**contagious** [k*uh* n-**tey**-j*uh* s]	(접촉을 통해) 전염되는, 전염성의, (사람이 접촉성) 전염병에 걸린
4516	**parody** [**par**-*uh*-dee]	다른 것을 풍자적으로 모방, 패러디, (형편없는) 놀림감, 패러디하다
4517	**congenial** [k*uh* n-**jeen**-y*uh* l]	마음이 맞는[통하는], 마음에 드는, 성격에 맞는, (~에) 알맞은[적절한]
4518	**refractory** [ri-**frak**-t*uh*-ree]	다루기 힘든, (행실이) 불량한, (병이) 난치의
4519	**coma** [**koh**-m*uh*]	혼수상태
4520	**flu** [floo]	독감

> 40. The man who can keep a secret may be wise, but he is not half as wise as the man with no secrets to keep. _Edgar Watson
> 비밀을 드러내지 않는 사람은 현명한 사람일 것이다. 하지만 지켜야 할 비밀이 없는 사람에 비하면 절반도 못 미친다. _에드가 왓슨

> 단어로 세상 읽기

environment

환경은 단연코 요즘 전 세계적으로 최대 이슈입니다. 환경(environment)이라는 단어를 검색해보면 그 사용 빈도가 가파르게 증가하고 있는 것을 볼 수 있습니다. 지구온난화로 말미암아 전 세계는 유례없는 이상기온 현상을 겪고 있습니다. 또 우리의 생활을 통해 나오는 쓰레기들이 지구를 병들게 하고 있습니다. 환경문제는 여러 가지 면에서 정말로 중요합니다. 무엇보다도 우리는 후손들에게 깨끗한 환경을 물려줘야 할 의무가 있습니다. 환경문제는 우리가 책임져야 할 의무인 동시에 새로운 사업영역이기도 합니다. 우리는 여러 단어를 통해 현재 많은 기술이 성장 한계에 직면해 있다는 것을 확인할 수 있었습니다. 그래서 많은 기업들은 이제 친환경을 강조하면서 신제품을 들고 나오고 있습니다. 또 세계 각국 정부들이 친환경 규제를 더 엄격하게 적용하면서 그 기준을 충족시키지 못하는 기업들은 시장에서 빠르게 도태되고 있습니다. 기성세대는 제조업을 기반으로 경제적 성장을 이룩하였습니다. 하지만 이제는 제조업 패러다임으로 지속적인 성장을 하는 것이 그렇게 녹록해 보이지는 않습니다. 그렇다면 젊은 세대는 환경에 문제에 더 관심을 둬서 새로운 성장 동력을 찾는 것이 어쩌면 우리가 나아가야 할 길이 아닌가 하고 생각해봅니다. [X축: 연도, Y축: 총 단어 중 사용 빈도]

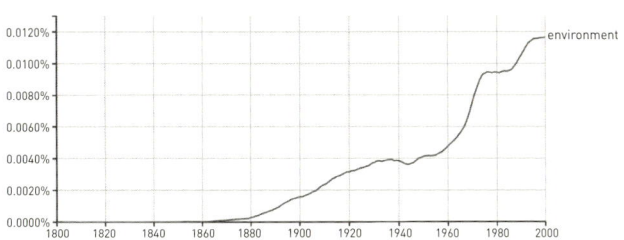

4521	**trillion** [**tril**-yuh n]	1조, 엄청난 양
4522	**levy** [**lev**-ee]	(특히 세금의) 추가 부담금, (세금 등을) 부과[징수]하다
4523	**beverage** [**bev**-er-ij]	(물 외의) 음료, 마실 것
4524	**fluent** [**floo**-uh nt]	(언어 실력이) 유창한[능숙한], (행동이) 능수능란한
4525	**forlorn** [fawr-**lawrn**]	쓸쓸해 보이는, 황량한, 버려진, 허망한
4526	**vampire** [**vam**-pahyuh r]	흡혈귀, 악랄한 착취자
4527	**antitrust** [an-tee-**truhst**]	독점 금지의
4528	**oracle** [**awr**-uh-kuh l]	(고대 그리스에서) 신탁을 받는 곳[전하는 사제], 귀중한 조언을 주는 사람
4529	**incline** [in-**klahyn**]	(마음이) ~쪽으로 기울다, 경사지다, (동의 등의 표시로) 고개를 약간 숙이다
4530	**peel** [peel]	껍질을 벗기다[깎다], 껍질이 벗겨지다
4531	**bump** [buhmp]	부딪치다
4532	**detriment** [**de**-truh-muh nt]	손상(을 초래하는 것), 손해
4533	**downfall** [**doun**-fawl]	몰락, 몰락의 원인

41. Knowledge without justice ought to be called cunning rather than wisdom. _Plato
정의가 수반되지 않는 지식은 지혜라기보단 교활함이라 불려야 마땅하다. _플라톤

4534	**pigeon** [**pij**-*uh* n]	비둘기
4535	**crab** [krab]	게, 게살
4536	**foresee** [**fawr**-see]	~일 것이라고 생각하다, 예견하다
4537	**naught** [nawt]	영, 무(無), 무가치한, 망한
4538	**prostitute** [**pros**-ti-toot]	매춘부, 창녀, 매춘하다
4539	**idiom** [**id**-ee-*uh* m]	관용구, 숙어
4540	**parasite** [**par**-*uh*-sahyt]	기생동물[식물], 기생충, 기생충 같은 인간
4541	**pivot** [**piv**-*uh* t]	중심점[축], (가장 중요한) 중심, (축을 중심으로) 회전하다
4542	**fry** [frahy]	(기름에) 굽다[부치다], 튀기다, (햇볕에) 새까맣게 타다[굽히다], 치어
4543	**amber** [**am**-ber]	(보석) 호박, 호박색, 황색
4544	**stead** [sted]	대신, 대리, 도움, 이익, 위함, 유용
4545	**bloc** [blok]	(국가 간의) 연합[블록]
4546	**salvage** [**sal**-vij]	(화재로부터) 구조, (침몰선의) 인양

42. Nothing strengthens authority so much as silence. _Leonardo da Vinci
침묵만큼 권위를 강화하는 건 없다. _레오나르도 다 빈치

4547	**penance** [**pen**-*uh* ns]	속죄, 참회, (하기 싫지만 해야 하는) 괴로운 일, 고행
4548	**predator** [**pred**-*uh*-ter]	약탈자, 포식자, 포식 동물
4549	**ark** [ahrk]	방주, 피난처
4550	**peach** [peech]	복숭아, 복숭아색[빛]
4551	**rampant** [**ram**-p*uh* nt]	(나쁜 것이) 걷잡을 수 없는, 만연하는, 무성한
4552	**impede** [im-**peed**]	(진행을) 지연시키다[방해하다]
4553	**rung** [ruhng]	(사다리의) 가로대[단], 바퀴살, (조직 내 서열상의) 단계
4554	**empower** [em-**pou**-er]	권한을 주다, 자율권을 주다
4555	**brood** [brood]	(걱정이나 화나는 일을) 되씹다, (새가 알을) 품다, 종족, (같이 태어난) 새끼들
4556	**pendulum** [**pen**-j*uh*-l*uh* m]	(시계의) 추
4557	**seam** [seem]	이음매[접합선], (지하 암반층의) 경계선
4558	**pathogen** [**path**-*uh*-j*uh* n]	병원균, 병원체
4559	**thorn** [thawrn]	(식물의) 가시, 가시나무, 고통을 주는 것

43. All that is gold does not glitter, not all those who wander are lost; the old that is strong does not wither, deep roots are not reached by the frost.
_J. R. R. Tolkien
모든 금이 반짝이는 것은 아니며, 방황하는 모든 사람이 길을 잃은 것은 아니다. 늙은 장수는 시들지 않으며, 서리는 깊은 뿌리까지 닿지 못한다. _J. R R 톨킨

4560	**locomotive** [loh-k*uh*-**moh**-tiv]	기관차, 운동[이동/보행]의
4561	**enlist** [en-**list**]	입대하다, 징집하다, (협조 · 참여를) 요청하다
4562	**equator** [ih-**kwey**-ter]	(지구의) 적도
4563	**dainty** [**deyn**-tee]	(사람들이나 물건들이) 앙증맞은, (동작이) 조심스러운, 얌전한
4564	**aroma** [*uh*-**roh**-m*uh*]	(기분 좋은) 향기, 방향
4565	**ledger** [**lej**-er]	(은행 등에서 거래 내역을 적은) 원장
4566	**insomnia** [in-**som**-nee-*uh*]	불면증, 잠을 잘 수 없음
4567	**interchange** [in-ter-**cheynj**]	(특히 생각 · 정보의) 교환, (고속도로의) 분기점, (생각 · 정보 등을) 교환하다
4568	**plough** [plou]	쟁기, 북두칠성, 쟁기로 갈다
4569	**apocalyptic** [*uh*-pok-*uh*-**lip**-tik]	종말론적인, 계시의
4570	**outreach** [out-**reech**]	봉사 활동, 끝까지 달하다
4571	**wink** [wingk]	윙크하다, (빛이) 깜박거리다, 윙크
4572	**solace** [**sol**-is]	위안, 위로

---

44. Rank does not confer privilege or give power. It imposes responsibility.
_Peter Drucker

직급은 특권이나 권력을 주지 않는다. 직급은 책임을 부여한다. _피터 드러커

4573	**tack** [tak]	방침, (말·사고의) 방향, (배의) 침로, 압정, 압정으로 고정하다, 침로를 바꾸다
4574	**evade** [ih-**veyd**]	피하다[모면하다], 회피하다, (취급·논의를) 피하다, (기억이) 떠오르지 않는다
4575	**consternation** [kon-ster-**ney**-sh*uh* n]	실망, 대경실색
4576	**infallible** [in-**fal**-*uh*-b*uh* l]	결코 틀리지[실수하지] 않는, 틀림없는, 절대 확실한
4577	**excerpt** [**ek**-surpt]	발췌, 인용, 발췌하다, 인용하다
4578	**progeny** [**proj**-*uh*-nee]	(사람·동식물의) 자손
4579	**sporadic** [sp*uh*-**rad**-ik]	산발적인, 때때로 일어나는, 드문
4580	**inmate** [**in**-meyt]	수감자, 재소자, (정신병원) 입원 환자
4581	**dentist** [**den**-tist]	치과 의사
4582	**exponent** [ik-**spoh**-n*uh* nt]	(사상·학설 등의) 주창자, (특정 기예를 지닌) 예능인, (수학) 지수
4583	**tidy** [**tahy**-dee]	깔끔한, 잘 정돈된, (액수가) 꽤 많은[상당한], 정돈[정리]하다
4584	**reed** [reed]	갈대, (악기의) 리드
4585	**ambush** [**am**-b*oo* sh]	매복(공격), 매복했다가 습격하다

45. Don't find fault, find a remedy. _Henry Ford
잘못을 찾지 말고 해결책을 찾아라. _헨리 포드

4586	**flare** [flair]	확 타오르다, (분노·폭력 사태 등이) 터지다, 확 타오르는 불꽃, 신호탄, 나팔 모양
4587	**butler** [**buht**-ler]	집사(대저택의 남자 하인 중 책임자)
4588	**pomp** [pomp]	(공식 행사·의식의) 장관[장려함]
4589	**stratum** [**strey**-t*uh* m]	(암석 등의) 층, 지층, 단층
4590	**cot** [kot]	간이침대, 아기 침대
4591	**loom** [loom]	(무섭게) 어렴풋이 보이다, (중요한 일이) 곧 닥칠 것처럼 보이다, 베틀, 직기
4592	**platoon** [pl*uh*-**toon**]	(군대의) 소대
4593	**interstitial** [in-ter-**stish**-*uh* l]	틈새에, 틈새에 있는
4594	**orthogonal** [awr-**thog**-*uh*-nl]	직각의
4595	**ape** [eyp]	유인원, 흉내내다, (무엇을 제대로 하지 못하고) 겨우 흉내만 내다
4596	**parchment** [**pahrch**-m*uh* nt]	양피지, 두꺼운 담황색 종이, 양피지 문서
4597	**sire** [sahy*uh* r]	(짐승의) 아비, 종마, (왕에 대한 경칭으로) 폐하[전하], (특히 말이) 아비가 되다
4598	**valiant** [**val**-y*uh* nt]	용맹한, 단호한

> 46. Time is the friend of the wonderful company, the enemy of the mediocre. _Warren Buffett
> 시간은 훌륭한 회사의 친구이자 그저 그런 회사의 적이다. _워렌 버핏

4599	**ludicrous** [**loo**-di-kr*uh* s]	터무니없는
4600	**supervise** [**soo**-per-vahyz]	감독[지휘/지도]하다
4601	**muzzle** [**muhz**-*uh* l]	(동물의) 코와 주둥이 부분, (개 입에 씌우는) 입마개, 재갈을 물리다
4602	**ripple** [**rip**-*uh* l]	잔물결, 파문처럼 번져가는 소리, 파문, 잔물결을 이루다, 파문처럼 번지다
4603	**sob** [sob]	흐느끼다, 훌쩍거리다, 흐느낌
4604	**contiguous** [k*uh* n-**tig**-yoo-*uh* s]	인접한, 근접한
4605	**upbringing** [**uhp**-bring-ing]	양육, 훈육, (가정) 교육
4606	**vanilla** [v*uh*-**nil**-*uh*]	바닐라, 바닐라 맛[향]의, 평범한, 특별할 것 없는
4607	**crap** [krap]	허튼소리, 형편없다, 똥
4608	**nexus** [**nek**-s*uh* s]	(여러 가지 것의 복잡한) 결합[연쇄]
4609	**iniquity** [ih-**nik**-wi-tee]	부당성, 부당한 것
4610	**averse** [*uh*-**vurs**]	싫어하는, 반대하는
4611	**cosmetic** [koz-**met**-ik]	화장품, 겉치레에 불과한, 미용의, 성형의

47. The whole point of being alive is to evolve into the complete person you were intended to be. _Oprah Winfrey
살아 있다는 것은 당신이 원하는 완벽한 사람으로 성장하는 것이다. _오프라 윈프리

4612	**increment** [**in**-kr*uh*-m*uh* nt]	(정기적인) 임금 인상, (수·양의) 증가
4613	**dizzy** [**diz**-ee]	어지러운, 아찔한, 멍청한
4614	**bulletin** [**boo** l-i-tn]	뉴스 단신, (중요한) 고시, 공고, (어떤 단체의) 회보
4615	**bribe** [brahyb]	뇌물, 뇌물을 주다, 매수하다
4616	**traction** [**trak**-sh*uh* n]	끌기, 견인
4617	**chivalry** [**shiv**-*uh* l-ree]	(특히 여자에 대한 남자의) 정중함[예의 바름], (중세의) 기사도 정신
4618	**boon** [boon]	요긴한 것
4619	**cork** [kawrk]	코르크, 코르크 마개, 코르크 마개로 막다
4620	**ballad** [**bal**-*uh* d]	이야기를 담은 시나 노래, 사랑을 노래한 느린 대중가요
4621	**stew** [styoo]	고기와 채소를 넣고 국물이 좀 있게 해서 천천히 끓인 요리, 뭉근히 끓이다
4622	**chancellor** [**chan**-s*uh*-ler]	수상, 총장
4623	**rip** [rip]	째다, 벗겨 내다, 폭로하다, (야구) 통쾌하게 치다, 바가지를 씌우다, 찢음, 사기
4624	**chef** [shef]	요리사, 주방장

> 48. For changes to be of any true value, they've got to be lasting and consistent. _Tony Robbins
> 진정한 가치를 지니기 위해 변화는 오래 유지돼야 하며 일관적이어야 한다. _토니 로빈스

4625	**congratulate** [k*uh* n-**grach**-*uh*-leyt]	축하하다, 기뻐하다, 자랑스러워하다
4626	**hush** [huhsh]	쉿, 조용히 해, 조용히 시키다[입을 다물게/그만 울게 하다], 침묵, 고요
4627	**crater** [**krey**-ter]	분화구, (폭탄 등에 의해 땅이 패여 생긴) 큰 구멍
4628	**puppet** [**puhp**-it]	(인형극에 쓰는) 인형, (남에게 조종을 당하는) 꼭두각시
4629	**helix** [**hee**-liks]	나선(형)
4630	**slew** [sloo]	휙 돌다[미끄러지다], 휙 돌리다[미끄러뜨리다], 많음, 다수, 대량
4631	**pluck** [pluhk]	(머리카락·눈썹 등을) 뽑다, (기타 등의 현을) 퉁기다, 용기, 결단
4632	**sly** [slahy]	교활한, 음흉한, (남들은 모르는 비밀을 자기는) 다 알고 있다는 듯한
4633	**fable** [**fey**-b*uh* l]	우화, 꾸며낸 이야기
4634	**defer** [dih-**fur**]	미루다, 연기하다
4635	**humid** [**hyoo**-mid]	(대기·날씨가) 습한, 눅눅한
4636	**bridle** [**brahyd**-l]	(말에게 씌우는) 굴레, 굴레를 씌우다, (기분 나쁜 듯) 고개를 치켜들다
4637	**fungus** [**fuhng**-g*uh* s]	균류, 곰팡이류

49. The key to everything is patience. You get the chicken by hatching the egg, not by smashing it. _Arnold H. Glasow
모든 것의 비결은 인내다. 달걀을 깨부수는 것이 아니라 부화시켜야 닭을 볼 수 있다. _아놀드 H. 글라소

4638	**pessimistic** [pes-*uh*-**mis**-tik]	비관적인, 회의적인, 비관주의적인
4639	**longitude** [**lon**-ji-tood]	경도
4640	**oscillation** [os-*uh*-**ley**-sh*uh* n]	(두 가지 사이의 규칙적인) 진동, (감정·행동·생각이) 오락가락 함
4641	**flint** [flint]	부싯돌
4642	**taboo** [t*uh*-**boo**]	금기, 금기시되는 것
4643	**poignant** [**poin**-y*uh* nt]	가슴이 아픈[저미는]
4644	**shovel** [**shuhv**-*uh* l]	삽, 부삽, 삽질하다, 삽으로 파다
4645	**symphony** [**sim**-f*uh*-nee]	교향곡, 심포니
4646	**gloss** [glos]	(매끄러운 표면의) 윤[광], 광택제, 허울, 겉치레, 주석, 주석을 달다
4647	**jargon** [**jahr**-g*uh* n]	(특정 분야의 전문·특수) 용어, 은어, 전문어[은어]를 쓰다, 허튼 소리
4648	**deviant** [**dee**-vee-*uh* nt]	(정상에서) 벗어난, 일탈적인
4649	**esoteric** [es-*uh*-**ter**-ik]	비밀의, 소수만 이해하는
4650	**appellant** [*uh*-**pel**-*uh* nt]	상소인, 항고인

> 50. Big doors swing on little hinges. _W. Clement Stone
> 큰 문도 작은 경첩에 매달려 움직인다. _W. 클레멘트 스톤

4651	**gallop** [**gal**-*uh* p]	(말 등이) 전속력으로 달리다, (사람이) 질주하다, 전속력, 질주
4652	**conceit** [k*uh* n-**seet**]	자만심, (기발하긴 하나 성공적이지는 못한 예술적) 효과[장치], (기발한) 비유
4653	**wig** [wig]	가발
4654	**bunk** [buhngk]	(배·기차의) 침대, (소의) 여물통, 허튼소리
4655	**corporeal** [kawr-**pawr**-ee-*uh* l]	형체를 가진, 물질적인, 신체상의, 신체를 위한
4656	**insulate** [**in**-s*uh*-leyt]	절연[단열/방열] 처리를 하다, (불쾌한 영향으로부터) 보호[격리]하다
4657	**incarceration** [in-kahr-s*uh*-**rey**-sh*uh* n]	투옥, 감금, 유폐
4658	**gestation** [je-**stey**-sh*uh* n]	임신[잉태] 기간, (생각의) 구상[입안]
4659	**odious** [**oh**-dee-*uh* s]	끔찍한, 혐오스러운
4660	**squirrel** [**skwur**-*uh* l]	다람쥐
4661	**ascribe** [*uh*-**skrahyb**]	(원인 등을) ~에 돌리다, 탓으로 돌리다, (특성을) ~에 속하는 것으로 생각하다
4662	**concave** [kon-**keyv**]	(윤곽이나 표면이) 오목한
4663	**seclusion** [si-**kloo**-zh*uh* n]	격리, 은둔, 동떨어진 곳, 호젓함

51. Men take only their needs into consideration - never their abilities.
_Napoleon Bonaparte
사람들은 그들의 필요에만 골몰할 뿐, 스스로의 능력은 고려하지 않는다. _나폴레옹 보나파르트

4664	**bracket** [**brak**-it]	괄호, (가격·연령·소득 등의) 계층[대], 받침대, 괄호로 묶다, 묶어 생각하다
4665	**pact** [pakt]	약속, 협정, 조약
4666	**halo** [**hey**-loh]	후광
4667	**stellar** [**stel**-er]	(천문학) 별의, 뛰어난
4668	**reconnaissance** [ri-**kon**-uh-suh ns]	(군사적인 목적의) 정찰, 조사
4669	**visceral** [**vis**-er-uh l]	본능적인, 내장의
4670	**moan** [mohn]	신음하다, 투덜[칭얼]거리다, 불평하다, 신음, 투덜거림
4671	**seminary** [**sem**-uh-ner-ee]	신학대학
4672	**boycott** [**boi**-kot]	(항의 표시로) 구매를 거부하다, 보이콧하다
4673	**orgasm** [**awr**-gaz-uh m]	극도의 흥분, 성적 흥분의 절정
4674	**abject** [**ab**-jekt]	극도로 비참한, 절망적인, 비굴한
4675	**scrape** [skreyp]	긁다, 긁는 소리를 내다, 간신히 이기다, (구멍 등을) 파다, 긁기, 긁는 소리
4676	**subway** [**suhb**-wey]	지하철

52. If you tell the truth, you don't have to remember anything. _Mark Twain
진실만을 말한다면, 아무것도 기억할 필요가 없다. _마크 트웨인

4677	**extrinsic** [ik-**strin**-sik]	비본질적인, 외부의, 고유의 것이 아닌
4678	**chop** [chop]	썰다[다지다], (장작 같은 것을) 패다, (대폭) 삭감하다, 토막[갈비] 살, 내리치기
4679	**circumcision** [sur-k*uh* m-**sizh**-*uh* n]	할례
4680	**compile** [k*uh* m-**pahyl**]	(여러 출처에서 자료를 따와) 엮다, 편집[편찬]하다, 명령어를 번역[컴파일]하다
4681	**chronicle** [**kron**-i-k*uh* l]	연대기, 연대순으로 기록하다
4682	**vertex** [**vur**-teks]	꼭짓점, 정점, 정상
4683	**respite** [**res**-pit]	(곤경·불쾌한 일의) 일시적인 중단, 한숨 돌리기, 유예[연기]
4684	**rubble** [**ruhb**-*uh* l]	(허물어진 건물의) 파편, 돌무더기
4685	**excretion** [ik-**skree**-sh*uh* n]	배설, 배설물
4686	**hound** [hound]	사냥개, 따라다니며 괴롭히다
4687	**moth** [mawth]	나방
4688	**patriarch** [**pey**-tree-ahrk]	(가정의) 가장, (공동체의) 족장, 원로
4689	**animate** [**an**-*uh*-meyt]	생기를 불어넣다, 만화영화로 만들다, 살아 있는, 생물인

> 53. It is fine to celebrate success but it is more important to heed the lessons of failure. _Bill Gates
> 성공을 자축하는 것은 좋지만 실패가 주는 교훈에 주의를 기울이는 것이 더 중요하다. _빌 게이츠

4690	**soothe** [soo*th*]	(마음을) 달래다[진정시키다], (통증 등을) 누그러뜨리다[완화시키다]
4691	**fortitude** [**fawr**-ti-tood]	불굴의 용기
4692	**barge** [bahrj]	바지선[너벅선], 밀치고 가다
4693	**relinquish** [ri-**ling**-kwish]	(마지못해 소유권 등을) 포기하다[내주다]
4694	**impair** [im-**pair**]	손상[악화]시키다
4695	**ascetic** [*uh*-**set**-ik]	금욕적인, 금욕주의자
4696	**mucous** [**myoo**-k*uh* s]	점액의, 점액 모양의, 점액을 분비하는
4697	**tint** [tint]	엷은 색, 색조, 염색약, 염색하기, 색깔을 넣다[색조를 더하다], 염색하다
4698	**ponder** [**pon**-der]	숙고하다, 곰곰이 생각하다
4699	**barber** [**bahr**-ber]	이발사, 이발소
4700	**avert** [*uh*-**vurt**]	방지하다, 피하다, 외면하다
4701	**relic** [**rel**-ik]	유물, 유적
4702	**stronghold** [**strawng**-hohld]	(특정 사상·집단의) 근거지, (특정 정당의) 지지 지역, 요새, (동물의) 서식지

54. Beauty without grace is the hook without the bait. _Ralph Waldo Emerson
품위 없는 아름다움은 미끼 없는 낚싯바늘이다. _랠프 월도 에머슨

4703	**mercantile** [**mur**-k*uh* n-teel]	상업[무역]의
4704	**numb** [nuhm]	(추위 등으로 신체 부위가) 감각이 없는, (제대로 생각·반응을 못하고) 멍한
4705	**pear** [pair]	(과일) 배
4706	**vortex** [**vawr**-teks]	(물·공기 등의) 소용돌이, (비유적인 의미의) 소용돌이
4707	**patio** [**pat**-ee-oh]	안뜰, 베란다, 테라스
4708	**rouse** [rouz]	(잠든 사람을) 깨우다, 분발하게 하다, (어떤 감정을) 불러일으키다, 성나게 하다
4709	**blot** [blot]	얼룩, 오점, 오명, (액체를 종이 등으로 빨아들여) 닦아내다, 잉크 방울을 흘리다
4710	**clover** [**kloh**-ver]	클로버, 토끼풀
4711	**felony** [**fel**-*uh*-nee]	중죄, 흉악 범죄
4712	**dedicate** [**ded**-i-keyt]	(시간·노력을) 바치다, 전념하다, (책·음악 작품·공연을) 헌정하다, 봉헌하다
4713	**mend** [mend]	수리하다, 고치다, (구멍 등을) 꿰매다, (문제 등을) 해결하다, (부러진 뼈가) 낫다
4714	**meek** [meek]	온순한, 온화한, 온순한 사람들
4715	**beware** [bih-**wair**]	조심[주의]하다

55. Quality is more important than quantity. One home run is much better than two doubles. _Steve Jobs
품질이 물량보다 더 중요합니다. 한 번의 홈런이 두 번의 이루타보다 나아요. _스티브 잡스

4716	**baron** [**bar**-*uh* n]	남작(귀족의 최하위 계급), (산업 분야의) 부호[거물]
4717	**anthology** [an-**thol**-*uh*-jee]	(시)선집, 문집
4718	**duration** [dyoo-**rey**-sh*uh* n]	지속, (지속되는) 기간
4719	**flutter** [**fluht**-er]	(빠르게) 흔들리다, 파닥이다, 두근거리다, 흔들림[떨림], 소란, 두근거림
4720	**gem** [jem]	보석, 보배
4721	**tumble** [**tuhm**-b*uh* l]	굴러떨어지다, 폭삭 무너지다, 공중제비를 넘다, 굴러떨어짐, 폭락
4722	**membrane** [**mem**-breyn]	(인체 피부·조직의) 막, (식물의) 세포막, (기체·액체 등을 차단하는) 막
4723	**vintage** [**vin**-tij]	포도주, 포도주가 생산된 연도, 고전적인, 전통 있는, (특정 인물의 작품들 중) 최고의
4724	**beak** [beek]	(새의) 부리, 주둥이
4725	**fling** [fling]	내팽개치다, (신체 일부를 갑자기 힘껏) 던지다, (욕설 등을) 퍼붓다, 실컷 즐기기
4726	**trot** [trot]	빨리 걷다, 속보로 가다, 말을 속보로 가게 하며 타다, 종종걸음으로 걷다, 속보
4727	**edible** [**ed**-*uh*-b*uh* l]	먹을 수 있는, 식용의
4728	**casualty** [**kazh**-oo-*uh* l-tee]	사상자, 희생자

> 56. Politics is not perfect but it's the best available nonviolent means of changing how we live. _Maynard Jackson
> 정치는 완전하지 않지만 그것은 우리가 사는 방식을 바꿀 수 있는 가장 좋은 비폭력적인 수단이다.
> _메이너드 잭슨

4729	**saliva** [s*uh*-**lahy**-v*uh*]	침, 타액
4730	**puff** [puhf]	뻐끔뻐끔 피우다, (달린 뒤) 숨을 헉헉거리다, (담배) 피우기, 부풀린 칭찬
4731	**tease** [teez]	놀리다, 못살게 굴다[괴롭히다], 애가 달게 만들다, (부드럽게) 뽑다, 놀림
4732	**mosquito** [m*uh*-**skee**-toh]	모기
4733	**cuisine** [kwi-**zeen**]	요리법, 요리
4734	**shunt** [shuhnt]	회피하다, (덜 중요한 곳으로) 이동시키다, (기차의 선로를) 바꾸다
4735	**augment** [awg-**ment**]	늘리다, 증가시키다
4736	**meditate** [**med**-i-teyt]	명상[묵상]하다, 꾀하다[계획하다]
4737	**copious** [**koh**-pee-*uh* s]	엄청난 양의, 방대한
4738	**prolong** [pr*uh*-**lawng**]	연장시키다, 연장하다
4739	**latch** [lach]	(문의) 걸쇠, (열쇠로 여닫는) 자물쇠, 걸쇠를 걸다, 걸쇠로 잠그다
4740	**deduct** [dih-**duhkt**]	(돈·점수 등을) 공제하다[제하다/감하다]
4741	**honeymoon** [**huhn**-ee-moon]	신혼여행, (초기의) 우호적 관계(기간)

57. A doubtful friend is worse than a certain enemy. _Aesop
의심스러운 친구는 확실한 적보다 더 나쁘다. _이솝

4742	**freak** [freek]	광적으로 관심이 많은 사람, 괴짜, 기이한 일, 아주 기이한[희한한]
4743	**pedestrian** [p*uh*-**des**-tree-*uh* n]	보행자, 보행자용의, 보행자의, 상상력이 없는, 재미없는
4744	**quadrant** [**kwod**-r*uh* nt]	사분면, 사분원
4745	**syringe** [s*uh*-**rinj**]	주사기, 주입기, 세척하다
4746	**austere** [aw-**steer**]	꾸밈없는, 소박한, (사람이) 근엄한, 금욕적인, 내핍 생활을 하는
4747	**lush** [luhsh]	(정원 등이) 무성한, 우거진, 호사스러운, 비싸 보이는, 술, 고주망태
4748	**pea** [pee]	완두콩, 콩알만 한
4749	**alias** [**ey**-lee-*uh* s]	별명, 가명
4750	**jagged** [**jag**-id]	삐죽삐죽한, 들쭉날쭉한
4751	**sausage** [**saw**-sij]	소시지, 순대
4752	**migraine** [**mahy**-greyn]	편두통
4753	**ration** [**rash**-*uh* n]	배급량, 할당량, (정상적인) 양, (공급량 등을) 제한하다, 배급을 주다
4754	**arthritis** [ahr-**thrahy**-tis]	관절염

58. I think life on Earth must be about more than just solving problems... It's got to be something inspiring, even if it is vicarious. _Elon Musk
이 땅에 태어나 살면서 문제를 해결하는 것 정도의 수준을 넘어서는 인생을 살아야 한다고 생각한다. 간접적일지언정 누군가에게 영감을 불어넣는 인생이어야 한다. _엘론 머스크

4755	**erratic** [ih-**rat**-ik]	불규칙한, 일정치 않은, 변덕스러운, (빙하에 의한) 표석
4756	**funnel** [**fuhn**-l]	깔대기, (배·엔진 등에 달린 금속으로 된) 굴뚝, (좁은 공간 속을) 이동하다
4757	**refresh** [ri-**fresh**]	생기를 되찾게[상쾌하게] 하다, 기억을 새롭게 하다[되살리다]
4758	**assimilate** [*uh*-**sim**-*uh*-leyt]	(아이디어나 사상 등을) 완전히 이해[흡수]하다, (사회의 일원으로) 동화되다
4759	**thicket** [**thik**-it]	덤불, 잡목 숲, 복잡하게 뒤얽힌 것
4760	**zoo** [zoo]	동물원
4761	**knob** [nob]	손잡이, 혹[마디/옹이], (버터 등의) 작은 덩이
4762	**prostrate** [**pros**-treyt]	엎드린, 몸[정신]을 가누지 못하는, 엎드리다, 몸[정신]을 가누지 못하게 하다
4763	**meridian** [m*uh*-**rid**-ee-*uh* n]	자오선
4764	**automotive** [aw-t*uh*-**moh**-tiv]	자동차의
4765	**spice** [spahys]	양념, 향신료, 흥취, 묘미, 양념[향신료]를 치다[곁들이다], 흥취[묘미]를 더하다
4766	**abbey** [**ab**-ee]	수도원, 수녀원
4767	**perspiration** [**pur**-sp*uh*-**rey**-sh*uh* n]	땀, 땀 흘리기

59. When you are small, you have to be very focused and rely on your brain, not your strength. _Jack Ma
아직 사회 초년생이라면 체력이 아니라 지력에 집중하고 의지해야 한다. _마윈

인생 요령 [3]

(1) 책을 읽은 후 무엇을 읽었는지 잘 모르겠으면 다시 읽어야 한다. 그래도 모르겠으면 또 읽어야 한다. 그래도 또 모르겠으면 또 읽는 방법 밖에 없다. (그렇게 하기 싫다면 애초에 읽지를 말아야 한다.)
(2) 복잡한 문제를 해결하는 시작점은 가장 단순한 문제를 해결하기 시작하는 것이다.
(3) 행복을 원하면서 행운을 좇지는 말아라.

Life Tip [3]

(1) If you don't understand what you've just read, read again. If you still don't catch it, try again. Read again if you still don't get it – that's the only way. (If you don't want to re-read, then don't even start reading.)
(2) The solution to a complex problem is digging into the simplest problem.
(3) Don't go after luck while pursuing happiness.

4768	**stab** [stab]	(칼같이 뾰족한 것으로) 찌르다, 삿대질을 하다, 찌르기, 찌르려고 하기
4769	**rig** [rig]	(부정한 수법으로) 조작하다, (장비를) 설치[장치]하다, (석유 등의) 굴착 장치
4770	**hermit** [**hur**-mit]	은둔자, 세속을 버린 사람
4771	**nomenclature** [**noh**-m*uh* n-kley-cher]	(학술적) 명명법
4772	**voltage** [**vohl**-tij]	전압
4773	**hack** [hak]	(거칠게) 자르다, (마구) 차다, 해킹하다, 버티다, (저질) 글쟁이, 일꾼
4774	**glacier** [**gley**-sher]	빙하
4775	**stumble** [**stuhm**-b*uh* l]	발이 걸리다, 발을 헛디디다, 비틀[휘청]거리다, (말 등을) 더듬거리다
4776	**broom** [broom]	빗자루, 비
4777	**chuckle** [**chuhk**-*uh* l]	빙그레[싱긋] 웃다
4778	**disperse** [dih-**spurs**]	(이리저리) 흩어지다, 해산하다, (넓은 지역에) 흩어지다[확산되다]
4779	**courtship** [**kawrt**-ship]	(결혼 전의) 교제[연애], 구애, (동업자 등을 끌어들이기 위한) 관심 끌기
4780	**obscene** [*uh* b-**seen**]	음란한, 외설적인, 터무니없는, 가당찮은

---

60. Until you have cultivated the habit of saying some kind word of those whom you do not admire, you will be neither successful nor happy.
_Napoleon Hill

당신이 존경하지 않는 사람에 대해서라도 관대한 말을 하는 습관을 들이기 전까지 당신은 성공할 수도 없으며 행복해질 수도 없을 것이다. _나폴레온 힐

4781	**firsthand** [**furst-hand**]	직접 체험으로, 직접의, 직접 얻은
4782	**libel** [**lahy**-b*uh* l]	(문서에 의한) 명예훼손, 모욕, (문서로) 명예를 훼손하다
4783	**refute** [ri-**fyoot**]	논박[반박]하다, 부인하다
4784	**sham** [sham]	모조품, 사기꾼, 가짜의, 위조하다
4785	**bustle** [**buhs**-*uh* l]	바삐 움직이다, 서두르다, 부산함, 북적거림
4786	**glide** [glahyd]	미끄러지듯 가다, (새나 비행기가) 활공하다, 미끄러지는 듯한 움직임
4787	**choke** [chohk]	숨이 막히다, 목을 조르다, (통로·공간 등을) 막다, (목소리가) 메이다, 질식
4788	**prop** [prop]	버팀목, 받침대, 지지자, 후원자, 받치다, 기대 세우다, 지지하다, 받쳐주다
4789	**spurious** [**spy***oo* r-ee-*uh* s]	거짓된, 겉으로만 그럴싸한, 비논리적인
4790	**grill** [gril]	석쇠, 그릴, 그릴에 굽다, 다그치다, 닦달하다
4791	**swine** [swahyn]	돼지, (기분 나쁜) 인간[새끼], 골칫거리
4792	**moustache** [**muhs**-tash]	콧수염
4793	**animosity** [an-*uh*-**mos**-i-tee]	반감, 원한

> 61. When you are offended at any man's fault, turn to yourself and study your own failings. Then you will forget your anger. _Epictetus
> 누군가의 잘못으로 기분이 상했다면 스스로를 돌아보고 자신의 잘못들을 생각해라. 곧 분노가 잊혀지게 될 것이다. _에픽테토스

4794	**didactic** [dahy-**dak**-tik]	교훈적인, 설교하는, 가르치려 드는
4795	**whore** [hawr]	매춘부, 음탕한 여자, 매춘하다, 매춘부를 사다
4796	**clandestine** [klan-**des**-tin]	비밀리에는 하는, 은밀한
4797	**interpolation** [in-tur-p*uh*-**ley**-sh*uh* n]	써넣음, 삽입한 어구[사항]
4798	**constipation** [kon-st*uh*-**pey**-sh*uh* n]	변비, 침체
4799	**shriek** [shreek]	(흥분·고통 등으로 날카롭게) 소리를 지르다, 악을 쓰며 말하다, 비명[악]
4800	**adore** [*uh*-**dawr**]	흠모[사모]하다, 아주 좋아하다
4801	**jug** [juhg]	(손잡이가 달린) 주전자[병], 항아리[단지]
4802	**scenic** [**see**-nik]	경치가 좋은, (연극에서) 무대장치의
4803	**forage** [**fawr**-ij]	(말·소의) 사료, (동물이) 먹이를 찾다, 식량을 징발하다
4804	**philanthropy** [fi-**lan**-thr*uh*-pee]	독지[자선] 활동, 박애(주의)
4805	**delinquent** [dih-**ling**-kw*uh* nt]	범죄 성향을 보이는, 비행의, 채무를 이행하지 않은, 연체된, 비행소년
4806	**sojourn** [**soh**-jurn]	체류하다, 체류

62. That is the essence of science: ask an impertinent question, and you are on the way to a pertinent answer. _Jacob Bronowski
과학의 정수는 바로 이런 것이다. 엉뚱한 질문을 던져라. 그것에서부터 적절한 대답으로 가는 길에 서게 된다. _제이콥 브로노우스키

4807	**psychosis** [sahy-**koh**-sis]	정신병
4808	**mingle** [**ming**-guh l]	섞이다, 어우러지다, (사교 행사에서 사람들 사이를) 돌아다니다
4809	**vogue** [vohg]	유행
4810	**lick** [lik]	핥다, 마시다, 혀를 날름거리다[집어삼키다], 쉽게 이기다[해치우다]
4811	**apparition** [ap-uh-**rish**-uh n]	유령, 환영, 도깨비
4812	**versatile** [**vur**-suh-tl]	(사람이) 다재다능한, (식품 등이) 다용도의, 다목적의
4813	**infernal** [in-**fur**-nl]	지옥의, 지옥 같은, 지긋지긋한, 극악무도한
4814	**howl** [houl]	(길게) 울다[울부짖다], (바람이) 윙윙거리다, 악을 쓰다, 울부짖음, 윙윙거림
4815	**clasp** [klæsp]	(꽉) 움켜쥐다, (꽉) 껴안다, (걸쇠를 걸어) 잠그다, 걸쇠, 움켜잡기
4816	**drip** [drip]	방울방울[뚝뚝] 흐르다[떨어지다], 넘칠 듯이 담고 있다, (액체가) 뚝뚝 떨어짐
4817	**chasm** [klasp]	(땅·바위·얼음 속 등에 난) 아주 깊은 틈[구멍], (사람·집단 사이의) 큰 차이[골]
4818	**diploma** [dih-**ploh**-muh]	(대학의 학습) 과정, 졸업장, 수료증
4819	**labyrinth** [**lab**-uh-rinth]	미로

63. A spirit of innovation is generally the result of a selfish temper and confined views. _Edmund Burke

혁신의 정신은 일반적으로 이기심과 한정된 시각의 결과이다. _에드먼드 버크

4820	**refund** [ri-**fuhnd**]	환불하다, 환불
4821	**subdue** [s*uh* b-**dyoo**]	진압하다, (감정을) 가라앉히다[억누르다]
4822	**barbarian** [bahr-**bair**-ee-*uh* n]	(과거 유럽에서) 이방인[미개인], 야만인, 교양 없는 사람
4823	**slang** [slang]	속어, 은어
4824	**lettuce** [**let**-is]	상추
4825	**proletariat** [proh-li-**tair**-ee-*uh* t]	프롤레타리아[무산 노동자] 계급
4826	**chunk** [chuhngk]	(두툼한) 덩어리, 상당히 많은 양
4827	**parameter** [p*uh*-**ram**-i-ter]	매개변수, (일정하게 정한) 한도
4828	**bandage** [**ban**-dij]	붕대, 붕대를 감다
4829	**avenge** [*uh*-**venj**]	복수하다
4830	**tangle** [**tang**-g*uh* l]	(실·머리카락 등이) 얽힌[엉킨] 것, (혼란스럽게) 꼬인 상태, 분규, 헝클어지다
4831	**consummate** [**kon**-s*uh*-meyt]	완전한, 뛰어난, (결혼식 후) 첫날밤을 치르다, 완벽하게[완전하게] 하다
4832	**plume** [ploom]	(연기·수증기 등이 피어오르는) 기둥, (커다란) 깃털

64. My interest in life comes from setting myself huge, apparently unachievable challenges and trying to rise above them. _Richard Branson
살아가며 나를 흥미롭게 하는 것은 거대하고 누가 봐도 이루기 힘든 도전을 설정하고 그것들을 뛰어넘기 위해 노력하는 데서 온다. _리처드 브랜슨

4833	**adjunct** [**aj**-uhngkt]	부속물, 부가물, (문법) 부사류
4834	**invoice** [**in**-vois]	송장, 청구서, 청구서를 보내다
4835	**filth** [filth]	오물, (아주 더러운) 쓰레기, (섹스와 관련된) 쓰레기 같은[아주 추잡한] 것
4836	**attest** [*uh*-test]	증명[입증]하다, (법정 등에서) 증언[인증]하다
4837	**hog** [hawg]	돼지(특히 비육돈), 거세한 수퇘지, 독차지하다
4838	**fervor** [**fur**-ver]	열렬, 열정, 백열
4839	**slick** [slik]	(겉만) 번드르르한, 말만 번지르르하게 하는, 능란한, 매끄러운
4840	**sarcastic** [sahr-**kas**-tik]	빈정대는, 비꼬는
4841	**wanton** [**won**-tn]	(파괴 행위가) 타당한 이유 없이 고의적인[악의적인], 음탕한
4842	**placid** [**plas**-id]	(쉽게 동요하거나 짜증내지 않고) 차분한[얌전한], 잔잔한
4843	**stoop** [stoop]	몸을 굽히다[구부리다], (자세가)구부정하다, 구부정하게 서다[걷다]
4844	**sordid** [**sawr**-did]	비도덕적인, 부정직한, 추악한, 몹시 지저분한
4845	**devour** [dih-**vou**-*uh* r]	걸신들린 듯 먹다, (엄청난 열의로) 집어삼킬듯이 읽다, 집어삼키다

> 65. If you even dream of beating me you'd better wake up and apologize.
> _Mohamed Ali
> 나를 쳐보겠다는 생각을 꿈에라도 했다면, 당장 일어나 사과하는 게 좋을 것이다. _무하마드 알리

4846	**cape** [keyp]	망토, 곶, 갑
4847	**whim** [wim]	기분, 변덕
4848	**riddle** [**rid**-l]	수수께끼, 불가사의
4849	**roam** [rohm]	(이리저리) 돌아다니다, 배회[방랑]하다, 천천히 훑다[더듬다]
4850	**prelude** [**prel**-yood]	서곡, 전주곡, 서막
4851	**plum** [pluhm]	자두, 진자주색, 아주 근사한, 알짜의
4852	**revert** [ri-**vurt**]	(상태·습관 신앙으로) 되돌아가다, (부동산 등이) 복귀하다
4853	**conical** [**kon**-i-kuh l]	원뿔 모양의
4854	**astute** [uh-**stoot**]	약삭빠른, 영악한, 기민한
4855	**forsake** [fawr-**seyk**]	(책임져야 할 대상을) 저버리다[버리다], (즐겨 하던 것을) 그만두다[버리다]
4856	**veranda** [vuh-**ran**-duh]	베란다, (가게 앞의) 차일
4857	**dowry** [**dou**-ree]	지참금, 혼수
4858	**overwhelm** [oh-ver-**hwelm**]	(격한 감정이) 압도하다, 제압하다, 어쩔 줄 모르게 만들다, 완전히 뒤덮다

66. The aim of the wise is not to secure pleasure, but to avoid pain. _Aristotle

지혜의 목적은 기쁨을 지키는 것이 아닌 고통을 피하는 것이다. _아리스토텔레스

4859	**audacity** [aw-**das**-i-tee]	뻔뻔함
4860	**snatch** [snach]	와락 붙잡다, 잡아채다, 급히 빼앗아 가다, 뜻밖에 얻다, 잡아챔, 조각
4861	**distort** [dih-**stawrt**]	(형체·모습·소리를) 비틀다[일그러뜨리다], (사실·생각 등을) 왜곡하다
4862	**acquiescence** [ak-wee-**es**-*uh* ns]	묵인
4863	**stagnant** [**stag**-n*uh* nt]	고여 있는, 침체된
4864	**renown** [ri-**noun**]	명성
4865	**naughty** [**naw**-tee]	버릇없는, 말을 안 듣는, 약간 무례한, 외설적인
4866	**paw** [paw]	(동물의 발톱이 달린) 발, (사람의) 손, (동물이) 발로 긁다, (성적으로) 건드리다
4867	**clown** [kloun]	광대, 어릿광대 같은 사람, 광대 짓을 하다
4868	**subtraction** [s*uh* b-**trak**-sh*uh* n]	빼기, 공제, 삭감, 뺄셈
4869	**insidious** [in-**sid**-ee-*uh* s]	서서히[은밀히] 퍼지는, 모르는 사이에 작용하는
4870	**axiom** [**ak**-see-*uh* m]	자명한 이치, 공리, 격언
4871	**pristine** [**pris**-teen]	원시시대(상태)의, 완전 새것 같은, 자연 그대로의

> 67. My mission in life is not merely to survive, but to thrive; and to do so with some passion, some compassion, some humor, and some style.
> _Maya Angelou
>
> 그저 생존하는 것만으론 부족하다. 삶에 있어 내 사명은 번성하는 것이다. 약간의 열정, 연민, 유머, 그리고 나만의 고유한 스타일과 함께. _마야 안젤루

4872	**chew** [choo]	(음식을) 씹다, (무엇을 계속) 물어뜯다[깨물다], 씹어 먹는 사탕, 씹기, 씹는 담배
4873	**ivy** [**ahy**-vee]	담쟁이덩굴
4874	**warp** [wawrp]	(원래의 모습을 잃고) 틀어지다, 휘게 만들다, 비뚤어지게 만들다, (베틀의) 날실
4875	**deduce** [dih-**dyoos**]	추론[추정]하다, 연역하다
4876	**oriental** [awr-ee-**en**-tl]	동양의[동양인의]
4877	**scribe** [skrahyb]	사본 필사자, 서기, (익살) 작가[문인], (나무·금속에) 선침으로 선을 긋다
4878	**complicity** [k*uh* m-**plis**-i-tee]	(범행) 공모, 연루
4879	**granular** [**gran**-y*uh*-ler]	알갱이로 된, 과립상의, (느낌이) 오돌토돌한
4880	**excision** [ek-**sizh**-*uh* n]	삭제, 제거, 적출
4881	**configuration** [k*uh* n-fig-y*uh*-**rey**-sh*uh* n]	배열, 배치, (컴퓨터) 환경 설정
4882	**gratify** [**grat**-*uh*-fahy]	기쁘게[흐뭇하게] 하다, (욕구 등을) 충족[만족]시키다
4883	**abstain** [ab-**steyn**]	(투표에서) 기권하다, (좋아하는 것을 도덕적·건강의 이유로) 자제하다[삼가다]
4884	**pony** [**poh**-nee]	조랑말, 작은 것, 25파운드

68. Peace comes from within. Do not seek it without. _Buddha
평안은 내면에서 찾아온다. 바깥 세상에서 구하려 하지 마라. _부처

4885	**purge** [purj]	(폭력적인 방법으로) 제거[숙청]하다, (나쁜 생각 등을) 몰아내다
4886	**citadel** [**sit**-*uh*-dl]	성채[요새]
4887	**meager** [**mee**-ger]	메마른, 빈약한, 결핍한
4888	**blink** [blingk]	눈을 깜빡이다, (불빛을) 깜박거리다[깜박이다]
4889	**cumbersome** [**kuhm**-ber-s*uh* m]	성가신, 다루기 힘든
4890	**blueprint** [**bloo**-print]	청사진, 상세한 계획
4891	**invincible** [in-**vin**-s*uh*-b*uh* l]	천하무적의, 아무도 꺾을[바꿀] 수 없는
4892	**beacon** [**bee**-k*uh* n]	(안전 운행을 유도하는) 신호등[불빛], (과거 신호용으로 피워 올리던) 봉화
4893	**antidote** [**an**-ti-doht]	해독제, 해소 수단, 해결책
4894	**carnival** [**kahr**-n*uh*-v*uh* l]	카니발, 축제, 다채로운
4895	**pedestal** [**ped**-*uh*-stl]	(기둥·동상 등의) 받침대
4896	**plaza** [**plah**-z*uh*]	광장, 쇼핑센터
4897	**upheaval** [uhp-**hee**-v*uh* l]	격변, 대변동, 융기

69. Do you want to spend the rest of your life selling sugared water or do you want a chance to change the world? _Steve Jobs
나머지 인생을 설탕물이나 팔면서 보내고 싶습니까, 아니면 세상을 바꿔놓을 기회를 갖고 싶습니까? (펩시콜라 사장을 애플로 영입하기 위해 한 말) _스티브 잡스

4898	**corollary** [**kawr**-*uh*-ler-ee]	필연적인 결과, 당연한 귀결, (수학) 계
4899	**allergy** [**al**-er-jee]	알레르기, 이상 과민증, 반감, 거부감
4900	**quiver** [**kwiv**-er]	(가볍게) 떨다[떨리다], (감정·몸의 일부가) 떨림, 가벼운 전율, 화살집
4901	**dart** [dahrt]	화살, 쏜살같이 달림, (감정이) 확 솟구침, 쏜살같이 달리다, 휙 눈길을 던지다
4902	**mystic** [**mis**-tik]	신비주의자
4903	**shrub** [shruhb]	관목
4904	**clamp** [klamp]	죔쇠로 고정시키다, 꽉 물다[잡다], 죔쇠, 클램프
4905	**effusion** [ih-**fyoo**-zh*uh* n]	유출, 유출물, (감정의) 토로, (토로하는) 감정
4906	**nascent** [**nas**-*uh* nt]	초기의, 발생기의
4907	**postulate** [**pos**-ch*uh*-leyt]	(이론 등의 근거로 삼기 위해) 가정하다, 상정하다
4908	**carnal** [**kahr**-nl]	육욕적인, 성욕의
4909	**degrade** [dih-**greyd**]	비하[모멸]하다, (화학적으로) 분해되다[하다], (특히 질적으로) 저하시키다
4910	**commend** [k*uh*-**mend**]	(공개적으로) 칭찬하다, 추천하다, 권하다, 인정받다, (~의 보살핌에) 맡기다

70. The truth is incontrovertible. Malice may attack it, ignorance may deride it, but in the end, there it is. _Winston Churchill
진실엔 논쟁이 끼어들 자리가 없다. 나쁜 마음의 공격과 무지의 비웃음에도 결국 남는 것은 진실이다. _윈스턴 처칠

4911	**glee** [glee]	신이 남, (남이 잘못되는 것에 대한) 고소한 기분
4912	**plural** [**ploo r**-*uh* l]	(문법) 복수형, 복수의, 다원적인
4913	**culprit** [**kuhl**-prit]	범인, (문제를 일으킨) 장본인
4914	**privy** [**priv**-ee]	(비밀을) 공유하는 것이 허용된, (음모에) 내밀히 관여하여, 사적인, 사용의
4915	**caliber** [**kal**-*uh*-ber]	역량, 자질, (총포의) 구경
4916	**comma** [**kom**-*uh*]	쉼표
4917	**ephemeral** [ih-**fem**-er-*uh* l]	단명한, 수명이 짧은, 덧없는
4918	**autopsy** [**aw**-top-see]	부검, 검시
4919	**mantra** [**man**-tr*uh*]	(특히 기도·명상 때 외는) 주문
4920	**sanguine** [**sang**-gwin]	낙관적인, 자신감이 넘치는
4921	**mutiny** [**myoot**-n-ee]	(특히 군인·선원들의) 반란[폭동]
4922	**nipple** [**nip**-*uh* l]	젖꼭지, 고무 젖꼭지
4923	**artillery** [ahr-**til**-*uh*-ree]	대포, 포병대

71. When you believe in a thing, believe in it all the way, implicitly and unquestionable. _Walt Disney
무언가를 믿는다면 온 마음을 다해 믿으라. 절대적으로, 의심하지 말고. _월트 디즈니

4924	**onslaught** [**on**-slawt]	맹공격, 맹습
4925	**eradicate** [ih-**rad**-i-keyt]	근절하다, 뿌리 뽑다
4926	**plow** [plou]	쟁기, 경작, 경작하다, 고생하며 나아가다, 충돌하다
4927	**fiddle** [**fid**-l]	(지루하거나 초조해서) 만지작거리다, 조작하다, 바이올린을 켜다, 조작, 힘든 일
4928	**mushroom** [**muhsh**-room]	버섯, 급속히 커지다, 우후죽순처럼 늘어나다, 버섯을 따러 가다
4929	**gamble** [**gam**-b*uh* l]	돈을 걸다, 도박을 하다, (요행을 바라고) ~을 걸다, 모험을 하다, 도박[모험]
4930	**beetle** [**beet**-l]	딱정벌레, 휑하니 가다
4931	**oyster** [**oi**-ster]	(생물) 굴
4932	**insolent** [**in**-s*uh*-l*uh* nt]	버릇없는, 무례한
4933	**pang** [pang]	갑자기 격렬하게 일어나는 육체적[정신적] 고통[아픔]
4934	**hypnotize** [**hip**-n*uh*-tahyz]	최면을 걸다, 혼을 빼놓다, 홀리다
4935	**stench** [stench]	악취, (나쁜 것의) 낌새
4936	**smash** [smash]	박살내다, (단단한 것에 세게) 부딪치다, 힘껏 치다[때리다], 박살내기, 충돌 사고

72. We cannot solve our problems with the same thinking we used when we created them. _Albert Einstein
문제를 초래한 사고방식으로는 문제를 해결할 수 없는 법이다. _알버트 아인슈타인

4937	**recital** [ri-**sahyt**-l]	발표회, 연주회, (어떤 사건 등에 대한) 장황한 설명[이야기]
4938	**ebb** [eb]	썰물[간조], (바닷물이) 빠지다, 썰물이 되다, 서서히 사그라지다[약해지다]
4939	**coronation** [kawr-*uh*-**ney**-sh*uh* n]	(새 왕의) 대관식
4940	**sleek** [sleek]	(매끄럽고) 윤이 나는, (모양이) 매끈한[날렵한], 맵시 있게 차려입은, 부티 나는
4941	**precipice** [**pres**-*uh*-pis]	벼랑
4942	**torpedo** [tawr-**pee**-doh]	어뢰, 어뢰로 공격하다. 그르치다, 망치다
4943	**ovary** [**oh**-v*uh*-ree]	난소, (식물의) 씨방
4944	**lexicon** [**lek**-si-kon]	(특정 집단에서 사용하는 모든) 어휘, 사전
4945	**comet** [**kom**-it]	혜성
4946	**detain** [dih-**teyn**]	구금[억류]하다, (어디에 가지 못하게) 붙들다, 지체하게 하다
4947	**fathom** [**fath** -*uh* m]	(의미 등을) 헤아리다[가늠하다], 깊이를 재다, 길이의 단위[6피트]
4948	**precept** [**pree**-sept]	(행동) 수칙, 계율, 교훈
4949	**ax** [aks]	도끼, 참수, 처형, 도끼로 자르다

> 73. Life is not fair; get used to it. _Bill Gates
> 인생이란 결코 공평하지 않다. 이 사실에 익숙해져라. _빌 게이츠

4950	**scramble** [**skram**-b*uh* l]	재빨리 움직이다, 서로 다투다, 휘저어 익히다, 뒤죽박죽으로 만들다
4951	**gaily** [**gey**-lee]	화사하게, 명랑하게, 제멋대로
4952	**fodder** [**fod**-er]	(가축의) 사료[꼴], ~에만 쓸모가 있는 사람[것]
4953	**pedal** [**ped**-l]	페달, 페달을 밟다[젓다]
4954	**complacency** [k*uh* m-**pley**-s*uh* n-see]	현 상태에서 만족함, 자기만족, 평온한 만족감
4955	**grate** [greyt]	비비다, 갈다, 문지르다, 성질나게 하다, 쇠살대, 쇠격자, 쇠살대를 달다
4956	**lucid** [**loo**-sid]	명쾌한, 명료한, (의식 혼미 상태 중이거나 후에) 의식이 또렷한
4957	**flicker** [**flik**-er]	깜박거리다, (감정·생각 등이) 스치다, (빛의) 깜박거림, (신체 부위의) 움직거림
4958	**revolve** [ri-**volv**]	(축을 중심으로) 돌다[회전하다]
4959	**inauguration** [in-aw-gy*uh*-**rey**-sh*uh* n]	취임(식), 개시, 개업, 개통
4960	**farce** [fahrs]	익살극, 웃음거리
4961	**dungeon** [**duhn**-j*uh* n]	(과거 특히 성 안에 있던) 지하 감옥
4962	**phonetic** [f*uh*-**net**-ik]	음성을 나타내는, 표음식의

> 74. Be civil to all; sociable to many; familiar with few; friend to one; enemy to none. _Benjamin Franklin
> 모두에게 예의 바르고 다수에게 붙임성 있고 소수에게 친밀하고 한 명에게 친구가 되고 아무에게도 적이 되지 말라. _벤저민 프랭클린

4963	**debit** [**deb**-it]	(통장이나 장부의) 차변, 차변에 기입하다, (계좌의 돈을) 인출하다
4964	**char** [chahr]	숯이 되다, 까맣게 타다
4965	**benefactor** [**ben**-*uh*-fak-ter]	(학교·자선단체 등의) 후원자
4966	**hive** [hahyv]	벌집, 벌떼, (사람들이 바삐 돌아가며) 북새통을 이루는 곳
4967	**mutton** [**muht**-n]	양고기
4968	**abominable** [*uh*-**bom**-*uh*-n*uh*-b*uh* l]	가공할, 심히 끔찍한
4969	**hinge** [hinj]	(문·뚜껑 등의) 경첩, 경첩을 달다
4970	**embargo** [em-**bahr**-goh]	통상 금지령, 금수(禁輸)조치, 금수조치하다, 출항을 금지하다
4971	**pertain** [per-**teyn**]	(특정한 상황·때에) 존재하다[적용되다]
4972	**brochure** [broh-**sh***oo* r]	(안내·광고용) 책자
4973	**exodus** [**ek**-s*uh*-d*uh* s]	(많은 사람들이 동시에 하는) 탈출[이동], 출애굽기
4974	**dung** [duhng]	똥, 거름, 비료를 주다
4975	**bolster** [**bohl**-ster]	북돋우다, 강화하다, 긴 베개

75. To be successful you have to be selfish, or else you never achieve. And once you get to your highest level, then you have to be unselfish. Stay reachable. Stay in touch. Don't isolate. _Michael Jordan

성공을 위해서는 이기적일 필요가 있다. 그렇지 않고서는 무엇도 성취할 수 없다. 최고 수준이 되면 그때는 이기적이지 않아야 한다. 사람들과 가까이 하라. 교류하며 지내라. 고립되지 말아라. _마이클 조던

4976	**lessee** [le-**see**]	임차인
4977	**punk** [puhngk]	(음악) 펑크, 불량배, 애송이, (불쏘시개로 쓰는) 썩은 나무
4978	**zoom** [zoom]	(장면 등을) 확대[축소]하다, 쌩 하고 가다, 급등[급증]하다, 쌩 하고 가는 소리
4979	**surpass** [ser-**pas**]	능가하다, 뛰어넘다
4980	**chick** [chik]	병아리, (속어) 젊은 여자, 계집애
4981	**claw** [klaw]	(동물·새의) 발톱, (게 등의) 집게발, (손톱 등으로) 할퀴다[긁다]
4982	**guild** [gild]	(직업·관심·목적이 같은 사람들의) 협회[조합]
4983	**lagoon** [l*uh*-**goon**]	석호, 작은 늪
4984	**volition** [voh-**lish**-*uh*]	자유의지, 의욕, 결단력
4985	**tattoo** [ta-**too**]	문신, 문신하다, (군대의) 귀영 나팔, (경고하는) 북소리, 툭툭 두드리다
4986	**rubric** [**roo**-brik]	(시험지 등에 제시된) 지시문, 주의 사항, 관례, 규정
4987	**sneer** [sneer]	비웃다, 조롱하다, 비웃음, 경멸
4988	**wreath** [reeth]	화환, 화관

76. He who will not economize will have to agonize. _Confucius
절약하지 않는 자는 고통받게 될 것이니라. _공자

#	Word	Pronunciation	Meaning
4989	**chaste**	[cheyst]	(육체적으로) 순결한, 순수한, 담백한, 소박한, 꾸밈없는
4990	**wail**	[weyl]	울부짖다, (큰 소리로) 투덜거리다, (길고 높은) 소리를 내다, 통곡, 울부짖음
4991	**booty**	[**boo**-tee]	전리품, 노획물, 엉덩이
4992	**denounce**	[dih-**nouns**]	맹렬히 비난하다, (불법적인 정치 활동에 대해) 고발하다
4993	**pastry**	[**pey**-stree]	페이스트리, 밀가루에 기름을 넣고 우유나 물로 반죽한 것
4994	**trophy**	[**troh**-fee]	트로피, 전리품, 노획물
4995	**rigor**	[**rig**-er]	엄한, 준엄, 고됨, 곤궁, (병리) 오한, 경직
4996	**berth**	[burth]	(배·기차 등의) 침상, (항구의) 정박지, (배를) 정박시키다
4997	**valet**	[va-**ley**]	하인, (호텔에서) 세탁 담당 직원, 주차원
4998	**confluence**	[**kon**-floo-*uh* ns]	합류 지점, (두 가지 이상 사물의) 합일[융합]
4999	**customize**	[**kuhs**-t*uh*-mahyz]	주문 제작하다
5000	**tsunami**	[tsoo-**nah**-mee]	쓰나미(지진 등에 의한 엄청난 해일)
5001	**sabotage**	[**sab**-*uh*-tahzh]	(특히 고의적으로) 방해[파괴]하다, (고의적인) 방해 행위

77. Don't trust what you see, even salt looks like sugar. _Unknown
눈에 보이는 것을 그대로 믿지 말아라. 심지어 소금도 설탕 같아 보인다. _작자 미상

5002	**bouquet** [boh-**key**]	부케, 꽃다발, (포도주의) 향미[향취]
5003	**sluggish** [**sluhg**-ish]	느릿느릿 움직이는, 부진한
5004	**vinyl** [**vahyn**-l]	비닐, (축음기에 트는) 레코드판
5005	**recur** [ri-**kur**]	되돌아가다, 회상하다, (문제 등이) 재발하다, 의뢰하다
5006	**jeopardy** [**jep**-er-dee]	위험, (피고의) 유죄가 될 위험성
5007	**filament** [**fil**-*uh*-m*uh* nt]	가는 실 같은 것, 필라멘트
5008	**caption** [**kap**-sh*uh* n]	자막, 표제
5009	**manic** [**man**-ik]	(바빠서) 정신없는, 조증의
5010	**shave** [sheyv]	면도하다, (가격 등을 약간) 깎다[낮추다], 면도
5011	**repel** [ri-**pel**]	(공격 대상을) 격퇴하다[물리치다], 혐오감을 느끼게 하다, (자석 등이) 밀어내다
5012	**borough** [**bur**-oh]	자치구[도시]
5013	**concur** [k*uh* n-**kur**]	동의하다, 의견 일치를 보다
5014	**preamble** [**pree**-am-b*uh* l]	(책의) 서문, (법령 따위의) 전문, 머리말

78. Nothing is more despicable than respect based on fear. _Albert Camus
두려움 때문에 갖는 존경심만큼 비열한 것은 없다. _알베르 카뮈

> 단어로 세상 읽기

challenge

여러분께서는 어떤 도전을 하고 계시나요? 또한 세계는 지금 얼마나 도전 중일까요? 도전(challenge)이라는 단어의 사용 빈도는 정말 꾸준하게 증가하고 있습니다. 어떤 책들이 도전이라는 단어를 쓰고 있는지 제가 직접 살펴보았더니 정말 그 출처는 다양했습니다. 환경문제에 대한 도전, 인권문제에 대한 도전, 기존의 권위에 대한 도전, 개인의 다이어트 도전 등 수많은 문헌이 도전에 대해 이야기하고 있었습니다. 개인적으로 도전이라는 단어를 참 좋아합니다. 도전을 통해 성공하면 가장 좋겠지만 저는 도전하는 그 자체만으로도 큰 의미가 있다고 봅니다. 도전의 가장 큰 매력은 우리 자신을 주체적으로 만든다는 것입니다. 여러분도 지금 주도적으로 멋진 도전을 하고 계십니다. 바로 영어 단어 암기를 통한 영어 실력 향상에 대한 도전을 지금 하고 계신 것입니다. 여러분이 지금 이 페이지를 읽고 계신다면 여러분의 도전은 꾸준히 이어지고 있는 것입니다! 멈추지 않는 여러분의 도전을 진심으로 응원하겠습니다! [X축: 연도, Y축: 총 단어 중 사용 빈도]

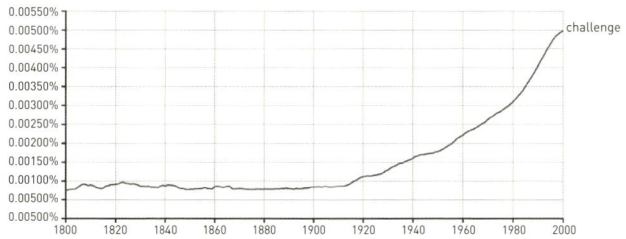

5015	**accrue** [*uh*-**kroo**]	누적되다, 축적되다, (결과로서) 생기다
5016	**convection** [k*uh* n-**vek**-sh*uh* n]	(기체나 액체의) 대류, 상승기류
5017	**iris** [**ahy**-ris]	(안구의) 홍채, 붓꽃
5018	**caress** [k*uh*-**res**]	애무하다, 어루만지다
5019	**karma** [**kahr**-muh]	업보, 업
5020	**clone** [klohn]	복제하다, 복제 생물
5021	**asunder** [*uh*-**suhn**-der]	뿔뿔이, 산산이, 산산조각으로
5022	**fencing** [**fen**-sing]	펜싱, 울타리 (재료)
5023	**guru** [g*oo* r-oo]	힌두교의 지도자, 전문가, 권위자
5024	**petrol** [**pe**-tr*uh* l]	휘발유
5025	**solicit** [s*uh*-**lis**-it]	간청[요청]하다, 얻으려고[구하려고] 하다, (매춘부가) 호객 행위를 하다
5026	**envoy** [**en**-voi]	사절, 특사
5027	**sentinel** [**sen**-tn-l]	보초병, 감시병

79. I fear not the man who has practiced 10,000 kicks once, but I fear the man who has practiced one kick 10,000 times. _Bruce Lee
1만 번의 발차기를 한 번에 연습한 사람은 두렵지 않다. 내가 두려워하는 것은 한 번의 발차기를 1만 번 연습한 사람이다. _브루스 리

5028	**peg** [peg]	걸이용 못[핀], 말뚝, 빨래집게, (못 등으로) 고정하다, (가격 등을) 고정시키다
5029	**carcass** [**kahr**-k*uh* s]	(큰 동물의) 시체, (식용으로 쓸) 죽은 동물
5030	**wafer** [**wey**-fer]	(아주 얇은) 조각, 웨이퍼(얇고 바삭하게 구운 과자)
5031	**taut** [tawt]	(밧줄 따위가) 팽팽한, 긴장된, (글 등이 군더더기 없이) 깔끔한
5032	**replete** [ri-**pleet**]	가득한[충분한], 포식을 한
5033	**culinary** [**kyoo**-l*uh*-ner-ee]	요리[음식]의, 부엌의
5034	**salutary** [**sal**-y*uh*-ter-ee]	유익한, 효과가 좋은, 건강에 좋은
5035	**turnout** [**turn**-out]	출석자, 참가자 수
5036	**annotation** [an-*uh*-**tey**-sh*uh* n]	주석, 주석을 달기
5037	**congruent** [**kong**-groo-*uh* nt]	알맞은, 적합한, (기하) 크기와 형태가 동일한
5038	**pierce** [peers]	(뾰족한 기구로) 뚫다[찌르다/박다], (어둠·적막 등을) 가르다[찢다]
5039	**enclose** [en-**klohz**]	(담·울타리 등으로) 두르다[둘러싸다], 동봉하다
5040	**carve** [kahrv]	조각하다, 깎아서 만들다, (글씨를) 새기다[파다], 저미다[자르다], 이뤄내다

> 80. Reason is the natural organ of truth; but imagination is the organ of meaning. _C. S. Lewis
> 이성은 진리의 내장기관이다. 그러나 상상력은 의미를 이루는 오장육부다. _C. S. 루이스

5041	**grudge** [gruhj]	원한, 억울해 하다[아까워하다], (누가 무엇을 받을) 자격이 없다고 생각하다
5042	**lash** [lash]	후려치다, 휘갈기다, 몰아세우다, (밧줄로) 단단히 묶다, 채찍질, 가죽끈
5043	**avalanche** [**av**-*uh*-lanch]	눈사태, 갑자기 덮쳐오는 것, 쇄도하다
5044	**soak** [sohk]	(액체 속에 푹) 담그다[담기다], 흠뻑 적시다, 흡수하다, 터무니없는 값을 부르다
5045	**nozzle** [**noz**-*uh* l]	노즐, 분사구
5046	**fluctuation** [fluhk-choo-**ey**-sh*uh* n]	변동, 오르내림, (사람 마음의) 동요, 성쇠, 흥망
5047	**flop** [flop]	(너무 지쳐서) 털썩 주저앉다[드러눕다], 완전히 실패하다, 실패작
5048	**eerie** [**eer**-ee]	무시무시한, 기분 나쁜, 으스스한
5049	**mucus** [**myoo**-k*uh* s]	(코 등에서 나오는) 점액, 콧물
5050	**resilient** [ri-**zil**-y*uh* nt]	(부상 등에 대해) 회복력 있는, 탄력 있는, 쾌활한
5051	**ornate** [awr-**neyt**]	(아주 작거나 복잡한 디자인으로) 화려하게 장식한
5052	**repress** [ri-**pres**]	(감정을) 참다[억누르다/억압하다], 탄압[진압]하다
5053	**threshold** [**thresh**-ohld]	문지방, 한계점, (비유적인 의미의) 문턱

---

81. Winners never quit and quitters never win. _Vince Lombardi
승자는 그만두는 법이 없고 그만두는 자는 절대 이기지 못한다. _빈스 롬바디

5054	**clump** [kluhmp]	(촘촘히 붙어 자라는 나무 등의) 무리[무더기], 쿵, 쿵쾅거리다, 무리[떼]를 짓다
5055	**zest** [zest]	열정, 열의, 묘미, (요리에 향미를 더하기 위해 쓰는 레몬 등의) 껍질
5056	**parrot** [**par**-*uh* t]	앵무새, (의미는 생각하지도 않고) 앵무새처럼 흉내내다
5057	**crescent** [**kres**-*uh* nt]	초승달 모양, 크레센트(집이 죽 늘어서 있는 초승달 모양의 거리)
5058	**sling** [sling]	(아무렇게나 휙) 내던지다, (느슨하게) 매다, 팔걸이 붕대, 아기 포대, 투석기
5059	**expel** [ik-**spel**]	퇴학시키다, 축출[제명]하다, 쫓아내다[추방하다], (공기나 물을) 배출[방출]하다
5060	**displace** [dis-**pleys**]	대신[대체]하다, 쫓아내다, (평소의 위치에서) 옮겨 놓다
5061	**pretense** [pri-**tens**]	겉치레, 가식, 구실, 핑계, 부당한 주장[요구], 과시, 자만
5062	**sedentary** [**sed**-n-ter-ee]	(일 · 활동 등이) 주로 앉아서 하는, 많이 움직이지 않는, 한곳에 머물러 사는
5063	**squash** [skwosh]	짓누르다, 으깨다, (좁은 곳에) 밀어 넣다[쑤셔 박다], (생각 등을) 억압하다
5064	**makeshift** [**meyk**-shift]	임시변통의, 임시변통의 물건[방법]
5065	**asbestos** [as-**bes**-t*uh* s]	석면
5066	**meticulous** [m*uh*-**tik**-y*uh*-l*uh* s]	꼼꼼한, 세심한

82. After climbing a great hill, one only finds that there are many more hills to climb. _Nelson Mandela

높은 언덕 하나를 넘고 나서야 깨닫는 것은 넘어야 할 언덕이 많이 남아 있다는 사실이다. _넬슨 만델라

5067	**glitter** [**glit**-er]	(다이아몬드처럼) 반짝반짝 빛나다, 번득이다, 반짝반짝하는 빛, 번득임
5068	**spade** [speyd]	삽, 한 삽의 분량, 삽으로 파다
5069	**counterfeit** [**koun**-ter-fit]	위조의, 모조의, 위조[모조]하다
5070	**bland** [bland]	특징 없는, 단조로운, (맛이) 자극적이지 않은, 특별한 맛이 안 나는, 재미없다
5071	**pedigree** [**ped**-i-gree]	족보[혈통서], (훌륭한) 가계[가문], 내력[역사], 혈통이 있는[좋은]
5072	**veracity** [v*uh*-**ras**-i-tee]	진실성
5073	**menopause** [**men**-*uh*-pawz]	폐경기
5074	**diagram** [**dahy**-*uh*-gram]	도표, 도해
5075	**snare** [snair]	(사냥용) 덫[올가미], (비유적으로) 덫[유혹], 향현, 덫[올가미]으로 잡다
5076	**fray** [frey]	(천이) 해어지다, 신경들이 날카로워지다, (자신의 능력을 시험하는 듯한) 싸움
5077	**brim** [brim]	(넘칠 듯) 가득 채우다, (컵·사발 등의) 위 끝부분, (모자의) 챙
5078	**wand** [wond]	(마술사의) 지팡이
5079	**moat** [moht]	호, 해자(성 주위에 둘러 판 못)

> 83. I don't know who invented high heels, but all women owe him a lot.
> _Marilyn Monroe
> 누가 하이힐을 발명했는지는 모르겠지만 모든 여성은 그에게 큰 빚을 진 셈이다. _마릴린 먼로

5080	**diction** [**dik**-sh*uh* n]	(어떤 사람의) 발음[말씨], (문학작품의) 용어[어휘] 선택
5081	**purify** [**py*oo* r**-*uh*-fahy]	정화하다, (사람의 영혼을) 정화하다, 정제하다
5082	**shove** [shuhv]	(거칠게) 밀치다[떠밀다], 아무렇게나 놓다[넣다], 힘껏 떠밂[밀침]
5083	**ace** [eys]	에이스, 명수, 고수, 아주 좋은
5084	**sickle** [**sik**-*uh* l]	낫, 낫 모양의 것
5085	**gig** [gig]	(대중 음악가 · 코미디언의) 공연[출연], (임시로 하는) 일, 작살, 갈고랑이 낚시
5086	**etching** [**ech**-ing]	동판화, 식각법
5087	**acetic** [*uh*-**see**-tik]	초의, 신맛 나는
5088	**dexterity** [dek-**ster**-i-tee]	(손이나 머리를 쓰는) 재주
5089	**growl** [groul]	으르렁거리다, 으르렁거리듯 말하다, 으르렁거리는 소리
5090	**lobster** [**lob**-ster]	바닷가재
5091	**stud** [stuhd]	(귀 · 코 등에 끼우는) 장신구, (축구화 바닥에 박힌) 못[징], 번식용 동물, 종마
5092	**enroll** [en-**rohl**]	명부에 올리다, 등록하다, 입학시키다, 병적에 넣다

84. Expose yourself to your deepest fear; after that, fear has no power, and the fear of freedom shrinks and vanishes. You are free. _Jim Morrison
스스로를 가장 깊은 두려움 앞에 세워라. 곧 두려움은 힘을 잃어버릴 것이고, 자유로워짐에 대한 공포는 사그라들 것이다. 이제 당신은 자유다. _짐 모리슨

5093	**incest** [**in**-sest]	근친상간
5094	**olfactory** [ol-**fak**-t*uh*-ree]	후각의, 후각기관
5095	**alumni** [*uh*-**luhm**-nahy]	동창생들
5096	**sew** [soh]	바느질하다, 깁다, 꿰매다, 봉합하다
5097	**carrot** [**kar**-*uh* t]	당근, (무엇을 하도록 설득하기 위한) 보상[미끼]
5098	**bible** [**bahy**-b*uh* l]	성경, 성서
5099	**caricature** [**kar**-i-k*uh*-cher]	캐리커처, 풍자만화, 희화한 글
5100	**smear** [smeer]	마구 문지르다, (기름기 등으로) 더럽히다, 비방하다, (문질러) 희미하게 지우다
5101	**puncture** [**puhngk**-cher]	(타이어에 난) 펑크, 구멍[상처], 펑크를 내다
5102	**steed** [steed]	(승마용) 말, 준마
5103	**cant** [kant]	위선적인 말, 위선적으로 말하다, 비스듬하다, 비스듬히 놓다
5104	**excise** [**ek**-sahyz]	소비세, 물품세, 삭제하다, 잘라 내다
5105	**eclectic** [ih-**klek**-tik]	다방면에 걸친[한쪽에 치우치지 않는], 절충적인

> 85. Those who cannot understand how to put their thoughts on ice should not enter into the heat of debate. _Friedrich Nietzsche
> 스스로의 생각을 잠시 멈추는 법을 알지 못하는 사람은 논쟁의 과정에 끼어들어서는 안 된다.
> _프리드리히 니체

5106	**plethora** [**pleth**-er-*uh*]	과다, 과잉
5107	**hindsight** [**hahynd**-sahyt]	(일이 다 벌어진 뒤에) 사정을 다 알게 됨, 뒤늦은 깨달음
5108	**replica** [**rep**-li-k*uh*]	모조품, 복사
5109	**adorn** [*uh*-**dawrn**]	꾸미다, 장식하다
5110	**retort** [ri-**tawrt**]	쏘아붙이다, 응수[대꾸]하다, 쏘아붙이기, 응수, 대꾸, (화학 실험용) 증류기
5111	**obnoxious** [*uh* b-**nok**-sh*uh* s]	아주 불쾌한, 몹시 기분 나쁜
5112	**ensue** [en-**soo**]	(어떤 일·결과가) 뒤따르다
5113	**lavender** [**lav**-*uh* n-der]	쑥 냄새 비슷한 향이 나고 연보라색 꽃이 피는 화초, 연보라색
5114	**shack** [shak]	판잣집, 오두막집, 동거하다
5115	**crane** [kreyn]	기중기, 크레인, 학, 두루미, (목을) 길게 빼다
5116	**emit** [ih-**mit**]	(빛·열·소리 등을) 내다[내뿜다], 발산하다
5117	**ruddy** [**ruhd**-ee]	불그레한, 혈색이 좋은
5118	**reverie** [**rev**-*uh*-ree]	몽상, 망상

86. Action is the foundational key to all success. _Pablo Picasso
행동은 모든 성공의 기본이다. _파블로 피카소

5119	**cod** [kod]	(어류) 대구, 못된 장난을 치다, 속이다, 주머니
5120	**semen** [**see**-m*uh* n]	정액
5121	**mane** [meyn]	(말이나 사자 목덜미의) 갈기, (사람의) 길고 숱 많은 머리털
5122	**staunch** [stawnch]	견고한, 튼튼한, 충실한, 건실한, 방수의, (출혈을) 멎게 하다
5123	**belligerent** [b*uh*-**lij**-er-*uh* nt]	적대적인, 공격적인, 전쟁 중인, 교전국, 교전 집단
5124	**renovation** [ren-*uh*-**vey**-sh*uh* n]	혁신, 쇄신, 수리
5125	**agile** [**aj**-*uh* l]	민첩한, 명민한, 기민한
5126	**dictum** [**dik**-t*uh* m]	격언, 금언
5127	**monolithic** [mon-*uh*-**lith**-ik]	획일적이고 자유가 없는, (조직 등이) 단일체의, 한 덩어리로 뭉친
5128	**underscore** [**uhn**-der-skawr]	강조하다, 밑줄을 긋다
5129	**lunatic** [**loo**-n*uh*-tik]	미치광이 (같은 사람), 미친, 터무니없는, 정신 나간 것 같은
5130	**slander** [**slan**-der]	모략, 중상, 비방, (말로 하는) 명예훼손죄, 중상모략[비방]하다
5131	**compost** [**kom**-pohst]	퇴비, 비료를 주다

> 87. The most important single ingredient in the formula of success is knowing how to get along with people. _Theodore Roosevelt
> 성공의 공식에서 가장 중요한 한 가지는 다른 사람들과 잘 지내는 방법을 아는 것이다. _테오도어 루즈벨트

5132	**elliptical** [ih-**lip**-ti-k*uh* l]	생략된, 타원형의
5133	**trickle** [**trik**-*uh* l]	(액체가 가늘게) 흐르다, 천천히 흘러가다, 조금씩 흐르는 소량의 액체
5134	**primate** [**prahy**-meyt]	영장류, 대주교
5135	**beseech** [bih-**seech**]	간청하다, 애원하다
5136	**tuna** [**tyoo**-n*uh*]	참치, 다랑어
5137	**chateau** [sha-**toh**]	대저택, 성
5138	**aberration** [ab-*uh*-**rey**-sh*uh* n]	일탈, 탈선
5139	**volley** [**vol**-ee]	(공이 땅에 떨어지기 전에) 맞받아치기, 집중 투하, (비난) 공세, 맞받아치다
5140	**vehement** [**vee**-*uh*-m*uh* nt]	(분노를 담아) 격렬한[맹렬한]
5141	**sentry** [**sen**-tree]	보초[감시]
5142	**blasphemy** [**blas**-f*uh*-mee]	신성모독
5143	**clutter** [**kluht**-er]	(너무 많은 것들을 어수선하게) 채우다[집어넣다], 잡동사니, 어수선함
5144	**mural** [**my*oo* r**-*uh* l]	벽화, 벽면의

> 88. Give thy thoughts no tongue. _William Shakespeare
> 당신의 생각을 혓바닥으로 옮기지 마라. _윌리엄 셰익스피어

5145	**blatant** [**bleyt**-nt]	(나쁜 행동이) 뻔뻔스러운, 노골적인
5146	**rake** [reyk]	갈퀴, (갈퀴로) 긁어모으다, (총 등으로 겨냥하고 천천히) 훑다, 샅샅이 뒤지다
5147	**trespass** [**tres**-p*uh* s]	무단침입하다, 무단침입
5148	**gauze** [gawz]	가볍고 투명한 천, 거즈, 철망
5149	**genus** [**jee**-n*uh* s]	(생물 분류 상의) 속, 종류
5150	**picket** [**pik**-it]	피켓, 피켓 시위자, (군대의) 소초, 초계병, 말뚝, 피켓 들고 시위하다
5151	**cartridge** [**kahr**-trij]	탄약통, 카트리지
5152	**handicap** [**han**-dee-kap]	(신체적·정신적) 장애, 핸디캡, 불리한 조건, 불리하게 만들다
5153	**felicity** [fi-**lis**-i-tee]	더할 나위 없는 행복, 절묘하게 어울림[들어맞음], 아주 적절한 표현들[비유들]
5154	**scoundrel** [**skoun**-dr*uh* l]	(비열한) 악당, 건달
5155	**spasm** [**spaz**-*uh* m]	경련, 쥐
5156	**rift** [rift]	(사람들 사이의) 균열[틈], (지면·암석 사이로) 갈라진 틈, 깨다, 찢다
5157	**savvy** [**sav**-ee]	(실용적인) 지식, 상식, 실용적 지식이 있는

---

89. The important thing was to love rather than to be loved.
_W. Somerset Maugham

중요한 것은 사랑을 받는 것이 아니라 사랑을 하는 것이었다. _W. 서머셋 모옴

5158	**praxis** [**prak**-sis]	(이론 등의) 활용[응용]
5159	**sparkle** [**spahr**-k*uh* l]	반짝이다, 생기 넘치다, 재기 발랄하다, 반짝거림, 광채, 생기, 재기
5160	**blunder** [**bluhn**-der]	(어리석은) 실수, (어리석게) 실수하다
5161	**omen** [**oh**-m*uh* n]	징조, 조짐
5162	**snuff** [snuhf]	코를 킁킁거리다, (킁킁거리며) 냄새 맡다, (촛불 같은 것을 눌러서) 끄다
5163	**blight** [blahyt]	망치다, 엉망으로 만들다, (곡식의) 병충해, 어두운 그림자(를 드리우는 것)
5164	**thwart** [thwawrt]	(계획 등을) 좌절시키다
5165	**epithet** [**ep**-*uh*-thet]	(칭찬이나 비판의 의도로 붙인) 별칭[묘사], (어떤 사람·집단에 대한) 욕설
5166	**rascal** [**ras**-k*uh* l]	악동, 악당, 불량배의
5167	**oat** [oht]	오트밀, 귀리로 만든
5168	**ascendancy** [*uh*-**sen**-d*uh* n-see]	우세, 우월, 지배력
5169	**extraneous** [ik-**strey**-nee-*uh* s]	(상황이나 주제와) 관련 없는, 이질적인
5170	**immanent** [**im**-*uh*-n*uh* nt]	내재하는, (모든 것에) 편재하는

---

90. Desire creates the power. _Raymond Holliwell
열망이 능력을 가져온다. _레이먼드 홀리웰

5171	**fasten** [**fas**-*uh* n]	(단단히) 잠그다[잠기다], 고정시키다, 매다[채우다], 묶다[붙이다]
5172	**strait** [streyt]	해협, (경제적인) 궁핍[곤경]
5173	**clap** [klap]	박수를 치다, (갑자기 · 재빨리) 놓다[넣다], 박수, (갑자기 크게) 쿵 하는 소리
5174	**peep** [peep]	(작은 틈으로) 훔쳐보다, 살짝 보이다, 훔쳐봄, 살짝 봄
5175	**forfeit** [**fawr**-fit]	몰수[박탈]당하다, 벌금, 몰수품, 몰수된, 박탈당한
5176	**squat** [skwot]	쪼그리고 앉다, (남의 건물에서) 불법 거주하다, 쪼그리고 앉은 자세, 땅딸막한
5177	**snug** [snuhg]	포근한, 아늑한, 꼭 맞는
5178	**silhouette** [sil-oo-**et**]	(밝은 배경에 나오는) 검은 윤곽, (사물의 입체적인) 윤곽, 실루엣으로 나타내다
5179	**scoop** [skoop]	(한) 숟갈, (신문의) 특종, (큰 숟갈 같은 것으로) 뜨다[파다], 특종 기사를 싣다
5180	**slam** [slam]	쾅 닫다, 세게 놓다, 강타하다, 맹비난하다, 쾅 하고 닫기[놓기]
5181	**freelance** [**free**-lans]	자유 계약자로 일하는, 프리랜서로 일하다
5182	**attrition** [*uh*-**trish**-*uh* n]	(반복 공격 등으로 적의 세력을 약화시키는) 소모, 마찰, 마멸
5183	**paranoia** [par-*uh*-**noi**-*uh*]	편집증, 피해망상

91. A successful individual typically sets his next goal somewhat but not too much above his last achievement. In this way he steadily raises his level of aspiration. _Kurt Lewin

성공한 사람은 대개 지난번 성취한 것 보다 다소 높게, 그러나 과하지 않게 다음 목표를 세운다. 이렇게 꾸준히 자신의 포부를 키워간다. _커트 레빈

5184	**mellow** [**mel**-oh]	(색깔·소리가) 부드럽고 풍부한, 그윽한, (연륜이 쌓여) 부드러운[온화한]
5185	**sod** [sod]	잔디, 잔디밭, 꼴보기 싫은 놈, 골치 아픈 것, 잔디를 입히다
5186	**wield** [weeld]	(권력·권위 등을) 행사하다, (무기·도구를) 휘두르다[들다]
5187	**lotus** [**loh**-tuh s]	연(蓮)
5188	**gaunt** [gawnt]	(사람이) 수척한, 아주 여윈, (건물이) 삭막한
5189	**calorie** [**kal**-uh-ree]	열량, 칼로리
5190	**barrage** [buh-**rahzh**]	일제 엄호사격, (질문 등의) 세례
5191	**overlay** [oh-ver-**ley**]	(표면에 완전히) 덮어씌우다[입히다], (감정이나 기운을) 더하다[어리게 하다]
5192	**apical** [**ey**-pi-kuh l]	정점의, 혀끝소리의
5193	**cozy** [**koh**-zee]	아늑한, 친밀한, 은밀한, 안이한, 편리한(옳지 않을 수도 있음을 내포함)
5194	**muse** [myooz]	사색하다, (사색에 잠긴 채) 혼잣말을 하다, (작가 등에게 영감을 주는) 뮤즈
5195	**pastime** [**pas**-tahym]	취미, 여가, 기분 전환
5196	**venom** [**ven**-uh m]	(뱀 등의) 독, 앙심, 원한

92. A discovery is said to be an accident meeting a prepared mind.
_Albert Szent-Gyorgyi
발견은 준비된 사람이 맞닥뜨린 우연이다. _얼베르트 센트죄르지

5197	**amnesty** [**am**-n*uh*-stee]	(범죄에 대한) 사면[특사], (범행의) 자진 신고 기간
5198	**metamorphosis** [met-*uh*-**mawr**-f*uh*-sis]	탈바꿈, 변형, 변태
5199	**consortium** [k*uh* n-**sawr**-shee-*uh* m]	(특정 사업 수행 목적의) 협력단, 합작 기업
5200	**stripe** [strahyp]	줄무늬, ~에 줄무늬를 넣다
5201	**plumage** [**ploo**-mij]	깃털
5202	**strawberry** [**straw**-ber-ee]	딸기
5203	**preposterous** [pri-**pos**-ter-*uh* s]	터무니없는, 말도 안 되는, 엉뚱한, 파격적인
5204	**whirl** [hwurl]	빙그르르 돌다, (생각 등이) 혼란스럽다, 빙빙 돌기, 선회하기, (행사의) 연속
5205	**crave** [kreyv]	갈망[열망]하다, ~을 간절히 청하다
5206	**glimmer** [**glim**-er]	(희미하게) 깜박이는 빛, 희미한 기미[표시]
5207	**tinge** [tinj]	(아주적은 색채를) 더하다[띠게 하다], (느낌·기운 등을) 가미하다, 기미, 기운
5208	**spinach** [**spin**-ich]	시금치
5209	**dingy** [**din**-jee]	거무스름한, 우중충한

---

93. He that can have patience can have what he will. _Benjamin Franklin
인내할 수 있는 사람은 그가 바라는 것은 무엇이든지 손에 넣을 수 있다. _벤저민 프랭클린

5210	**ail** [eyl]	괴롭히다, 고통을 주다
5211	**outlying** [**out**-lahy-ing]	외딴, 외진
5212	**leash** [leesh]	가죽끈, 사슬, 밧줄, 구속, 가죽끈으로 매다, 속박하다
5213	**deleterious** [del-i-**teer**-ee-*uh* s]	해로운, 유독한
5214	**amnesia** [am-**nee**-zh*uh*]	기억상실, 건망증
5215	**sumptuous** [**suhmp**-choo-*uh* s]	호화로운
5216	**inexorable** [in-**ek**-ser-*uh*-b*uh* l]	멈출[변경할] 수 없는, 거침없는, 냉혹한
5217	**expire** [ik-**spahy***uh* r]	(기한이) 만료되다, 만기가 되다, (직책을 맡는 기간이) 끝나다
5218	**cipher** [**sahy**-fer]	(글로 쓰인) 암호, 하찮은 사람[것], 산출하다[풀다]
5219	**fallacy** [**fal**-*uh*-see]	(많은 사람들이 옳다고 믿는) 틀린 생각, (인식상의) 오류
5220	**clatter** [**klat**-er]	쨍그랑하는 소리를 내다, 털커덕거리며 가다[움직이다]
5221	**caustic** [**kaw**-stik]	부식성의, 신랄한, 비꼬는
5222	**acupuncture** [**ak**-yoo-puhngk-cher]	침술, 침을 놓다

> 94. A good listener is not only popular everywhere, but after a while he gets to know something. _Wilson Mizner
> 남의 말을 경청하는 사람은 사랑받을 뿐 아니라 시간이 흐르면 지식을 얻게 된다. _윌슨 미즈너

5223	**tenuous** [**ten**-yoo-*uh* s]	미약한, 보잘것없는, 얇은
5224	**ancillary** [**an**-s*uh*-ler-ee]	보조적인, 부수적인
5225	**backlash** [**bak**-lash]	(사회 변화 등에 대한 대중의) 반발, 심하게 반발하다
5226	**mercenary** [**mur**-s*uh*-ner-ee]	용병, 돈 버는 데만 관심이 있는, 돈이 목적인
5227	**bayonet** [**bey**-*uh*-nit]	총검, 총검으로 찌르다
5228	**lull** [luhl]	(활동 사이의) 잠잠한 시기, 소강상태, 달래다, 안심시키다, 진정시키다
5229	**legion** [**lee**-j*uh* n]	(고대 로마의) 군단, 부대, (특정한 유형의) 많은 사람들
5230	**coroner** [**kawr**-*uh*-ner]	검시관
5231	**dime** [dahym]	10센트짜리 동전, 한 푼
5232	**zenith** [**zee**-nith]	천정(天頂), 정점, 절정
5233	**adamant** [**ad**-*uh*-m*uh* n]	요지부동의, 단호한
5234	**tenable** [**ten**-*uh*-b*uh* l]	(비판으로부터) 방어할 수 있는, 견디는, (지위 등이 일정 기간 동안) 유지되는
5235	**noxious** [**nok**-sh*uh* s]	유독한, 유해한

95. Better a diamond with a flaw than a pebble without. _Confucius
흠 없는 조약돌보다는 흠 있는 다이아몬드가 더 낫다. _공자

5236	**renaissance** [ren-*uh*-**sahns**]	르네상스[문예 부흥기], (특정 주제 · 예술 양식 등에 대한 관심의) 부흥[부활]
5237	**confide** [k*uh* n-**fahyd**]	(비밀을) 털어놓다
5238	**confound** [kon-**found**]	어리둥절[당혹]하게 만들다, 틀렸음을 입증하다
5239	**conjure** [**kon**-jer]	마술을 하다, 마법을 걸다, 탄원하다, 간청하다
5240	**sieve** [siv]	(가루 등을 거르는 데 쓰는) 체, 체로 거르다
5241	**exhortation** [eg-zawr-**tey**-sh*uh* n]	간곡한 권고, 장려, 경고
5242	**thud** [thuhd]	쿵, 퍽, 툭, (낮게 둔탁한 소리를 내며) 쿵 치다[떨어지다], 쿵쿵거리다
5243	**succumb** [s*uh*-**kuhm**]	굴복하다, 무릎을 꿇다
5244	**astrology** [*uh*-**strol**-*uh*-jee]	점성술[학]
5245	**inflection** [in-**flek**-sh*uh* n]	(단어 · 언어의) 굴절, 억양, 어조
5246	**subservient** [s*uh* b-**sur**-vee-*uh* nt]	굴종하는, 부차적인, 보조적인
5247	**omnipotent** [om-**nip**-*uh*-t*uh* nt]	전능한, 전능의
5248	**commensurate** [k*uh*-**men**-ser-it]	비례하는, 어울리는, 상응하는

96. Try not to become a man of success but rather to become a man of value. _Albert Einstein

성공한 사람보다는 가치 있는 사람이 되라. _알버트 아인슈타인

5249	**elucidate** [ih-**loo**-si-deyt]	(더 자세히) 설명하다, 해명하다, 명료하게 하다
5250	**dissonance** [**dis**-*uh*-n*uh* ns]	불협화음
5251	**purport** [per-**pawrt**]	(사실이 아닐 수도 있는 것을) 주장하다[칭하다]
5252	**barter** [**bahr**-ter]	물물교환하다, 물건을 교환하다
5253	**panorama** [pan-*uh*-**ram**-*uh*]	전경, 파노라마
5254	**simmer** [**sim**-er]	(부글부글 계속) 끓이다[고다], (화가 나서 속이) 부글부글 끓다
5255	**stupendous** [stoo-**pen**-d*uh* s]	엄청나게 큰, 거대한
5256	**commemorate** [k*uh*-**mem**-*uh*-reyt]	(중요 인물·사건을) 기념하다, 축하하다
5257	**nectar** [**nek**-ter]	(꽃의) 꿀, (진한) 과일즙
5258	**credence** [**kreed**-ns]	신빙성, (무엇을 사실이라고) 믿음[신임], 신용
5259	**offline** [**awf-lahyn**]	오프라인의, 컴퓨터로 바로 하는 것이 아닌
5260	**scourge** [skurj]	재앙, 골칫거리, 채찍, 괴롭히다, 채찍으로 때리다
5261	**pantry** [**pan**-tree]	식료품 저장실

97. Victory belongs to the most persevering. _Napoleon Bonaparte
승리는 가장 끈기 있는 자에게 돌아간다. _나폴레옹 보나파르트

mentor & teacher

여러분은 조언을 구할 수 있는 멘토가 있으신가요? 멘토(mentor)라는 단어의 사용 빈도는 아주 가파르게 상승하고 있습니다. 반면에 선생님(teacher)이라는 단어의 사용 빈도 수는 점점 줄고 있다는 것을 그래프를 통해 볼 수 있습니다. 이제는 예전과 다르게 누구나 온라인을 통해서 지식을 습득할 수 있기 때문에 기존의 선생님이라는 전문적인 역할이 점점 위축되어가는 것 같습니다. 우리는 지식을 전달해주는 선생님의 역할보다는 경험 공유와 꾸준한 피드백을 통해 개인의 성장을 이끌어내는 멘토의 역할을 더 원하고 있는 것 같습니다. 좋은 멘토를 알고 있는 것은 정말로 개인 성장에 큰 도움이 됩니다. 하지만 대부분 1~2년 차이의 선배를 멘토로 착각하는 경우가 많습니다. 고민이 있지만 주변에 멘토가 없어서 조언을 구할 데가 없는 분들은 저에게 이메일로 상담 요청을 하시면 제 능력이 닿는 데까지는 최선을 다해서 답변을 드리도록 하겠습니다. 신영준 박사 email: dr.yj.shin@gmail.com [X축: 연도, Y축: 총 단어 중 사용 빈도]

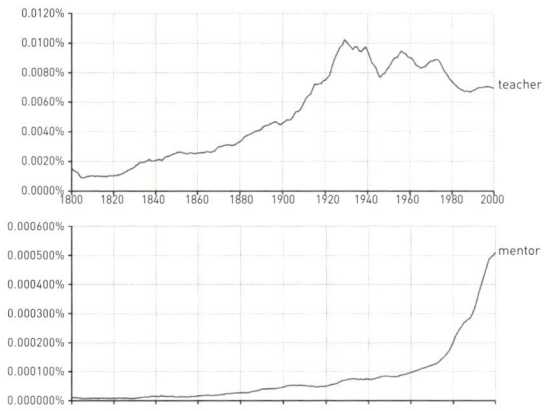

5262	**bog** [bog]	습지, 수렁, 배변, 수렁에 빠지다, 꼼짝 못하게 하다, 배변하다
5263	**warden** [**wawr**-dn]	(특정 장소의) 관리인, 교도소장
5264	**intonation** [in-toh-**ney**-sh*uh* n]	억양, 어조
5265	**weld** [weld]	용접하다, 용접해 붙이다, (사람들·사물들을 강력한 집단으로) 결합시키다
5266	**sash** [sash]	(제복의 일부로 몸에 두르는) 띠, 내리닫이창(창문 한 짝)
5267	**pussy** [**poo** s-ee]	고양이, 여자같이 나약한 청년, (속어) 여자의 음부
5268	**cadence** [**keyd**-ns]	(말소리의) 억양, (일련의 음의) 리듬, 가락
5269	**sagacity** [s*uh*-**gas**-i-tee]	현명, 총명, 기민
5270	**emulation** [em-y*uh*-**ley**-sh*uh* n]	모범으로 삼음, 경쟁, 대항
5271	**demarcation** [dee-mahr-**key**-sh*uh* n]	경계, 구분
5272	**progenitor** [proh-**jen**-i-ter]	(사람·동식물의) 조상, 창시자
5273	**symposium** [sim-**poh**-zee-*uh* m]	토론회
5274	**imperious** [im-**peer**-ee-*uh* s]	고압적인

---

98. The greatest risk is the risk of riskless living. _Stephen Covey
가장 큰 위험은 위험이 없는 삶이다. _스티븐 코비

5275	**appease** [*uh*-**peez**]	달래다, (전쟁을 피하기 위해 어떤 국가의) 요구를 들어주다, 유화정책을 쓰다
5276	**bracelet** [**breys**-lit]	팔찌
5277	**giddy** [**gid**-ee]	어지러운, 아찔한, (너무 좋아서) 들뜬, 경박한
5278	**cater** [**key**-ter]	(사업으로 행사에) 음식을 공급하다
5279	**incipient** [in-**sip**-ee-*uh* nt]	막 시작된, 초기의, 발단의
5280	**percussion** [per-**kuhsh**-*uh* n]	타악기, 충격
5281	**umbilical** [uhm-**bil**-i-k*uh* l]	배꼽의, 탯줄로 이어진
5282	**impetuous** [im-**pech**-oo-*uh* s]	성급한, 충동적인
5283	**avarice** [**av**-er-is]	탐욕
5284	**fleet** [fleet]	함대, 선단, 빠른, 빨리 달리는
5285	**sprinkle** [**spring**-k*uh* l]	뿌리다, 간간이 섞다[포함시키다], (비가) 약간 뿌리다
5286	**recoil** [ri-**koil**]	움찔하다, (공포심으로) 움츠러들다, (발사할 때) 반동이 생기다
5287	**taper** [**tey**-per]	(폭이) 점점 가늘어지다, 불붙이개, (길고 가느다란) 양초, 점점 가늘어짐

> 99. To be mature means to face, and not evade, every fresh crisis that comes. _Fritz Kunkel
> 성숙하다는 것은 다가오는 모든 생생한 위기를 피하지 않고 마주하는 것을 의미한다. _프리츠 쿤켈

5288	**dispel** [dih-**spel**]	(느낌·믿음을) 떨쳐 버리다[없애다]
5289	**smack** [smak]	(손바닥으로) 때리다, 세게 부딪치다, (손바닥으로) 때리기, 강타, 정통으로
5290	**trolley** [**trol**-ee]	손수레, 카트
5291	**slum** [sluhm]	(도시) 빈민가, 슬럼
5292	**aggrieved** [*uh*-**greevd**]	분개한, 억울해 하는, (부당한 처사로) 피해를 입은
5293	**monologue** [**mon**-*uh*-lawg]	긴 이야기, 독백
5294	**rendition** [ren-**dish**-*uh* n]	연주, 공연, 용의자 인도
5295	**provenance** [**prov**-*uh*-nuh ns]	기원, 출처, 유래
5296	**recompense** [**rek**-*uh* m-pens]	보상, 배상, 보상[배상]하다
5297	**nourish** [**nur**-ish]	영양분을 공급하다, (감정·생각 등을) 키우다
5298	**banish** [**ban**-ish]	(처벌로써 특히 국외로) 추방하다, 유배를 보내다, 사라지게 만들다, 제거하다
5299	**gall** [gawl]	뻔뻔스러움, 분개, 울분, 담즙, 찰과상, 분하게 만들다, 쓸리게 하다, 마모되다
5300	**somber** [**som**-ber]	어둠침침한, 검은, 거무스름한, 거무칙칙한, 침울한

> 100. Sometimes when you innovate, you make mistakes. It is best to admit them quickly, and get on with improving your other innovations.
> _Steve Jobs
>
> 가끔은 혁신을 추구하다 실수할 때도 있겠지만 실수를 빨리 인정하고 다른 혁신을 개선해나가는 것이 가장 좋은 방법입니다. _스티브 잡스

5301	**prologue** [**proh**-lawg]	프롤로그(연극·책·영화의 도입부)
5302	**soot** [soo t]	그을음, 검댕
5303	**atheist** [**ey**-thee-ist]	무신론자
5304	**slash** [slash]	(날카로운 것으로) 긋다[베다], 대폭 줄이다, 사선, 길게 베인 상처, 긋기[베기]
5305	**cluck** [kluhk]	꼬꼬댁거리다, 혀를 쯧쯧 차다
5306	**crib** [krib]	여물통, (시험 때 이용하는) 커닝 쪽지
5307	**septic** [**sep**-tik]	부패성의, (상처 등이) 패혈성의
5308	**crucible** [**kroo**-suh-buh l]	(쇳물을 녹이거나 하는) 도가니, (새로운 것을 창조해 내는 과정에서) 호된 시련
5309	**nil** [nil]	(특히 경기에서) 0[영점], 무(無)
5310	**collusion** [kuh-**loo**-zhuh n]	공모, 결탁
5311	**chauffeur** [**shoh**-fer]	(부자나 중요 인물의 차를 모는) 운전기사, 기사를 하다
5312	**regal** [**ree**-guh l]	제왕의, 제왕에게 걸맞는, 장엄한
5313	**exemplify** [ig-**zem**-pluh-fahy]	전형적인 예가 되다, 예를 들다

> 101. It is not part of a true culture to tame tigers, any more than it is to make sheep ferocious. _Henry David Thoreau
> 진정한 문명에선 양을 흉폭하게 만들지 않는 것과 마찬가지로 호랑이를 길들이려 하지 않는 법이다.
> _헨리 데이비드 소로

5314	**lizard** [**liz**-erd]	도마뱀
5315	**repugnant** [ri-**puhg**-n*uh* nt]	불쾌한[혐오스러운], 반대하는, 반감을 품은
5316	**decipher** [dih-**sahy**-fer]	판독하다, 해독하다, 판독
5317	**genteel** [jen-**teel**]	(흔히 과장되게) 고상한, 상류층의, 고풍스러운 (하지만 좀 따분한)
5318	**rumble** [**ruhm**-b*uh* l]	(천둥·지진 등이) 우르르 울리다, (차 등이) 덜거덕거리며 가다, 우르르 소리
5319	**milestone** [**mahyl**-stohn]	중요한[획기적인] 단계[사건]
5320	**hoof** [h*oo* f]	(말 등의) 발굽, (공을 세게·길게) 뻥 차다
5321	**consort** [**kon**-sawrt]	(통치자의) 배우자
5322	**dilapidated** [dih-**lap**-i-dey-tid]	(건물이) 다 허물어져 가는, 황폐한
5323	**circumvent** [sur-k*uh* m-**vent**]	(어려움 등을) 피하다, 우회하다, (막혀 있는 것을) 둘러 가다[피해 가다]
5324	**connotation** [kon-*uh*-**tey**-sh*uh* n]	함축(된 의미)
5325	**diabetic** [dahy-*uh*-**bet**-ik]	당뇨병의, 당뇨병 환자
5326	**rudder** [**ruhd**-er]	(배의) 키, (항공기의) 방향타

102. The reading of all good books is like a conversation with the finest men of past centuries. _Rene Descartes
좋은 책을 읽는 것은 과거 몇 세기의 가장 훌륭한 사람들과 이야기를 나누는 것과 같다. _르네 데카르트

5327	**gutter** [**guht**-er]	(지붕의) 홈통, (도로의) 배수로, (비유적인 의미의) 시궁창, 펄럭거리며 타다
5328	**cider** [**sahy**-der]	사과주, 사과 주스
5329	**pendant** [**pen**-d*uh* nt]	늘어뜨린 장식, 펜던트
5330	**shaman** [**shah**-m*uh* n]	주술사, 무당
5331	**virulent** [**vir**-y*uh*-l*uh* nt]	악성의, 맹독의, 매서운, 맹렬한
5332	**monsoon** [mon-**soon**]	(동남아시아 여름철의) 우기[장마], 폭풍우
5333	**ruby** [**roo**-bee]	루비, 홍옥, 다홍색
5334	**murky** [**mur**-kee]	(진흙 등으로) 흐린[탁한], 어두컴컴한
5335	**trek** [trek]	트레킹, 오지 여행, 오래 걷기, (힘들게 오래) 걷다, 트레킹을 하다
5336	**hitch** [hich]	(차를) 얻어 타다, (갑자기) 끌어당기다, 결혼시키다, 묶다[매다], 문제, 매듭
5337	**arable** [**ar**-*uh*-b*uh* l]	곡식을 경작하는, 경작에 알맞은
5338	**enlighten** [en-**lahyt**-n]	(설명하여) 이해시키다[깨우치다]
5339	**snail** [sneil]	달팽이

---

103. Only the curious will learn and only the resolute overcome the obstacles to learning. The quest quotient has always excited me more than the intelligence quotient. _Eugene S. Wilson

지적인 욕구가 있는 자만이 배울 것이요, 의지가 확고한 자만이 배움의 길목에 있는 장애물을 극복할 것이다. 나는 항상 지능지수보나는 보험지수에 열광했다. _유진 S. 윌슨

5340	**carnage** [**kahr**-nij]	대학살, 살육
5341	**wayward** [**wey**-werd]	다루기 힘든, 다스리기 힘든
5342	**kite** [kahyt]	연, 솔개, 불법 수표를 사용하다
5343	**donate** [**doh**-neyt]	기부[기증]하다, 헌혈하다, (장기를) 기증하다
5344	**herald** [**her**-uh ld]	(앞으로 있을 일을) 예고하다[도래를 알리다], (좋은 일·중요한 일을) 발표하다
5345	**gust** [guhst]	세찬 바람, 돌풍, (감정이 갑자기) 한바탕 터짐, (갑자기) 몰아치다
5346	**pageant** [**paj**-uh nt]	야외극, 가장행렬, 선발대회[미인대회], 변화무쌍하고 흥미로운 것
5347	**prick** [prik]	(뾰족한 것으로) 찌르다, 따끔거리게 하다, 찌르기, 따끔거림, (속어) 멍청한 놈
5348	**shaggy** [**shag**-ee]	(머리털·털 등이) 텁수룩한
5349	**remit** [ri-**mit**]	소관, 송금하다, (부채·의무 등을) 면제해주다
5350	**penitent** [**pen**-i-tuh nt]	뉘우치는, 참회하는, 참회자
5351	**espionage** [**es**-pee-uh-nahzh]	간첩 행위, 첩보 활동
5352	**elate** [ih-**leyt**]	기운을 북돋우다, 의기양양하게 만들다, 고무하다

> 104. Study without desire spoils the memory, and it retains nothing that it takes in. _Leonardo da Vinci
> 목적 없는 공부는 기억에 해가 될 뿐이며 머릿속에 들어온 어떤 것도 간직하지 못한다.
> _레오나르도 다 빈치

5353	**mores** [**mawr**-eyz]	관습, 풍습
5354	**befall** [bih-**fawl**]	(안 좋은 일이) 닥치다
5355	**derision** [dih-**rizh**-uh n]	조롱, 조소
5356	**boisterous** [**boi**-ster-uh s]	(사람·동물·행동이) 활기가 넘치는, 잠시도 가만히 있지 못하는
5357	**heave** [heev]	(무거운 것을) 들어 올리다, 한숨을 내쉬다, 들썩거리다, 들어 올리기, 들썩거림
5358	**omnibus** [**om**-nuh-buhs]	옴니버스, (한 작가 등의) 작품집, 많은 것을 포함하는
5359	**feud** [fyood]	(오랜 동안의) 불화[반목], 불화를 빚다, 반목 속에 지내다
5360	**surmise** [ser-**mahyz**]	추측[추정]하다, 추측, 추정
5361	**soar** [sawr]	(물가 등이) 급증하다, 치솟다, 솟구치다, 날아오르다, (음악 소리가) 커지다
5362	**reparation** [rep-uh-**rey**-shuh n]	(국가가 지불하는) 배상금, 배상, 보상
5363	**swan** [swon]	백조, (남의 부러움을 살 정도로 유유자적) 놀러 다니다
5364	**poke** [pohk]	(손가락 등으로) 쿡 찌르다, (재빨리) 밀다, 삐져나오다, 구멍을 내다, 찌르기
5365	**unravel** [uhn-**rav**-uh l]	(엉클어진 것·매듭 등을) 풀다, 흐트러지기 시작하다, 해결하다, 명확히 하다

> 105. To acquire knowledge, one must study; but to acquire wisdom, one must observe. _Marilyn Savant
> 지식을 얻으려면 공부를 해야 하고, 지혜를 얻으려면 관찰을 해야 한다. _마릴린 사반트

5366	**citrus** [**si**-tr*uh* s]	감귤류 과일
5367	**ordinate** [**awr**-dn-it]	세로좌표
5368	**contraceptive** [kon-tr*uh*-**sep**-tiv]	피임약, 피임
5369	**exclaim** [ik-**skleym**]	소리치다, 외치다, 감탄하다
5370	**synonym** [**sin**-*uh*-nim]	동의어, 유의어
5371	**deluge** [**del**-yooj]	폭우, 호우, 쇄도, 폭주, 쇄도[폭주]하다, 물에 잠기게 하다
5372	**arc** [ahrk]	(기하) 호, 원호, 둥근[활] 모양, 호를 그리다, (전기) 아크를 발생하다
5373	**racket** [**rak**-it]	시끄러운 소리, 소음, 부정한 돈벌이, (테니스 등의) 라켓
5374	**extinguish** [ik-**sting**-gwish]	(불을) 끄다, 끝내다, 없애다
5375	**ferment** [**fur**-ment]	발효되다, 발효시키다, (정치·사회적) 소요[동요]
5376	**ointment** [**oint**-m*uh* nt]	연고
5377	**oasis** [oh-**ey**-sis]	오아시스, 위안을 주는 곳
5378	**dormitory** [**dawr**-mi-**tawr**-ee]	기숙사, 공동 침실

106. Science is organized knowledge. Wisdom is organized life.
_Immanuel Kant
과학은 정리된 지식이다. 지혜는 정리된 인생이다. _임마누엘 칸트

5379	**gag** [gag]	재갈, 언론 압박, 익살, 입을 막다, 언론을 억압하다, 재갈을 물리다, 농담하다
5380	**liter** [**lee**-ter]	리터(부피의 단위: 1000cc)
5381	**incongruous** [in-**kong**-groo-*uh* s]	(특정한 상황에서는) 조화되지 않은[이상한], 일치하지 않는
5382	**indecent** [in-**dee**-s*uh* nt]	(행동 등이) 외설적인, 노출이 심한, (일에 들이는 시간이) 적절하지 못한
5383	**outlay** [**out**-ley]	(새 사업 시작에 드는) 경비[지출]
5384	**duplex** [**dyoo**-pleks]	복층 아파트, 동시 송수신 방식의, 이중의
5385	**coefficient** [koh-*uh*-**fish**-*uh* nt]	(수학이나 물리) 계수
5386	**twinkle** [**twing**-k*uh* l]	반짝거리다, 반짝거림
5387	**crocodile** [**krok**-*uh*-dahyl]	악어, 악어가죽, 긴 행렬
5388	**varnish** [**vahr**-nish]	니스, 광택제, 니스를 바르다
5389	**hover** [**huhv**-er]	(새·헬리콥터 등이 허공을) 맴돌다, (수줍은 듯이) 계속 맴돌다[머물다]
5390	**quiz** [kwiz]	퀴즈, (간단한) 시험[테스트], 질문을 하다, 심문하다, (간단히) 시험을 치다
5391	**beet** [beet]	근대, 사탕무

> 107. When your friends begin to flatter you on how young you look, it's a sure sign you're getting old. _Mark Twain
> 어려 보인다는 칭찬을 듣게 되는 순간은 당신이 나이가 들고 있다는 확실한 신호다. _마크 트웨인

5392	**quarantine** [**kwawr**-*uh* n-teen]	(전염병 확산을 막기 위한) 격리, 검역소, 격리하다
5393	**buffet** [**buhf**-it]	뷔페, 간이식당, (주먹으로) 연속적인 타격, 뒤흔들다, (주먹으로 계속) 치다
5394	**drowsy** [**drou**-zee]	졸리는, 나른하게 만드는
5395	**enchantment** [en-**chant**-m*uh* nt]	황홀감, 마법에 걸린 상태
5396	**thrift** [thrift]	절약, 검약
5397	**grapple** [**grap**-*uh* l]	붙잡고 싸우다, 격투 끝에 붙잡다, (해결책을 찾아) 고심하다
5398	**slant** [slant]	기울어지다, (정보 등을) 편향되게 제시하다, 비스듬함, (편향된) 관점
5399	**gruesome** [**groo**-s*uh* m]	소름 끼치는, 섬뜩한
5400	**sentient** [**sen**-sh*uh* nt]	지각 있는
5401	**auspicious** [aw-**spish**-*uh* s]	상서로운, 길조의, 마침 좋은
5402	**speck** [spek]	작은 얼룩[자국], 반점
5403	**zip** [zip]	지퍼, 활기, 속도, 영[무], 지퍼를 잠그다, 쌩 하고 가다, (파일을) 압축하다
5404	**preposition** [prep-*uh*-**zish**-*uh* n]	(문법) 전치사

---

108. Ability is nothing without opportunity. _Napoleon Bonaparte
기회가 주어지지 않는다면 능력은 아무것도 아니다. _나폴레옹 보나파르트

5405	**mileage** [**mahy**-lij]	주행거리, 연료소비율, (특정 상황에서 얻을 수 있는) 이득[이용]
5406	**appellation** [ap-*uh*-**ley**-sh*uh* n]	명칭, 호칭, 직함
5407	**pungent** [**puhn**-j*uh* nt]	(맛·냄새가) 톡 쏘는 듯한[몹시 자극적인], 날카로운, 신랄한
5408	**exuberant** [ig-**zoo**-ber-*uh* nt]	무성한, 풍부한, 원기 왕성한
5409	**lax** [laks]	느슨한, 태만한, 애매한, 분명하지 않은
5410	**throttle** [**throt**-l]	목을 조르다, 질식시키다, (자동차 등의 연료) 조절판
5411	**verbatim** [ver-**bey**-tim]	말 그대로의, 글자 그대로의
5412	**isle** [ahyl]	섬(섬 이름으로 직접 사용 ex: the Emerald Isle)
5413	**wistful** [**wist**-f*uh* l]	(지난 일을) 애석해하는, 아쉬워하는
5414	**taint** [teynt]	(평판 등을) 더럽히다, 오점을 남기다, 오점, 오명
5415	**turret** [**tur**-it]	(성의 꼭대기에 지은) 작은 탑, 회전 포탑
5416	**pinnacle** [**pin**-*uh*-k*uh* l]	정점, 절정, (지붕 위에) 작은 첨탑, (산꼭대기의) 뾰족한 바위
5417	**pumpkin** [**puhmp**-kin]	호박

109. Fear is the lengthened shadow of ignorance. _ Arnold H. Glasow
두려움은 무지의 긴 그림자이다. _아놀드 H. 글라소

5418	**kerosene** [**ker**-*uh*-seen]	등유
5419	**rife** [rahyf]	(바람직하지 않은 현상 등이) 만연한 [널리 퍼져 있는], (나쁜 것으로) 가득한
5420	**avid** [**av**-id]	(흔히 취미에) 열심인[열렬한]
5421	**wad** [wod]	(종이·돈 등의) 뭉치, 뭉치다, 뭉치로 만들다
5422	**infect** [in-**fekt**]	감염시키다, (유해 세균으로) 오염시키다, (특정한 감정을 갖도록) 전염시키다
5423	**regent** [**ree**-j*uh*nt]	섭정(을 하는 사람)
5424	**mummy** [**muhm**-ee]	(아이들이 쓰는 말) 엄마, 미라
5425	**glaze** [gleyz]	(눈이) 게슴츠레해지다, 유리를 끼우다, 광택제를 바르다[윤기가 나게 하다]
5426	**schism** [**siz**-*uh*m]	(종파의) 분립, 분파
5427	**flurry** [**flur**-ee]	눈보라, 강풍, 혼란, 당황하게 하다, (눈이) 세차게 내리다, 부산스럽다
5428	**genealogy** [jee-nee-**ol**-*uh*-jee]	계보, 가계도, 계보학
5429	**synergy** [**sin**-er-jee]	동반 상승효과
5430	**caprice** [k*uh*-**prees**]	(태도·행동의) 갑작스러운 변화

---

110. If you expect nothing from somebody, you are never disappointed.
_Sylvia Plath
누군가에게 아무것도 바라지 않는다면 절대 실망할 일도 없다. _실비아 플라스

5431	**whimsical** [**wim**-zi-k*uh* l]	엉뚱한, 기발한
5432	**neurotic** [ny*oo*-**rot**-ik]	신경증에 걸린, 전전긍긍하는, 노이로제에 걸린, 노이로제 환자
5433	**stifle** [**stahy**-f*uh* l]	(감정 등을) 억누르다, 억압하다, (너무 덥거나 공기가 탁하여) 숨이 막히다
5434	**sled** [sled]	썰매, 면화 따는 기계, 썰매로 운반하다, 기계로 면화를 따다, 썰매를 타다
5435	**trump** [truhmp]	(카드놀이에서) 으뜸패, 으뜸패를 내다, (더 나은 말·행동으로 상대를) 이기다
5436	**vanguard** [**van**-gahrd]	(사회적인 운동의) 선봉[선두], (군대 공격대의) 선봉[전위]
5437	**curry** [**kur**-ee]	카레 (요리), 카레 요리를 하다
5438	**antipathy** [an-**tip**-*uh*-thee]	반감, 혐오, 비위에 안 맞음
5439	**ire** [ahy*uh* r]	분노, 노여움, 노하게 하다
5440	**autistic** [aw-**tis**-tik]	자폐성의, 자폐증의
5441	**inoculation** [ih-nok-y*uh*-**ley**-sh*uh* n]	(예방) 접종, (사상 등의) 주입, 접붙임
5442	**podium** [**poh**-dee-*uh* m]	지휘대, 연단
5443	**bungalow** [**buhng**-g*uh*-loh]	단층집, 방갈로, (일부 아시아 국가에서 때로 2층 이상의) 대저택

> 111. It takes 20 years to build a reputation and five minutes to ruin it. If you think about that, you'll do things differently. _Warren Buffett
> 명성을 쌓는 데는 20년이 걸리지만 무너지는 데는 5분이면 족하다. 이것을 생각한다면 당신은 다르게 행동할 것이다. _워렌 버핏

5444	**wrestle** [**res**-*uh* l]	몸싸움을 벌이다, 레슬링을 하다, (힘든 문제를 해결하기 위해) 씨름하다
5445	**vomit** [**vom**-it]	토하다, 게우다, 토사물
5446	**bigotry** [**big**-*uh*-tree]	심한 편견, 완고
5447	**persevere** [pur-s*uh*-**veer**]	인내하며[굴하지 않고] 계속하다, 인내심을 갖고 하다
5448	**hoop** [hoop]	테[고리], 굴렁쇠
5449	**fiance(e)** [fee-ahn-**sey**]	약혼자(녀)
5450	**posit** [**poz**-it]	(근거로 삼기 위해 무엇을) 사실로 상정하다[받아들이다]
5451	**laurel** [**lawr**-*uh* l]	월계수, (영예의 상징으로서의) 월계관
5452	**affront** [*uh*-**fruhnt**]	모욕, (마음의) 상처, 모욕하다, (마음에) 상처를 주다
5453	**intrude** [in-**trood**]	(남이 원치 않거나 가서는 안 될 곳에) 자기 마음대로 가다[침범하다], 방해하다
5454	**atlas** [**at**-l*uh* s]	지도책
5455	**twig** [twig]	작은 가지, 잔가지, 깨닫다
5456	**vista** [**vis**-t*uh*]	(아름다운) 경치, 풍경, 전망, 앞날

---

112. Trying to predict the future is like trying to drive down a country road at night with no lights while looking out the back window.
_Peter Drucker

미래를 예견하려 하는 것은 밤에 라이트를 켜지 않은 채 뒤쪽 창문을 보며 시골길을 운전하는 것과 같다.
_피터 드러커

5457	**docile** [**dos**-*uh* l]	유순한, 고분고분한
5458	**tenement** [**ten**-*uh*-m*uh* nt]	(특히 빈민 지역 내의) 공동[다세대주택]
5459	**barometer** [b*uh*-**rom**-i-ter]	기압계, (경제·사회·정치 상황을 보여주는) 지표
5460	**wrench** [rench]	확 비틀다, 삐다[접지르다], (가슴을) 쓰라리게 하다, (마음이) 쓰라림, 확 비틂
5461	**deteriorate** [dih-**teer**-ee-*uh*-reyt]	악화되다, 더 나빠지다
5462	**rinse** [rins]	헹구다, 헹구기
5463	**ardor** [**ahr**-der]	열정, 열렬, 열중
5464	**barbecue** [**bahr**-bi-kyoo]	바비큐용 그릴, 바비큐 파티, 통째로 굽다
5465	**affluence** [**af**-loo-*uh* ns]	풍족, 부유, (사고·말 등의) 풍부함, 유입, 쇄도
5466	**distraught** [dih-**strawt**]	(흥분해서) 완전히 제정신이 아닌
5467	**impervious** [im-**pur**-vee-*uh* s]	영향받지[휘둘리지] 않는
5468	**con** [kon]	속임수, 사기, 반대투표, 반대론, 반대하여, 사기를 치다
5469	**crook** [kroo k]	사기꾼, 팔꿈치 안쪽, 한쪽 끝이 갈고리 모양인 막대기, (팔 등을) 구부리다

113. It's easier to resist at the beginning than at the end. _Leonardo da Vinci
끝보다는 처음이 더 저항하기 쉽다. _래오나르도 다 빈치

5470	**inject** [in-**jekt**]	주사하다, (액체를) 주입하다, (특성을) 더하다, (자금을) 투입하다
5471	**nook** [n*oo* k]	(아늑하고 조용한) 곳[구석]
5472	**precipitous** [pri-**sip**-i-t*uh* s]	가파른, 깎아지른 듯한, 급작스러운, 황망한, 황급한
5473	**indigo** [**in**-di-goh]	남색, 쪽빛
5474	**thaw** [thaw]	(얼음 등이) 녹다, (냉동식품이) 해동되다, (태도 따위가) 누그러지다
5475	**buckle** [**buhk**-*uh* l]	버클로 잠그다, 찌그러지다, 찌그리다, (다리의 힘이) 풀리다
5476	**anthem** [**an**-th*uh* m]	(국가 등에 중요한 의미가 있는) 노래, 찬송가
5477	**adverb** [**ad**-vurb]	(문법) 부사
5478	**glossary** [**glos**-*uh*-ree]	용어 사전, 용어 해설
5479	**intimidate** [in-**tim**-i-deyt]	겁을 주다, 협박하다
5480	**conciliatory** [k*uh* n-**sil**-ee-*uh*-tawr-ee]	달래는, 회유하기 위한
5481	**cursory** [**kur**-s*uh*-ree]	피상적인, 겉핥기의, 대충 하는
5482	**irrevocable** [ih-**rev**-*uh*-k*uh*-b*uh* l]	취소할 수 없는, 변경할 수 없는

114. The ladder of success is never crowded at the top. _Napoleon Hill
성공으로 가는 사다리에서 꼭대기는 혼잡할 일이 없다. _나폴레온 힐

5483	**rectify** [**rek**-t*uh*-fahy]	(잘못된 것을) 바로잡다, (교류를) 직류로 바꾸다, (화학) 정류하다
5484	**shroud** [shroud]	수의, 장막, 수의를 입히다, 가리다
5485	**stag** [stag]	수사슴, 남자들만의 사교적 모임
5486	**hiss** [his]	쉿 소리를 내다, (화가 난 상태로) 낮게 말하다, 쉬 하는 소리
5487	**usher** [**uhsh**-er]	좌석 안내원, 안내 담당자, 안내하다
5488	**preside** [pri-**zahyd**]	(회의·의식 등을) 주재[주도]하다
5489	**participle** [**pahr**-t*uh*-sip-*uh* l]	(영어에서 현재·과거) 분사
5490	**itinerant** [ahy-**tin**-er-*uh* nt]	떠돌아다니는, 순회하는
5491	**cloister** [**kloi**-ster]	(성당·수도원 등의 지붕이 덮인) 회랑, 수도원 생활
5492	**bereft** [bih-**reft**]	~이 전무한, ~을 상실한, 상실감에 빠진
5493	**camouflage** [**kam**-*uh*-flahzh]	(군인·장비의) 위장, 속임수, 위장하다, 감추다
5494	**outcast** [out-kast]	버림받은, 버림받은 사람, 추방자
5495	**gratuitous** [gr*uh*-**too**-i-t*uh* s]	불필요한, 쓸데없는

> 115. Failure is an option here. If things are not failing, you are not innovating enough. _Elon Musk
> 실패는 옵션들 중 하나일 뿐이다. 뭔가 실패하는 것이 없다면 당신은 지금 그 무엇도 충분히 혁신하지 못하고 있는 것이다. _엘론 머스크

5496	**fallow** [**fal**-oh]	(농지를) 놀리는, 휴한하는, 이뤄진 것이 없는, 연한 황갈색의
5497	**skirmish** [**skur**-mish]	작은 접전, 소전투, (정치적 반대자들 간의) 작은 충돌[언쟁]
5498	**paltry** [**pawl**-tree]	하찮은, 보잘것없는, 쥐꼬리만 한, 쓸데없는
5499	**introspection** [in-tr*uh*-**spek**-sh*uh* n]	자기 성찰
5500	**peek** [peek]	몰래 들여다보다, (재빨리) 훔쳐보다
5501	**helical** [**hel**-i-k*uh* l]	나선(형)의
5502	**tantamount** [**tan**-t*uh*-mount]	(나쁜 효과가) ~에 상당하는[동등한], ~와 마찬가지의
5503	**testator** [**tes**-tey-ter]	유언자
5504	**hamper** [**ham**-per]	방해하다, (음식을 운반하는 데 쓰는 뚜껑이 달린) 바구니, 식품 바구니
5505	**diverge** [dih-**vurj**]	(다른 방향으로) 갈라지다, (의견 등이) 나뉘다, (계획 등에서) 벗어나다
5506	**referee** [ref-*uh*-**ree**]	심판, (논문 등의) 심사위원, 심사를 보다, 심사하다
5507	**entreat** [en-**treet**]	간청[애원]하다
5508	**tornado** [tawr-**ney**-doh]	회오리바람, 토네이도, 폭풍우

---

116. In youth we learn; in age we understand. _Marie Ebner von Eschenbach
우리는 젊을 때에 배우고 나이가 들어서 이해한다. _마리 폰 에브너 에센바흐

라임으로 외우자!

앞에 어떤 일이 있었는지는 고민하지 마	previous
되돌릴 수 없는 사실인 것이 **명백**하잖아?	obvious
그러니 너무 **심각**하게 생각하지 말고 잊어버려	serious
인생에는 **다양한** 기회가 있는 거야	various
아주 강하게 **자각**해!	conscious
최고가 되어서 **유명**해지겠다고!	famous
남들이 너의 꿈이 **터무니없다고** 해도 신경 쓰지 마	ridiculous
그들은 자신이 **지루한** 삶을	tedious
이겨낼 **용기**가 없는 거야	courageous
그래서 자신은 **드러내지 못하면서 숨어서**	anonymous
부러워하기만 할 거야	jealous
자꾸 신경 쓰면 그들의 무기력함에 **전염**될지도 몰라!	contagious
그러니 너의 **거대**한 꿈을 이루는 것에 집중해!	tremendous
너의 **소중한** 인생을 다른 사람들 신경 쓰는데 낭비하지 마!	precious

5509	**artery** [**ahr**-tuh-ree]	동맥
5510	**annex** [uh-**neks**]	(국가 등을 무력으로) 합병하다, (부록 등을 이야기에) 덧붙이다
5511	**visage** [**viz**-ij]	(사람의) 얼굴, 용모
5512	**tremulous** [**trem**-yuh-luh s]	약간 떠는[떨리는]
5513	**fiend** [feend]	악마 같은 사람, [다른 명사 뒤에 쓰여] ~광, 악령, 마귀
5514	**crate** [kreyt]	(물품 운송용 대형 나무) 상자, 한 상자 (분량)
5515	**conscription** [kuh n-**skrip**-shuh n]	징병, 강제징수
5516	**exacerbate** [ig-**zas**-er-beyt]	(문제 등을) 악화시키다, 더욱 심하게 하다
5517	**chlorophyll** [**klawr**-uh-fil]	엽록소
5518	**sparrow** [**spar**-oh]	참새
5519	**grunt** [gruhnt]	꿀꿀거리다, 불평하다, 꿀꿀거리는 소리, 저임금 단순 작업 노동자, 졸병
5520	**ballast** [**bal**-uh st]	바닥짐(무게 중심을 잡기 위해 놓은 무거운 물건), (단단히 다지려고 깐) 자갈
5521	**bereaved** [bih-**reevd**]	(최근에) 사별을 당한, 유족

117. Punctuality is the soul of business. _Thomas Halyburton
시간 엄수는 비즈니스의 영혼이다. _토머스 할리버튼

5522	**tenacious** [t*uh*-**ney**-sh*uh* s]	집요한, 끈질긴, 고집하는, (예상보다 더) 오래 계속되는[지속적인]
5523	**haphazard** [hap-**haz**-erd]	무계획적인, 되는대로의, 우연히
5524	**cripple** [**krip**-*uh* l]	불구로 만들다, 심각한 손상을 주다, 제대로 기능을 못하게 만들다, 불구자
5525	**compress** [k*uh* m-**pres**]	압축하다, 꾹 누르다, 요약하다, 압축 파일을 만들다, 압박붕대
5526	**nautical** [**naw**-ti-k*uh* l]	선박의, 해상의, 항해의
5527	**pod** [pod]	(콩이 들어 있는) 꼬투리, (고래·물개 등의) 작은 떼, 껍질을 벗기다
5528	**flimsy** [**flim**-zee]	조잡한, 엉성하게 만든, 얇은, 잘 찢어지는, 얄팍한, 믿기지 않는
5529	**husbandry** [**huhz**-b*uh* n-dree]	(특히 세심하게 잘 짓는) 농사
5530	**dearth** [durth]	부족[결핍]
5531	**stint** [stint]	일정 기간 동안의 일·활동, 아끼다, 인색하게 쓰다
5532	**cyber** [**sahy**-ber]	컴퓨터의, 사이버의
5533	**contraband** [**kon**-tr*uh*-band]	밀수, 밀수품, 수출입 금지의
5534	**secrete** [si-**kreet**]	(분비물을) 분비하다, (작은 것을) 감추다[은닉하다]

---

118. Determine never to be idle… It is wonderful how much may done if we are always doing. _Thomas Jefferson
아무 하는 일 없이 시간을 허비하지 않겠다고 맹세하라. 우리가 항상 뭔가를 한다면 놀라우리만치 많은 일을 해낼 수 있다. _토머스 제퍼슨

5535	**evangelist** [ih-**van**-j*uh*-list]	복음 전도자, 선교사
5536	**ping** [ping]	(금속이나 유리에 부딪칠 때 나는 소리) 탱, 땡, 쨍, 통신 상태를 테스트하다
5537	**robotic** [**roh**-b*uh* t]	기계적인, 스스로 움직이는
5538	**expatriate** [eks-**pey**-tree-yet]	국외로 추방된 사람, (고국에서) 추방하다
5539	**undercover** [uhn-der-**kuhv**-er]	비밀리에 하는, 첩보 활동의
5540	**scruple** [**skroo**-p*uh* l]	양심의 가책, 망설임, 거리낌
5541	**stalwart** [**stawl**-wert]	(특히 정당의) 충실한 일꾼[당원], 충실한, 충직한, (몸이) 튼튼한
5542	**cove** [kohv]	작은 만
5543	**husky** [**huhs**-kee]	(매력적으로) 약간 쉰 듯한, (남자가) 건장하고 섹시한, 허스키 개
5544	**heretic** [**her**-i-tik]	이단자
5545	**gravy** [**grey**-vee]	(고기를 구울 때 나오는) 육즙, 육즙에 밀가루 등을 첨가해 만든 소스
5546	**dynamite** [**dahy**-n*uh*-mahyt]	다이너마이트, 강렬한 인상을 주는 사람, 다이너마이트로 폭파하다
5547	**censor** [**sen**-ser]	검열관, 검열하다, (검열하여) 삭제하다

119. I really had a lot of dreams when I was a kid, and I think a great deal of that grew out of the fact that I had a chance to read a lot. _Bill Gates
어릴 적 나에겐 정말 많은 꿈이 있었고, 그 꿈의 대부분은 많은 책을 읽을 기회가 많았기에 가능했다고 생각한다. _빌 게이츠

5548	**morsel** [**mawr**-s*uh* l]	(음식의) 작은 양[조각]
5549	**sophomore** [**sof**-*uh*-mawr]	(고등학교·대학교의) 2학년생
5550	**eddy** [**ed**-ee]	(공기·먼지·물의) 회오리[소용돌이], 회오리를 일으키다, 소용돌이치다
5551	**implacable** [im-**plak**-*uh*-b*uh* l]	무자비한, 확고한, 바꿀 수 없는
5552	**mite** [mahyt]	진드기, 조금, 잔돈, 어린아이[동물]
5553	**enigma** [*uh*-**nig**-m*uh*]	수수께끼 (같은 사람/것/일)
5554	**tally** [**tal**-ee]	(총액을 계속 누적해나가는) 기록, 부합[일치]하다, 총계를 내다
5555	**conglomerate** [k*uh* n-**glom**-er-it]	복합기업, 대기업, (잡다한 물건의) 집합체
5556	**waive** [weyv]	(권리 등을) 포기하다, 보류하다
5557	**vicarious** [vahy-**kair**-ee-*uh* s]	(느낌 등이) 대리의[간접적인], 대리를 하는
5558	**clot** [klot]	응고하다[시키다], 엉기게 하다
5559	**binge** [binj]	폭식, 진탕 마시고 떠들기, 과식하다
5560	**tract** [trakt]	(넓은) 지역[지대], (종교·정치적 주제에 대한) 글[소책자], (생물) 관(管), 계(系)

120. You may delay, but time will not. _Benjamin Franklin
당신은 지체할 수도 있지만 시간은 그러하지 않을 것이다. _벤저민 프랭클린

5561	**bruise** [brooz]	멍[흠]이 생기다[생기게 하다], 의기소침하게 만들다, 멍, 타박상, (과일의) 흠
5562	**subsist** [s*uh* b-**sist**]	근근이 살아가다[먹고 살다], 존속되다, 유효하다
5563	**sledge** [slej]	썰매, 썰매를 타다
5564	**prodigal** [**prod**-i-g*uh* l]	(돈·시간·에너지 등을) 낭비하는
5565	**prosaic** [proh-**zey**-ik]	평범한, 상상력이 없는, 따분한, 세속적인
5566	**rotation** [roh-**tey**-sh*uh* n]	회전, 자전, 순환, 교대
5567	**rustle** [**ruhs**-*uh* l]	바스락거리다, 가축을 훔치다, 바스락거리는 소리
5568	**skim** [skim]	(액체 위에 뜬 기름기 등을) 걷어내다, 대충 훑어보다, 조금씩 훔치다
5569	**bulge** [buhlj]	(~으로) 가득 차다[불룩하다], (동그랗게) 툭 튀어[불거져]나오다
5570	**mammal** [**mam**-*uh* l]	포유동물
5571	**addict** [**ad**-ikt]	중독자, 중독되다
5572	**stallion** [**stal**-y*uh* n]	(다 자란) 종마, 씨말
5573	**delineation** [dih-lin-ee-**ey**-sh*uh* n]	묘사, 도형, 설계

---

121. No matter how tough the chase is, you should always have the dream you saw on the first day. It'll keep you motivated and rescue you (from any weak thoughts) _Jack Ma

추구하는 과정이 얼마나 어렵든 첫날 꿈꿨던 그 목표를 항상 간직해야만 한다. 그것은 당신에게 지속적으로 동기를 불어넣고, (나약한 생각으로부터) 당신을 구제해줄 것이다. _마윈

5574	**amorous** [**am**-er-*uh* s]	성관계를 원하는, 호색한
5575	**vial** [**vahy**-*uh* l]	유리병, 물약병, 유리병에 넣다[넣어서 보관하다]
5576	**subvert** [s*uh* b-**vurt**]	(체제를) 전복시키다, (믿음을) 뒤엎으려 하다
5577	**plagiarism** [**pley**-j*uh*-riz-*uh* m]	표절, 표절 행위
5578	**buff** [buhf]	~광, 애호가, 누런색, 담황색 가죽, 담황색의, 누런, 몸짱인, 충격을 완화하다
5579	**acclaim** [*uh*-**kleym**]	칭송하다, 환호를 보내다, 찬사
5580	**chisel** [**chiz**-*uh* l]	끌, (끌로) 새기다[깎다], (속여서) 뜯어내다
5581	**inscrutable** [in-**skroo**-t*uh*-b*uh* l]	(표정 등이) 헤아리기 어려운, 수수께끼 같은
5582	**oration** [aw-**rey**-sh*uh* n]	(공식적인 행사에서 일부로 하는) 연설, 웅변
5583	**immaculate** [ih-**mak**-y*uh*-lit]	티 하나 없이 깔끔한, 오류가 전혀 없는
5584	**astral** [**as**-tr*uh* l]	별의, 별 모양의, 영적 세계
5585	**pensive** [**pen**-siv]	(슬픔·걱정 때문에) 깊은 생각[수심]에 잠긴, 수심 어린
5586	**lousy** [**lou**-zee]	형편없는, 엉망인, 더럽게 많은[우글거리는]

---

122. When I was young I observed that nine out of every ten things I did were failures, so I did ten times more work. _George Bernard Shaw
내가 젊었을 때 내가 했던 일의 90퍼센트는 실패로 돌아갔기에 나는 열 배 더 노력했다. _조지 버나드 쇼

5587	**acquaint** [*uh*-**kweynt**]	익히다, 숙지하다
5588	**vindictive** [vin-**dik**-tiv]	앙심을 품은, 보복을 하려는
5589	**nominate** [**nom**-*uh*-neyt]	(중요한 역할·지위 등의 후보자로) 지명[추천]하다, 시간·날짜·제목을) 정하다
5590	**integral** [**in**-ti-gr*uh* l]	(전체를 구성하는 일부로서) 필수적인, 내장된, (모든 부분이 갖춰져) 완전한
5591	**equivocal** [ih-**kwiv**-*uh*-k*uh* l]	(진술 등이) 애매한, 모호한, 불분명한
5592	**curator** [ky*oo*-**rey**-ter]	박물관이나 미술관 등의 전시 책임자
5593	**chagrin** [sh*uh*-**grin**]	원통함, 유감
5594	**bishop** [**bish**-*uh* p]	주교, (체스의) 비숍
5595	**clamor** [**klam**-er]	(군중 등의) 시끄러운 외침, (항의의) 아우성, 큰 소음, 외치다, 시끄럽게 굴다
5596	**hoard** [hawrd]	비축[저장]물, 비축[저장]하다
5597	**thump** [thuhmp]	(주먹으로 세게) 치다[두드리다], 쿵 하고 떨어지다, 쿵쿵거리다, 쿵 하는 소리
5598	**utopia** [yoo-**toh**-pee-*uh*]	이상향, 유토피아
5599	**nutritious** [noo-**trish**-*uh* s]	영양분이 풍부한, 건강에 좋은

123. Business opportunities are like buses, there's always another one coming. _Richard Branson
사업 기회는 버스와 같다. 언제나 다음 기회가 다가온다. _리처드 브랜슨

5600	**tonnage** [**tuhn**-ij]	(선박의) 용적톤수, 총 톤수
5601	**swirl** [swurl]	(빠르게) 빙빙 돌다, 소용돌이치다, 소용돌이
5602	**saw** [saw]	톱, 톱질하다
5603	**rout** [rout]	완패, 궤멸, 완패[궤멸]시키다
5604	**encyclopedia** [en-sahy-kl*uh*-**pee**-dee-*uh*]	백과사전
5605	**orphanage** [**awr**-f*uh*-nij]	고아원, 고아
5606	**evocative** [ih-**vok**-*uh*-tiv]	생각나게 하는, 환기시키는
5607	**piss** [pis]	오줌, 오줌 누다, 화나게 하다
5608	**lurid** [**loo** r-id]	(색깔이) 야한[야단스러운], (이야기가) 무시무시한
5609	**seduce** [si-**dyoos**]	(감언이설로) 꾀다, (어리고 경험 없는 사람을 성관계를 갖도록) 유혹하다
5610	**parachute** [**par**-*uh*-shoot]	낙하산
5611	**conflagration** [kon-fl*uh*-**grey**-sh*uh* n]	큰불, 대화재
5612	**poise** [poiz]	침착, (몸의) 균형[평형], (무엇의 위에서 특정한) 태세를 취하다

> 124. Courage is the first of human qualities because it is the quality which guarantees the others. _Aristotle
> 용기란 인간 심성의 가장 첫 번째로, 다른 모든 심성을 가능케 하는 것이다. _아리스토텔레스

5613	**candor** [**kan**-der]	공평무사, 허심탄회, 솔직, 정직
5614	**seer** [**see**-er]	(과거에) 앞날을 내다보는 사람, 선각자
5615	**tortoise** [**tawr**-t*uh* s]	거북, 아주 느린 사람
5616	**dissipate** [**dis**-*uh*-peyt]	소멸되다[시키다], (시간·돈 등을) 허투루 쓰다[낭비하다]
5617	**enquire** [en-**kwahy***uh* r]	문의하다, 조사하다
5618	**hurdle** [**hur**-dl]	허들[장애물], 장애[난관], 극복하다, 뛰어넘다
5619	**revulsion** [ri-**vuhl**-sh*uh* n]	혐오감, 역겨움, 공포감
5620	**miscarriage** [mis-**kar**-ij]	유산, 실패, 실책
5621	**grandiose** [**gran**-dee-ohs]	(너무) 거창한, (실속 없이) 거창하기만 한, 웅장한
5622	**amputation** [am-pyoo-**tey**-sh*uh* nt]	절단, 잘라내기
5623	**engender** [en-**jen**-der]	(감정·상황을 등을) 불러일으키다[낳다]
5624	**innocuous** [ih-**nok**-yoo-*uh* s]	해가 없는, 악의 없는
5625	**paucity** [**paw**-si-tee]	부족, 결핍, 소량

> 125. Continuous effort - not strength or intelligence - is the key to unlocking our potential. _Winston Churchill
> 체력도 아니고 지력도 아니다. 지속적인 노력이야말로 잠재력을 열어주는 열쇠이다. _원스턴 처칠

#	단어	의미
5626	**ion** [**ahy**-*uh* n]	(물리 또는 화학) 이온
5627	**bunker** [**buhng**-ker]	(군인들의) 벙커, 석탄 저장고
5628	**lactic** [**lak**-tik]	젖의, 젖에서 얻는
5629	**detach** [dih-**tach**]	(더 큰 것에서) 떼다[분리하다], (~에서) 몸을 떼어내다[떠나다], 파견하다
5630	**plaintive** [**pleyn**-tiv]	(소리가) 애처로운[구슬픈]
5631	**legacy** [**leg**-*uh*-see]	(죽은 사람이 남긴) 유산, (과거의) 유산
5632	**brew** [broo]	(맥주를) 양조하다, (커피·차를) 끓이다, (불쾌한 조짐이) 태동하다, 양조 맥주
5633	**quench** [kwench]	(갈증을) 풀다, (타는 불을) 끄다
5634	**saucer** [**saw**-ser]	(커피 잔 따위의) 받침, 접시 모양의 물건
5635	**sniff** [snif]	코를 훌쩍이다, 코를 킁킁거리다, 킁킁거리기, 작은 가능성
5636	**gymnasium** [jim-**ney**-zee-*uh* m]	체육관, (실내) 경기장
5637	**mammoth** [**mam**-*uh* th]	매머드, 거대한, 엄청난
5638	**rabble** [**rab**-*uh* l]	왁자한 무리, 폭도, 오합지졸

---

126. Business is like riding a bicycle- either you keep moving or you fall down. _Anonymous

사업이란 자전거 타기와 같다. 계속 달리지 않으면 쓰러진다. _작자 미상

5639	**turban** [**tur**-b*uh* n]	이슬람교나 시크교도 남자들이 머리에 둘러 감는 수건
5640	**burly** [**bur**-lee]	(남자의 몸이) 건장한, 우람한
5641	**tenet** [**ten**-it]	주의(主義), 교리
5642	**probate** [**proh**-beyt]	(유언장에 대한) 공증, 공증하다
5643	**savior** [**seyv**-yer]	구조자, 구제자, 구세주
5644	**flea** [flee]	벼룩
5645	**wry** [rahy]	(역설성을 드러내며) 비꼬는, 풍자적인, 실망스러우면서도 재미있는
5646	**puddle** [**puhd**-l]	(비 온 뒤의) 물웅덩이
5647	**indefatigable** [in-di-**fat**-i-g*uh*-b*uh* l]	지칠 줄 모르는, 끈기 있는
5648	**ineffable** [in-**ef**-*uh*-b*uh* l]	형언할 수 없는, 이루 말할 수 없는
5649	**laudable** [**law**-d*uh*-b*uh* l]	(비록 성공하지 못한다 하더라도) 칭찬할 만한
5650	**drab** [drab]	생기 없는, 칙칙한, 재미없는, 담갈색
5651	**lethargy** [**leth**-er-jee]	무기력, 권태, 기면

127. Leisure is the time for doing something useful. This leisure the diligent person will obtain the lazy one never. _Benjamin Franklin
여가는 쓸모 있는 일을 하기 위한 시간이다. 부지런한 사람은 이를 얻지만 게으른 자는 이를 얻지 못한다. _벤저민 프랭클린

5652	**archetype** [**ahr**-ki-tahyp]	전형(典型), 모범
5653	**setback** [**set**-bak]	차질, 역행
5654	**fecal** [**fee**-k*uh* l]	찌꺼기의, 배설물의
5655	**fiscal** [**fis**-k*uh* l]	국가 재정[세제]의
5656	**shuffle** [**shuhf**-*uh* l]	발을 끌며 걷다, (발을) 이리저리 움직이다, (카드를) 섞다, 발을 끌며 걷기
5657	**azure** [**azh**-er]	하늘색의, 하늘색
5658	**hoe** [hoh]	괭이, 괭이질을 하다
5659	**palatable** [**pal**-*uh*-t*uh*-b*uh* l]	맛있는, 맛 좋은, 마음에 드는, 구미에 맞는
5660	**entice** [en-**tahys**]	(무엇을 제공하며) 유도[유인]하다
5661	**alchemy** [**al**-k*uh*-mee]	연금술, 신비한 힘, 마력
5662	**giggle** [**gig**-*uh* l]	피식 웃다, 킥킥거리다, 피식 웃음, 킥킥거림
5663	**derogatory** [dih-**rog**-*uh*-tawr-ee]	경멸하는, 비판적인, (권위 등을) 손상시키는
5664	**cardiac** [**kahr**-dee-ak]	심장(병)의, 심장병 환자

128. It is neither wealth nor splendor; but tranquility and occupation which give you happiness. _Thomas Jefferson
부유함도 화사함도 아니다. 평안함과 직업이야말로 우리에게 행복을 준다. _토머스 제퍼슨

5665	**accretion** [*uh*-**kree**-sh*uh* n]	축적, 누적
5666	**marathon** [**mar**-*uh*-thon]	마라톤, 마라톤같이 오랜 인내를 요하는 일
5667	**precinct** [**pree**-singkt]	구역, 선거구, 관할구, 구내, 경내
5668	**forbear** [fawr-**bair**]	(하고 싶은 말·행동을) 참다[삼가다]
5669	**balm** [bahm]	(상처 치료용) 향유, 연고[크림], 위안[아늑함]
5670	**braid** [breyd]	(실을 꼬아서 만든) 장식용 수술, 땋은 머리, 머리를 땋다
5671	**tithe** [tahyth]	십일조 세금, 십일조 헌금
5672	**fanatic** [f*uh*-**nat**-ik]	~에 광적인 사람, 광신도
5673	**souvenir** [soo-v*uh*-**neer**]	(휴가지 등에서 사는) 기념품[선물]
5674	**indolent** [**in**-dl-*uh* nt]	게으른, 나태한
5675	**stamina** [**stam**-*uh*-n*uh*]	체력, 지구력, 원기
5676	**insignia** [in-**sig**-nee-*uh*]	(계급·소속 등을 나타내는) 휘장[배지]
5677	**archipelago** [ahr-k*uh*-**pel**-*uh*-goh]	다도해, 군도

---

129. I play to win, whether during practice or a real game. And I will not let anything get in the way of me and my competitive enthusiasm to win.
_Michael Jordan
연습에서나 실전에서나 플레이의 목적은 승리다. 그 무엇도 나와 내 열정이 승리에 도달하는 것을 막을 수 없다. _마이클 조던

5678	**onerous** [**on**-er-*uh* s]	아주 힘든, 부담되는, (일 등이) 짐스러운
5679	**vivacity** [vi-**vas**-i-tee]	활발, 쾌활, 원기 왕성
5680	**fend** [fend]	(어려운 질문 등을) 받아넘기다, 피하다, (가족 등을) 부양하다
5681	**cartel** [kahr-**tel**]	기업연합
5682	**jaundice** [**jawn**-dis]	황달, 편견, 비뚤어짐
5683	**polemic** [p*uh*-**lem**-ik]	격렬한 비판[옹호], 논쟁
5684	**subpoena** [s*uh*-pee-n*uh*]	(법원의) 소환장, 소환하다
5685	**stool** [stool]	(등받이와 팔걸이가 없는) 의자, 스툴, (의학) 대변(大便)
5686	**hammock** [**ham**-*uh* k]	나무 등에 달아매는 그물·천 등으로 된 침대
5687	**callous** [**kal**-*uh* s]	냉담한
5688	**vindicate** [**vin**-di-keyt]	~의 정당성을 입증하다, 혐의를 벗기다, 무죄를 입증하다
5689	**pebble** [**peb**-*uh* l]	조약돌, 자갈
5690	**knack** [nak]	(타고난) 재주, (경험으로 익힌) 요령, 하는 버릇

---

130. We can do anything we want to if we stick to it long enough.
_Helen Keller
충분히 오랜 시간 붙들고 있다면 이루지 못할 것은 없다. _헬렌 켈러

5691	**jolt** [johlt]	덜컥거리며 움직이다, 정신 들게 하다, 덜컥 하고 움직임, 가슴이 철렁하는 느낌
5692	**benediction** [ben-i-**dik**-sh*uh* n]	축복, 감사 기도
5693	**phobia** [**foh**-bee-*uh*]	공포증, 혐오증
5694	**epitome** [ih-**pit**-*uh*-mee]	완벽한 본보기, 전형, 요약, 개요
5695	**euthanasia** [yoo-th*uh*-**ney**-zh*uh*]	안락사
5696	**numerator** [**noo**-m*uh*-rey-ter]	(분수의) 분자, 계산기
5697	**chaff** [chaf]	(곡식의) 겉껍질, 왕겨, 여물
5698	**ratify** [**rat**-*uh*-fahy]	비준[재가]하다
5699	**cactus** [**kak**-t*uh* s]	선인장
5700	**lice** [lahys]	'louse = (곤충) 이' 의 복수형
5701	**quay** [kee]	부두, 선창
5702	**tribulation** [trib-y*uh*-**ley**-sh*uh* n]	고난, 시련
5703	**hectic** [**hek**-tik]	정신없이 바쁜, 빡빡한, 매우 흥분한

131. Reading is to the mind what exercise is to the body. _Richard Steele
독서가 정신에 미치는 효과는 운동이 신체에 미치는 효과와 같다. _리처드 스틸

5704	**idyllic** [ahy-**dil**-ik]	목가적인, 소박한
5705	**amalgamation** [*uh*-mal-g*uh*-**mey**-sh*uh* n]	수은과 다른 금속의 합금, (회사 등의) 합병, 혼혈
5706	**penchant** [**pen**-ch*uh* nt]	강한 기호[애호], 편벽되게 좋아하기
5707	**malaise** [ma-**leyz**]	(특정 상황·집단 내에 존재하는 설명·규명하기 힘든) 문제들, 불만감
5708	**dissuade** [dih-**sweyd**]	(~을 하지 않도록) ~를 설득[만류]하다
5709	**gaudy** [**gaw**-dee]	(색깔이) 야한[천박한]
5710	**dangle** [**dang**-g*uh* l]	(달랑) 매달리다, 매달리게 들다, 달랑거리다
5711	**ply** [**plahy**]	(무기·도구 등을) 부지런히 쓰다, 열심히 하다, (정기적으로) 다니다, 가닥, 층, 겹
5712	**jade** [**jeyd**]	옥, 비취, 비취색
5713	**deviation** [dee-vee-**ey**-sh*uh* n]	일탈, 탈선, 편차
5714	**sever** [**sev**-er]	(두 조각으로) 자르다[절단하다], (관계·연락을 완전히) 끊다[단절하다]
5715	**cavalier** [kav-*uh*-**leer**]	무신경한, 건방진, 기사다운[인 체하는]
5716	**peremptory** [p*uh*-**remp**-t*uh*-ree]	위압적인, 단호한, 지엄한

> 132. Some people do first, think afterward, and then repent forever.
> _Thomas Secker
>
> 어떤 사람들은 일부터 저지르고 생각은 나중에 함으로써 평생 후회한다. _토머스 세커

5717	**supple** [**suhp**-*uh* l]	나긋나긋한, 유연한, (부드럽고) 탄력 있는
5718	**dutiful** [**dyoo**-t*uh*-f*uh* l]	순종적인, 본분을 지키는
5719	**syllabus** [**sil**-*uh*-b*uh* s]	교수요목, 개요, 적요
5720	**menstruation** [men-stroo-**ey**-sh*uh* n]	월경, 생리
5721	**hexagonal** [hek-**sag**-*uh*-nl]	육각형의
5722	**peacock** [**pee**-kok]	(수컷) 공작, 허세부리다
5723	**toad** [tohd]	두꺼비, 기분 나쁜 새끼, 징그러운 놈
5724	**frigid** [**frij**-id]	몹시 추운, 냉랭한, 불감증의
5725	**grenade** [gri-**neyd**]	수류탄
5726	**quotient** [**kwoh**-sh*uh* nt]	(나눗셈에서) 몫, 할당, 계수
5727	**promenade** [prom-*uh*-**neyd**]	(보통 해변가로 넓게 나 있는) 산책로
5728	**vigil** [**vij**-*uh* l]	(밤샘) 간호, (철야) 기도[농성 등]
5729	**twitch** [twich]	씰룩거리다, 경련하다, 홱 잡아채다[잡아당기다]

> 133. There's a long list of product ideas that we've had swimming in all our heads but we simply didn't have the resources to execute them.
> _Steven Chen
> 우리 머릿속에는 헤엄치는 새로운 아이디어들이 많이 있습니다. 그간 그걸 실행할 자원이 없었을 뿐이지요. _스티븐 첸

5730	**stunt** [stuhnt]	고난이도 연기, 곡예, 사람들의 이목을 끌기 위한 것, 성장[발달]을 방해하다
5731	**dent** [dent]	(단단한 표면을 세게 쳐서) 움푹 들어가게 만들다, (명성 등을) 훼손하다
5732	**irreparable** [ih-**rep**-er-*uh*-b*uh* l]	회복할[바로잡을] 수 없는, 수선할 수 없는
5733	**allure** [*uh*-**loo** r]	매력, 유혹하다, 매혹하다
5734	**facsimile** [fak-**sim**-*uh*-lee]	복제, 복사, 모사
5735	**whine** [wahyn]	징징거리다, 끼익끽 소리를 내다, 끼익끽 소리, 칭얼거리는 소리, 불평
5736	**radiate** [**rey**-dee-yet]	(감정 등을) 내뿜다[발하다], (에너지 등이) 뿜어져 나오다, (사방으로) 퍼지다
5737	**spawn** [spawn]	(물고기·개구리 등이) 알을 낳다, (어떤 결과·상황을) 낳다, 알 덩어리
5738	**itinerary** [ahy-**tin**-*uh*-**rer**-ee]	여행 일정표, 여정
5739	**detract** [dih-**trakt**]	(주의를) 딴 데로 돌리다, (일부를) 감하다, 손상시키다
5740	**solder** [**sod**-er]	땜납, 납땜하다
5741	**cryptic** [**krip**-tik]	수수께끼 같은, 아리송한, 비밀의
5742	**alacrity** [*uh*-**lak**-ri-tee]	민첩, 활발

134. To be trusted is a greater compliment than to be loved.
_George McDonald
신뢰받는 것이 사랑받는 것보다 더 큰 선물이다. _조지 맥도널드

5743	**floppy** [**flop**-ee]	헐렁한, 용기 없는
5744	**libido** [li-**bee**-doh]	성욕, 성적 충동
5745	**fastidious** [fa-**stid**-ee-*uh* s]	세심한, 꼼꼼한, 까다로운
5746	**tertiary** [**tur**-shee-er-ee]	제3의, 셋째의, 제3차의
5747	**wither** [**wi**th -er]	시들다, 말라죽다, 약해지다
5748	**stubble** [**stuhb**-*uh* l]	그루터기, (최근에 면도를 하지 않아서) 까칠하게 자란 수염
5749	**contrive** [k*uh* n-**trahyv**]	용케[어떻게든] ~하다, (어려운 가운데도) 성사시키다, 고안하다, 궁리[변통]하다
5750	**colt** [kohlt]	수망아지, (어린 선수들로 구성된 팀의) 선수, 콜트 권총
5751	**larva** [**lahr**-v*uh*]	유충, 애벌레
5752	**courtier** [**kawr**-tee-er]	(과거 왕을 보필하던) 조신, 아첨꾼
5753	**cucumber** [**kyoo**-kuhm-ber]	오이
5754	**livid** [**liv**-id]	격노한, 몹시 화가 난, 검푸른, 시퍼런
5755	**exorbitant** [ig-**zawr**-bi-t*uh* nt]	(가격이) 과도한, 지나친

> 135. To improve is to change; to be perfect is to change often.
> _Winston Churchill
> 개선이란 곧 변화다. 완벽함이란 몇 번이고 변화하는 것이다. _윈스턴 처칠

단어로 세상 읽기

stress & love

우리가 일상에서 자주 듣는 단어 중 하나는 아마 스트레스(stress)가 아닐까 생각됩니다. 일상에서 많은 사람들이 스트레스라는 말을 입에 달고 사는 것을 어렵지 않게 볼 수 있습니다. 물질적으로는 세상이 점점 풍요로워지지만, 정신적으로는 점점 빈곤해지는 것 같아서 조금은 씁쓸하기도 합니다. 점점 더 많은 스트레스를 받는 것은 피할 수 없는 우리의 숙명일까요? 그래서 스트레스라는 단어의 사용 빈도수를 확인해 보았습니다. 예상대로 꾸준히 증가했지만 뜻밖에 1990년대부터 그 사용 빈도가 줄어들기 시작했습니다. 스트레스가 만성이 되어서 더는 스트레스처럼 느껴지지 않는 것일까요? 그렇게 생각하니 너무 슬펐습니다. 사용 빈도가 줄어든 이유가 궁금해서 여러 단어를 검색하던 중 스트레스 사용 빈도와 추세가 정반대인 단어를 발견하였습니다. 바로 사랑(love)입니다. 사랑이라는 단어를 1800년대부터 살펴보면 사용 빈도가 점진적으로 줄다가 20세기 말부터 그 사용 빈도수가 꾸준히 늘어나고 있습니다. 혹시 우리의 스트레스가 줄어든 것은 우리가 더 사랑하게 되어서가 아닐까요? 여러분 우리 서로 더 그리고 우리 자신을 사랑해야 할 것 같습니다. 사랑이야말로 스트레스에 대한 최고의 처방이 아닐까 생각해 봅니다. [X축: 연도, Y축: 총 단어 중 사용 빈도]

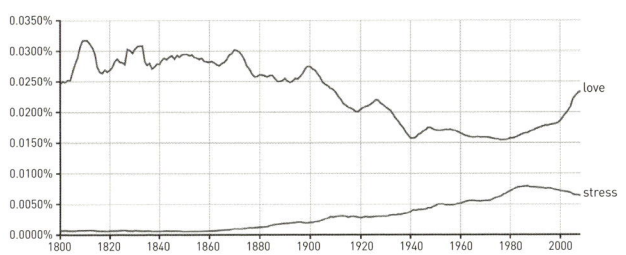

5756	**canteen** [kan-**teen**]	매점, 구내식당, (휴대용) 물통
5757	**hilarious** [hi-**lair**-ee-*uh* s]	아주 우스운[재미있는]
5758	**clout** [klout]	영향력, (단단한 물체로) 때리기
5759	**implore** [im-**plawr**]	애원[간청]하다
5760	**fickle** [**fik**-*uh* l]	변덕스러운, 변화가 심한
5761	**dodge** [doj]	(몸을) 재빨리[휙] 움직이다, 비키다, (부정한 방법으로) 기피하다, 책략[술수]
5762	**bazaar** [b*uh*-**zahr**]	(일부 동양 국가들에서) 상점가[시장 거리], 바자회
5763	**graze** [greyz]	(소·양 등이) 풀을 뜯다, (피부를) 까지게 하다, (음식을 여러 번) 조금씩 먹다
5764	**subside** [s*uh* b-**sahyd**]	가라앉다, 진정되다, (건물이) 내려앉다, (불어났던 물이) 빠지다
5765	**tuck** [tuhk]	(끝을 단정하게) 밀어 넣다, (작은 공간에) 집어넣다, 포근히 감싸 주다, 주름
5766	**insular** [**in**-s*uh*-ler]	배타적인, 편협한, 섬의, 섬과 관련된
5767	**stink** [stingk]	(고약한) 냄새가 나다, 악취가 풍기다, 수상쩍다, 악취, 소동[물의]
5768	**dope** [dohp]	마약, (선수의 기록을 높이는) 약물, 멍청이, 약물을 투여하다, 약에 취하게 하다

---

136. A genuine leader is not a searcher for consensus but a molder of consensus. _Martin Luther King, Jr.
진정한 리더란 협의를 찾는 자가 아닌 협의의 틀을 마련하는 자이다. _마틴 루터 킹 주니어

5769	**shellfish** [**shel**-fish]	조개, 갑각류
5770	**foreboding** [fawr-**boh**-ding]	(불길한) 예감, 전조
5771	**flagrant** [**fley**-gr*uh* nt]	노골적인, 명백한, 악명 높은
5772	**conjugal** [**kon**-j*uh*-g*uh* l]	부부의, 부부 관계의, 혼인상의
5773	**posthumous** [**pos**-ch*uh*-m*uh* s]	(어떤 사람) 사후의, 죽은 뒤의
5774	**roster** [**ros**-ter]	근무자 명단, 당번표, 선수 명단
5775	**interrogate** [in-**ter**-*uh*-geyt]	심문[추궁]하다, (컴퓨터 등에서) 정보를 얻다
5776	**delirious** [dih-**leer**-ee-*uh* s]	의식이 혼미한[헛소리를 하는], 좋아서 어쩔 줄 모르는, 기뻐 날뛰는
5777	**stealth** [stelth]	살며시[몰래] 함, 잠행, 레이더가 탐지하기 힘들게 만든
5778	**colloquial** [k*uh*-**loh**-kwee-*uh* l]	구어체의, 일상적인 대화체의
5779	**vermin** [**vur**-min]	(농작물·가축 등에게) 해를 입히는 야생동물[조류], 해충, 사회의 해충
5780	**despicable** [**des**-pi-k*uh*-b*uh* l]	비열한, 야비한
5781	**poop** [poop]	배의 뒷부분에 있는 선루, (가장 최근) 정보, 똥을 싸다, 녹초가 되게 만들다

> 137. The key to immortality is first living a life worth remembering.
> _Bruce Lee
> 불멸에 이르는 방법은 기억할 가치가 있는 삶을 사는 것이다. _브루스 리

5782	**facile** [**fas**-il]	(별생각 없이·힘 안 들이고) 술술 하는, 손쉬운(그래서 별로 가치도 없는)
5783	**trepidation** [trep-i-**dey**-sh*uh* n]	(앞일에 대한 굉장한) 두려움[공포]
5784	**arbiter** [**ahr**-bi-ter]	중재자, 결정권자
5785	**malevolent** [m*uh*-**lev**-*uh*-l*uh* nt]	악의적인, 심술궂은
5786	**adage** [**ad**-ij]	속담, 격언
5787	**errant** [**er**-*uh* nt]	(행동이) 잘못된[정도를 벗어난], 바람을 피우는[불륜을 저지르는]
5788	**dune** [dyoon]	모래언덕, 사구
5789	**adjuvant** [**aj**-*uh*-v*uh* nt]	도움이 되는, 보조의
5790	**paddy** [**pad**-ee]	논, 격노, 짜증
5791	**grocer** [**groh**-ser]	식료품 잡화상[잡화점]
5792	**almighty** [awl-**mahy**-tee]	전능한, 엄청난
5793	**autograph** [**aw**-t*uh*-graf]	(유명인의) 사인, 사인을 해주다
5794	**crumble** [**kruhm**-b*uh* l]	바스러지다, (건물 등이) 허물어지다[무너지다], (힘·조직 등이) 무너지다

138. Practice does not make perfect. Only perfect practice makes perfect.
 _Vince Lombardi

연습이 완벽함을 만들지 않는다. 완벽한 연습만이 완벽함을 만들어낸다. _빈스 롬바디

5795	**bough** [bou]	(나무의 큰) 가지
5796	**sloppy** [**slop**-ee]	엉성한, 대충 하는, 헐렁한, 질척질척한
5797	**boxer** [**bok**-ser]	권투 선수
5798	**eulogy** [**yoo**-l*uh*-jee]	찬양하는 글[연설], 추도 연설
5799	**slime** [slahym]	(더럽고) 끈적끈적한 물질, 점액, 진흙
5800	**ovulation** [ov-y*uh*-**lay**-sh*uh* n]	(생물) 배란
5801	**succinct** [s*uh* k-**singkt**]	간결한, 간명한
5802	**pimple** [**pim**-p*uh* l]	여드름, 뾰루지
5803	**savage** [**sav**-ij]	야만적인, 몹시 사나운, (비판 등이) 맹렬한, 미개한, 맹렬히 비판[공격]하다
5804	**dejected** [dih-**jek**-tid]	실의에 빠진, 낙담한
5805	**matrimony** [**ma**-tr*uh*-moh-nee]	결혼 (생활), 기혼
5806	**hatchet** [**hach**-it]	손도끼
5807	**afoot** [*uh*-**foo** t]	계획 중인, 진행 중인

139. Big jobs usually go to the men who prove their ability to outgrow small ones. _Theodore Roosevelt
사소한 업무 수준을 벗어나는 능력을 입증한 사람들에게 중대한 업무가 돌아가게 마련이다.
_테오도어 루즈벨트

5808	**reptile** [**rep**-til]	파충류
5809	**elude** [ih-**lood**]	(교묘히) 피하다[빠져나가다], (무엇을) 이해할 수가 없다
5810	**propel** [pr*uh*-**pel**]	나아가게 하다, (사람을 특정한 방향·상황으로) 몰고 가다
5811	**mop** [mop]	대걸레, (짧은 자루가 달린) 설거지용 수세미, 대걸레로 닦다, 닦아 내다
5812	**downcast** [**doun**-kast]	(눈을) 내리뜬, 풀이 죽은, 고개를 숙인
5813	**tram** [tram]	전차, 정확한 위치[조정], 바른 위치로 조정하다
5814	**indomitable** [in-**dom**-i-t*uh*-b*uh* l]	불굴의, 꿋꿋한
5815	**sheen** [sheen]	윤기, 광택
5816	**encore** [**ahng**-kawr]	앙코르, 재청
5817	**sorcery** [**sawr**-s*uh*-ree]	마법, 마술
5818	**lenient** [**lee**-nee-*uh* nt]	(처벌·규칙 적용이) 관대한, 인정이 많은
5819	**legible** [**lej**-*uh*-b*uh* l]	읽을 수 있는, 판독할 수 있는
5820	**omnipresent** [om-n*uh*-**prez**-*uh* nt]	동시에 어디에나 있는

140. Hell is empty and all the devils are here. _William Shakespeare
지옥은 비어 있고 악마들은 여기 와 있다. _윌리엄 셰익스피어

5821	**rodent** [**rohd**-nt]	설치류, 갉기에 적합한
5822	**drudgery** [**druhj**-*uh*-ree]	힘들고 단조로운 일
5823	**credulity** [kr*uh*-**doo**-li-tee]	쉽게[잘] 믿음
5824	**exalt** [ig-**zawlt**]	(때로는 자격이 없는 사람을) 승격시키다, (대단히) 칭찬하다
5825	**vestige** [**ves**-tij]	자취, 흔적, (부정문에서) 아주 조금
5826	**horde** [hawrd]	(때로는 못마땅할 정도로 사람들의 큰) 무리
5827	**furrow** [**fur**-oh]	(쟁기질로 생긴) 고랑[골], (얼굴의) 깊은 주름
5828	**enumerate** [ih-**noo**-m*uh*-reyt]	열거하다
5829	**malt** [mawlt]	(맥주, 위스키 등의 원료가 되는) 맥아, 엿기름
5830	**cyclone** [**sahy**-klohn]	열대성 저기압, 열대성 폭풍
5831	**curtail** [ker-**teyl**]	축소[삭감/단축]시키다
5832	**specter** [**spek**-ter]	유령, 망령, 귀신
5833	**uncouth** [uhn-**kooth**]	무례한, 상스러운

> 141. The best way to cheer yourself up is to try to cheer somebody else up.
> _Mark Twain
>
> 힘을 내는 가장 좋은 방법은 다른 사람의 힘을 돋구는 것이다. _마크 트웨인

5834	**desist** [dih-**zist**]	그만두다, 단념하다
5835	**equanimity** [ee-kw*uh*-**nim**-i-tee]	(힘든 상황에서의) 침착, 평정
5836	**menial** [**mee**-nee-*uh* l]	하찮은, 천한, 머슴, 하인
5837	**budge** [buhj]	약간 움직이다, 꼼짝하다, 의견을 바꾸다[바꾸게 하다]
5838	**loot** [loot]	(폭동 등이 났을 때 물건을) 훔치다[약탈하다], 전리품, 노획물
5839	**smug** [smuhg]	의기양양한, 우쭐해하는
5840	**vertigo** [**vur**-ti-goh]	어지러움, 현기증
5841	**crunch** [kruhnch]	오도독 씹다, 깨물어 부수기, (불쾌한) 중대 상황[정보], (갑자기) 부족 사태
5842	**mainstay** [**meyn**-stey]	(무엇의 존재·성공을 가능하게 하는) 중심[대들보]
5843	**purview** [**pur**-vyoo]	이해의 범위, (활동·직권·관리 등의) 영역, 권한
5844	**detergent** [dih-**tur**-j*uh* nt]	세제
5845	**radius** [**rey**-dee-*uh* s]	반지름, 반경, (특정 지점을 중심으로 한) 범위, 요골(아래팔의 바깥쪽에 있는 뼈)
5846	**scowl** [skoul]	노려[쏘아]보다, 노려봄, 쏘아봄

> 142. He who conquers others is strong; He who conquers himself is mighty. _Lao Tzu
> 타인을 이기는 자는 힘이 있지만 자신을 이기는 자는 강하다. (도덕경 33장) _노자

5847	**pawn** [pawn]	(장기의) 졸, 전당, 저당물, 볼모, 인질, 맹세, 전당 잡히다, 맹세하다
5848	**pry** [prahy]	(남의 사생활을) 캐다[캐묻다]
5849	**construe** [k*uh* n-**stroo**]	~을 이해[해석]하다, 번역하다
5850	**angler** [**ang**-gler]	낚시꾼
5851	**permeate** [**pur**-mee-eyt]	스며들다, 침투하다, (사상 등이) 퍼지다
5852	**gangster** [**gang**-ster]	폭력배, 깡패
5853	**impudent** [**im**-py*uh*-d*uh* nt]	무례한, 버릇없는
5854	**precocious** [pri-**koh**-sh*uh* s]	조숙한, 아이 같지 않은, 숙성한, 일찍 꽃피는
5855	**clique** [kleek]	파벌, 패거리, 도당
5856	**bequest** [bih-**kwest**]	유산, (동산의) 유증
5857	**vita** [**vahy**-t*uh*]	약력, 이력서
5858	**revoke** [ri-**vohk**]	폐지[철회]하다
5859	**gamut** [**gam**-*uh* t]	전 영역, 전반

143. Who sows virtue reaps honor. _Leonardo da Vinci
덕을 뿌린 자가 명예를 거둔다. _레오나르도 다 빈치

5860	**enclave** [**en**-kleyv]	고립된 영토, 소수 민족 거주지
5861	**throb** [throb]	(몸의 일부가) 욱신거리다, 지끈거리다, (소리가 규칙적으로 강하게) 고동치다
5862	**yawn** [yawn]	하품하다, (큰 구멍·빈 공간이) 아가리를 떡 벌리고 있다, 하품, 하품 나는 일
5863	**startle** [**stahr**-tl]	깜짝 놀라게 하다, 소스라치다
5864	**oppress** [*uh*-**pres**]	탄압[억압]하다, 압박감을 주다, 우울하게 만들다
5865	**nimble** [**nim**-b*uh* l]	(동작이) 빠른, 날렵한, (생각이) 민첩한, 영리한
5866	**bygone** [**bahy**-gawn]	지나간, 옛날의
5867	**retard** [ri-**tahrd**]	(발전·진전을) 지연[지체]시키다, (모욕적인 말로) 모자라는 사람, 저능아
5868	**quell** [kwel]	(반란·소요 등을) 진압[평정]하다, (감정을) 가라앉히다[누그러뜨리다]
5869	**allege** [*uh*-**lej**]	(증거 없이) 혐의를 제기하다[주장하다]
5870	**layman** [**ley**-m*uh* n]	비전문가, 평신도, 문외한
5871	**flick** [flik]	(손가락 등으로) 튀기다[털다], 휙 움직이다[보다], 휙 움직임, 영화
5872	**promiscuous** [pr*uh*-**mis**-kyoo-*uh* s]	(성생활이) 난잡한[문란한], 마구잡이의, 잡다하게 모은

144. People work better when they know what the goal is and why. It is important that people look forward to coming to work in the morning and enjoy working. _Elon Musk
목표가 무엇인지, 일을 하는 이유가 무엇인지 알고 있을 때 사람들은 일을 더 잘한다. 아침 출근길을 기대하고, 업무를 즐기게 되는 것은 무척이나 중요하다. _엘론 머스크

5873	**euphoria** [yoo-**fawr**-ee-*uh*]	(극도의) 행복감, 희열, 도취감
5874	**snipe** [snahyp]	저격하다, 비난[혹평]하다
5875	**pellet** [**pel**-it]	(부드러운 것을 뭉친) 알갱이, 아주 작은 총알
5876	**pneumatic** [n*oo*-**mat**-ik]	공기가 가득한, 압축 공기에 의한, 기체의
5877	**meddle** [**med**-l]	(남의 일에) 간섭하다[참견하다], (남의 것·다룰 줄 모르는 것을) 건드리다
5878	**gingerly** [**jin**-jer-lee]	조심조심, 매우 신중하게
5879	**recede** [ri-**seed**]	(서서히) 물러나다[멀어지다], (느낌 등이) 약해지다, (머리카락이) 벗어지다
5880	**incandescent** [in-k*uh* n-**des**-*uh* nt]	백열성의, 고온에 의해 생기는, 눈부시게 밝은, 열정적인
5881	**obituary** [oh-**bich**-oo-er-ee]	사망 기사, 부고
5882	**pall** [pawl]	관 덮는 보, 관, (음침한) 휘장, 장막, 관보를 덮다, 흥미를 잃다, 김 빠지다
5883	**heyday** [**hey**-dey]	한창때, 전성기
5884	**natal** [**neyt**-l]	출생의
5885	**prostate** [**pros**-teyt]	전립선, 전립선의

145. Shallow men believe in luck. Strong men believe in cause and effect.
_Ralph Waldo Emerson

얄팍한 사람들은 운을 믿는다. 강한 사람들은 원인과 결과를 믿는다. _랠프 월도 에머슨

5886	**grub** [gruhb]	(곤충의) 유충, 음식, (무엇을 파헤치거나 뒤져 가며) 찾다
5887	**duo** [**dyoo**-oh]	2인조, 이중창
5888	**tortuous** [**tawr**-choo-*uh* s]	구불구불한, 비비 꼬인, 비틀린
5889	**predilection** [pred-l-**ek**-sh*uh* n]	매우 좋아함
5890	**frugal** [**froo**-g*uh* l]	절약하는, (식사가) 소박한, 간소한, 검소한 사람, 짠돌이
5891	**shingle** [**shing**-g*uh* l]	조약돌, 지붕널, 간판
5892	**coagulate** [koh-**ag**-y*uh*-leyt]	(액체를) 응고하다[시키다]
5893	**instill** [in-**stil**]	스며들게 하다, 서서히 주입시키다, 한 방울씩 떨어뜨리다
5894	**orb** [awrb]	구, 구체(특히 해·달), (왕권의 표장으로 위에 십자가가 있는) 보주(寶珠)
5895	**rifle** [**rahy**-f*uh* l]	라이플, 소총, 샅샅이 뒤지다, 훔치다, (축구에서 공을) 세차게 차다
5896	**discontinue** [dis-k*uh* n-**tin**-yoo]	(특히 정기적으로 계속하던 것을) 중단하다, (생산을) 중단하다
5897	**profuse** [pr*uh*-**fyoos**]	많은, 다량의
5898	**harass** [h*uh*-**ras**]	(압력을 가하거나 불쾌한 행동으로) 괴롭히다[희롱하다], (적을) 반복 공격하다

---

146. Friendship is like a band account. You can't continue to draw on it without making deposits. _Anonymous
우정은 은행 계좌와 같다. 예금하지 않으면서 계속해서 그것으로부터 돈을 인출할 수 없다. _작자 미상

5899	**motley** [**mot**-lee]	(어울리지 않는 것들이) 잡다하게[마구] 섞인
5900	**sleigh** [sley]	썰매
5901	**twine** [twahyn]	(두 가닥 이상의 실·줄 등을 꼬아서 만든) 노끈, ~을 휘감다[휘감기게 하다]
5902	**grimace** [**grim**-*uh* s]	얼굴을 찡그리다, 찡그린 표정
5903	**infringe** [in-**frinj**]	(행동·계획 등이 법규를) 위반하다, (법적 권리를) 제한[침해]하다
5904	**congregation** [kong-gri-**gey**-sh*uh* n]	(예배를 보기 위해 모인) 신자[신도]들, 모임, 집회
5905	**sprawl** [sprawl]	큰대자로 드러눕다, 제멋대로 퍼져 나가다, 넓은 지역에 걸치다
5906	**ignoble** [ig-**noh**-b*uh* l]	비열한, 야비한
5907	**capitulation** [k*uh*-pich-*uh*-**ley**-sh*uh* n]	조건부 항복, 항복문서
5908	**devious** [**dee**-vee-*uh* s]	정직하지 못한, 기만적인, 바른길을 벗어난, 많이 둘러 가는 길
5909	**paraffin** [**par**-*uh*-fin]	파라핀, 등유, 파라핀을 칠하다
5910	**voucher** [**vou**-cher]	할인권, 상품권, 쿠폰
5911	**phalanx** [**fey**-langks]	(사람·사물이) 밀집해 있는 집단

---

147. Pleasure is the flower that passes; remembrance, the lasting perfume.
_Stanislas de Boufflers

즐거움은 지나가는 꽃이다. 추억은 지속되는 향기이다. _스타니슬라스 드 부플러

5912	**veterinarian** [vet-er-*uh*-**nair**-ee-*uh* n]	수의사
5913	**cadet** [k*uh*-**det**]	사관 후보생, 사관학교 생도
5914	**glamor** [**glam**-er]	(흔히 부와 신분에 따른) 화려함[매력], 부티, 귀티
5915	**arctic** [**ahrk**-tik]	북극의, (바람 등이) 북극에서 오는, 추운, (태도 등이) 냉랭한, 북극, 북극해
5916	**burglar** [**bur**-gler]	절도범, 빈집털이범
5917	**glint** [glint]	(작게) 반짝거리다, (눈을 통해 어떤 감정이 강하게) 번득이다, 반짝임, 번득임
5918	**gist** [jist]	요점, 요지, 골자
5919	**tart** [tahrt]	타르트, (맛이 불쾌하게) 시큼털털한, 톡 쏘는 듯한[쏘아붙이는]
5920	**syndicate** [**sin**-di-kit]	신디게이트, 연합체, 기업조합, (기사·프로그램 등을 여러 신문사 등에) 팔다
5921	**itch** [ich]	가렵다[가렵게 하다], (하고 싶어 몸이) 근질거리다, 가려움, 근질거림
5922	**stationery** [**stey**-sh*uh*-ner-ee]	문구류, 문방구, 편지지
5923	**baroque** [b*uh*-**rohk**]	바로크양식, 바로크양식의, 색다른
5924	**emaciated** [ih-**mey**-shee-ey-tid]	쇠약해진, 수척한

148. Don't just read the easy stuff. You may be entertained by it, but you will never grow from it. _Jim Rohn
그저 쉬운 것만을 읽지 마라. 당신은 아마도 그것에 의해 즐거워질 것이지만, 당신은 절대 그것으로부터 성장할 수는 없다. _짐 론

5925	**quantum** [**kwon**-t*uh* m]	(물리) 양자, 묶, 정량
5926	**deflect** [dih-**flekt**]	(특히 무엇에 맞고 난 뒤) 방향을 바꾸다[굴절하다], (비판 등을) 피하다
5927	**ulceration** [**uhl**-s*uh*-rey-sh*uh* n]	궤양
5928	**aberrant** [*uh*-**ber**-*uh* nt]	도리를 벗어난, 일탈적인
5929	**inset** [**in**-set]	끼워 넣다, 삽화
5930	**biochemistry** [bahy-oh-**kem**-*uh*-stree]	생화학
5931	**slimy** [**slahy**-mee]	(더럽고) 끈적끈적한, 점액질의, (사람·태도가) 지나치게 친밀한 척하는
5932	**sock** [sok]	양말, (특히 주먹으로 치는) 강타, 세게 치다, 강타하다
5933	**suffocate** [**suhf**-*uh*-keyt]	질식사하다, 질식사하게 하다, (날씨가) 숨이 막히다[숨 막히게 덥다]
5934	**mire** [mahy*uh* r]	진창, 진흙탕, 수렁
5935	**furtive** [**fur**-tiv]	은밀한, 엉큼한
5936	**treble** [**treb**-*uh* l]	최고 음역, 3연승, 삼관왕, 3배가 되다, 3배로 만들다
5937	**infirm** [in-**furm**]	병약한, 노쇠한, 병약자

149. Feeling gratitude and not expressing it is like wrapping a present and not giving it. _William Arthur Ward

감사한 마음을 느끼면서 표현하지 않는 것은 선물을 포장하고 주지 않는 것과 같다. _윌리엄 아서 워드

5938	**inhale** [in-**heyl**]	숨을 들이마시다, (가스 등을) 들이마시다[빨아들이다]
5939	**ostrich** [**aw**-strich]	타조, 문제를 외면하려[회피하려] 드는 사람
5940	**burrow** [**bur**-oh]	굴을 파다, 속으로 파고들다, 들추다, 뒤적이다, (토끼 등의) 굴
5941	**islet** [**ahy**-lit]	작은 섬
5942	**overhaul** [oh-ver-**hawl**]	(기계·시스템의) 점검[정비], 철저히 점검[정비]하다, (경주에서 남을) 앞지르다
5943	**plenary** [**plee**-nuh-ree]	(회의 등이) 총회의, (구성원) 전원 출석의, 제한 없는, 무조건적인, 총회
5944	**magnanimity** [mag-nuh-**nim**-i-tee]	아량, 관대함
5945	**intrepid** [in-**trep**-id]	대담한, 두려움을 모르는
5946	**ajar** [uh-**jahr**]	(문이) 약간 열린, 불화의 상태로
5947	**prefect** [**pree**-fekt]	반장[대표], 도지사[현감]
5948	**ejaculation** [ih-jak-yuh-**ley**-shuh n]	(생리) 남자의 사정, 외침, 고함
5949	**ostensible** [o-**sten**-suh-buh l]	(실제로는 그렇지 않겠지만) 표면적으로, 겉보기만의
5950	**caucus** [**kaw**-kuh s]	(정당의) 간부회의, 간부들, 간부회의를 열다

150. The path to the CEO's office should not be through the CFO's office, and it should not be through the marketing department. It needs to be through engineering and design. _Elon Musk

최고 경영자(CEO)로 가는 관문이 최고 재무 책임자(CFO)여서는 안 된다. 마케팅 역시 그 관문이 될 수는 없다. 엔지니어링과 디자인만이 CEO가 되기 위한 관문이다. _엘론 머스크

5951	**muck** [muhk]	가축 분뇨, 거름, 아주 불쾌한 것, 거름을 주다
5952	**recalcitrant** [ri-**kal**-si-tr*uh* nt]	고집 센, 저항[반항]하는, 다루기 힘든
5953	**sedan** [si-**dan**]	세단형 자동차, (18세기의) 의자식 가마
5954	**disgruntled** [dis-**gruhn**-tld]	불만인, 언짢은
5955	**fetish** [**fet**-ish]	맹목적 숭배물, (병적인) 집착
5956	**scum** [skuhm]	찌꺼기, 인간 쓰레기
5957	**sultry** [**suhl**-tree]	무더운, 후덥지근한, (여성의 외모가) 관능적인, 섹시한
5958	**noose** [noos]	올가미
5959	**escalate** [**es**-k*uh*-leyt]	확대[증가/악화]되다[시키다]
5960	**banter** [**ban**-ter]	정감 어린 농담, (정감 어린) 농담을 주고받다
5961	**caterpillar** [**kat**-*uh*-pil-er]	애벌레
5962	**emigrate** [**em**-i-greyt]	이민 가다, (다른 나라로) 이주하다
5963	**shatter** [**shat**-er]	산산이 부서지다, 산산조각 나다, 엄청난 충격을 주다

---

151. My principles are more important than the money or my title.
_Mohamed Ali
돈이나 우승 타이틀보다 중요한 것은 나 스스로 정한 원칙이다. _무하마드 알리

5964	**abhorrence** [ab-**hawr**-*uh* ns]	혐오, 증오
5965	**culpable** [**kuhl**-p*uh*-b*uh* l]	과실이 있는, 비난할 만한
5966	**diurnal** [dahy-**ur**-nl]	(동물이) 주행성의, 하루 동안의
5967	**malleable** [**mal**-ee-*uh*-b*uh* l]	(금속 등을) 두들겨 펼 수 있는, 가단성 있는, 영향을 잘 받는
5968	**delve** [delv]	(무엇을 찾으려고 가방 등을) 뒤지다, (문제 등을) 철저히 조사하다
5969	**logarithm** [**law**-g*uh*-rith-*uh* m]	(수학) 로그, 대수(對數)
5970	**gothic** [**goth**-ik]	고딕양식의, 고딕풍의, 고트족의
5971	**whiff** [wif]	(잠깐 동안) 훅 풍기는 냄새, (약간의) 조짐[느낌], (공을) 헛침, (공을) 헛치다
5972	**inlaid** [**in**-leyd]	(나무·금속 등으로) 무늬를 새긴, 상감 세공한
5973	**porridge** [**pawr**-ij]	오트밀, 걸쭉하게 죽처럼 끓인 음식
5974	**fleece** [flees]	(한 마리의 양에게서 깎아낸) 양털, 양털같이 부드러운 직물, 바가지를 씌우다
5975	**magnify** [**mag**-n*uh*-fahy]	확대하다, (중요성을) 과장하다
5976	**zigzag** [**zig**-zag]	지그재그, 갈지자형, 지그재그로 나아가다

---

152. You will not be punished for your anger, you will be punished by your anger. _Buddha
화로 인해 벌을 받지는 않을 것이다. 그러나 그 화가 너를 벌할 것이다. _부처

5977	**bran** [bran]	(쌀·보리 등의) 겨
5978	**supersede** [soo-per-**seed**]	대체[대신]하다
5979	**incite** [in-**sahyt**]	자극하다, 선동하다, 유발하다
5980	**slump** [sluhmp]	(가치 등이) 급감[급락]하다, 털썩 앉다, 급감, 불황
5981	**cavalry** [**kav**-uh l-ree]	(전쟁에서 싸우는) 기사, 기병대, (현대의) 기갑부대
5982	**opus** [**oh**-puh s]	(문학 등에서 특히 규모가 큰) 작품, 저작
5983	**inning** [**in**-ing]	(야구에서) 회, 재임 기간
5984	**wily** [**wahy**-lee]	교활한, 약삭빠른, 책략이 풍부한
5985	**despondency** [dih-**spon**-duh n-see]	낙담, 의기소침
5986	**replenish** [ri-**plen**-ish]	다시 채우다, 보충하다
5987	**parlance** [**pahr**-luh ns]	(특정 집단 등의) 말투[용어]
5988	**gypsum** [**jip**-suh m]	석고, 깁스
5989	**ploy** [ploi]	영리한 책략

> 153. This is no time for ease and comfort. It is time to dare and endure.
> _Winston Churchill
> 지금은 안락과 위안을 느낄 때가 아니다. 도전하고 감내해야 한다. _윈스턴 처칠

5990	**hyperbolic** [hahy-per-**bol**-ik]	과장된, 과장법을 쓴, 쌍곡선의
5991	**binary** [**bahy**-n*uh*-ree]	이진수의, 이진법의
5992	**municipal** [myoo-**nis**-*uh*-p*uh* l]	지방자치제의, 시[읍/군]의
5993	**loath** [lohth]	~하기를 꺼리는
5994	**revel** [**rev**-*uh* l]	흥청거리며 놀다, 흥청대다, 왁자지껄한[흥청거리며 벌이는] 축하
5995	**decompose** [dee-k*uh* m-**pohz**]	(자연스런 화학작용에 의해) 분해[부패]되다, (더 작은 부분들로) 분해하다
5996	**wag** [wag]	(개가 꼬리를) 흔들다, (불만스러워서 고개를) 흔들다, (학교를) 빼먹다, 흔들기
5997	**flirt** [flurt]	추파를 던지다, 바람둥이
5998	**cub** [kuhb]	(곰·사자·여우 등의) 새끼, 컵스[보이스카우트의 한 분파]
5999	**gong** [gawng]	(신호용) 징[종], 훈장
6000	**mediocrity** [mee-dee-**ok**-ri-tee]	(썩 뛰어나지 않은) 보통[평범], 평범한 보통 사람[범인]
6001	**gulp** [guhlp]	꿀꺽꿀꺽 삼키다, (공포 때문에) 침을 꿀떡 삼키다, (숨을) 깊이 들이마시다
6002	**ranger** [**reyn**-jer]	공원관리원[경비대원], 무장 순찰대원

---

154. Winning isn't everything, but the will to win is everything.
 _Vince Lombardi
 승리가 전부는 아니다. 하지만 승리하고자 하는 의지는 전부다. _빈스 롬바디 인간은 사회적 동물이기 때문에 비교를 피한다는 것은 불가능한 일이다. 하지만 비교에 집착하는 것은 인간을 사회적 동물이 아닌 사회적 괴물로 만드는 것이다. 우리는 비교의 우위에서 오는 상대적인 행복감에서 벗어나 절대적인 행복을 즐기는 방법도 알아야 한다. 절대적 행복은 상대적 행복을 기준으로 보았을 때 스스로의 성장에 기준을 두는 것이다.

Humans are social animals, so avoiding comparison is impossible; however, your obsession with comparison will turn you into social monsters, not social animals. We must know how to enjoy the absolute happiness by escaping from the relative happiness that comes from the superiority of comparison. Absolute happiness is reached when the relative happiness sets the standard in one's life only by strictly focusing on one's growth.

6003	**chore** [chawr]	(정기적으로 하는) 일, 하기 싫은 일, 따분한 일
6004	**lair** [lair]	(짐승의) 굴, 은신처, (짐승을) 굴에 넣다
6005	**extricate** [**ek**-stri-keyt]	(곤란한 상황에서) 해방되다[해방시키다], (갇혀 있던 곳에서) 구출하다
6006	**opulent** [**op**-y*uh*-l*uh* nt]	호화로운, 엄청나게 부유한
6007	**elation** [ih-**ley**-sh*uh* n]	의기양양함, 우쭐댐, 크게 기뻐함
6008	**underpin** [uhn-der-**pin**]	(주장 등을) 뒷받침하다[근거를 대다], (벽을) 보강하다, 지지물을 받치다
6009	**masturbation** [mas-ter-**bey**-sh*uh* n]	자위행위
6010	**arson** [**ahr**-s*uh* n]	방화
6011	**duress** [d*oo*-**res**]	협박, 구속
6012	**emotive** [ih-**moh**-tiv]	감동을 불러일으키는, 감정적인
6013	**vassal** [**vas**-*uh* l]	봉신(봉건 군주에게서 봉토를 받은 신하), 종속국가, 속국
6014	**hurl** [hurl]	(거칠게) 던지다, 모욕 등을 퍼붓다, 토하다, 게우다
6015	**allay** [*uh*-**ley**]	(감정을) 가라앉히다[누그러뜨리다]

155. Kindness is the language which the deaf can hear and the blind can see. _Mark Twain
친절이란 청각장애인에게 들리고 시각장애인에겐 보이는 언어다. _마크 트웨인

6016	**overcast** [**oh**-ver-kast]	구름이 뒤덮인, 흐린
6017	**poppy** [**pop**-ee]	양귀비
6018	**drone** [drohn]	웅웅거리는 소리, 무인비행기, 무위도식하는 자, 윙윙거리다
6019	**arcade** [ahr-**keyd**]	(아치가 이어진) 회랑, 양쪽에서 상점들이 늘어서 있는 아치로 둘러싸인 통로
6020	**keynote** [**kee**-noht]	(책·연설 등의) 주안점[기초]
6021	**levity** [**lev**-i-tee]	경솔, 변덕
6022	**preemptive** [pree-**emp**-tiv]	선매의, 선매권이 있는, 선제의, 예방의, 우선권이 있는
6023	**bravado** [bruh-**vah**-doh]	허세, 허세를 부리다
6024	**concussion** [kuh n-**kuhsh**-uh n]	뇌진탕, 충격
6025	**indigent** [**in**-di-juh nt]	궁핍한, 생활필수품이 결핍된
6026	**domicile** [**dom**-uh-sahyl]	거주지[주소]
6027	**bogus** [**boh**-guh s]	가짜의, 위조의
6028	**crux** [kruhks]	(쟁점의) 가장 중요한[곤란한] 부분, 급소

> 156. It is beauty that captures your attention; personality which captures your heart. _Anonymous
> 당신의 관심을 사로잡는 것은 미이다. 당신의 마음을 사로잡는 것은 마음(인격)이다. _작자 미상

6029	**synopsis** [si-**nop**-sis]	(희곡 등의) 개요
6030	**brothel** [**broth**-*uh* l]	매춘굴, 매음굴
6031	**intern** [**in**-turn]	인턴, 수련의, 구금[억류]하다
6032	**corrugated** [**kawr**-*uh*-geyt]	물결 모양의, 주름 잡힌
6033	**leftover** [**left**-oh-ver]	남은 음식, (과거의) 잔재
6034	**hoist** [hoist]	(흔히 밧줄이나 장비를 이용하여) 들어[끌어] 올리다, 승강 장치
6035	**semantic** [si-**man**-tik]	의미론적인
6036	**pave** [peyv]	(널돌·벽돌 등으로) 포장하다, 길을 열다, 기반을 닦다
6037	**barricade** [**bar**-i-keyd]	바리케이드, 장애물, 방어벽을 치다
6038	**jumble** [**juhm**-b*uh* l]	(마구) 뒤섞다, 뒤죽박죽 뒤섞인 것
6039	**surly** [**sur**-lee]	성질 못된, 무례한
6040	**jog** [jog]	조깅하다, (무심코 살짝) 치다[건드리다], 조깅, 살짝 침
6041	**alibi** [**al**-*uh*-bahy]	알리바이, 변명, 구실

157. Criticism, like rain, should be gentle enough to nourish a man's growth without destroying his roots. _Frank A. Clark
비판은 비처럼 그의 뿌리들을 파괴하지 않지만 사람의 성장에는 영양분을 줄 수 있을 만큼 충분히 부드러워야 한다. _프랭크 A. 클라크

6042	**burlesque** [ber-**lesk**]	풍자시[극], 희화화하다, 익살스럽게 연기하다
6043	**bun** [buhn]	빵, 쪽(을 찐 머리), 궁둥이
6044	**streamlined** [**streem**-lahynd]	유선형의, 날씬한, 능률적인, 최신식의
6045	**propitious** [pr*uh*-**pish**-*uh* s]	(일을 하기에) 좋은[유리한], 상서로운, 형편 좋은
6046	**embed** [em-**bed**]	(단단히) 박다[끼워 넣다], (마음속 등에) 깊이 새겨두다, (문장을) 끼워 넣다
6047	**forte** [fawrt]	강점(특히 잘하는 것), 세게
6048	**procreation** [proh-kree-**ey**-sh*uh* n]	출산, 생식
6049	**banal** [b*uh*-**nal**]	지극히 평범한, 따분한, 시시한
6050	**amalgam** [*uh*-**mal**-g*uh* m]	혼합[결합]물, 아말감(수은과 다른 금속의 합금)
6051	**commute** [k*uh*-**myoot**]	통근하다, 감형하다, 바꾸다
6052	**porch** [pawrch]	(건물 입구에 지붕이 얹혀 있고 흔히 벽이 둘러진) 현관
6053	**hijack** [**hahy**-jak]	(차량 · 비행기를) 납치하다, 강탈하다
6054	**comely** [**kuhm**-lee]	(특히 여자가) 어여쁜

> 158. Books won't stay banned... Ideas won't go to jail... The only sure weapon against bad ideas is better ideas. _Alfred Whitney Griswold
> 책들은 계속 금지되지 않을 것이다. 생각들은 감옥으로 가지 않을 것이다. 나쁜 생각들에 맞설 수 있는 유일하고도 확실한 무기는 보다 좋은 생각들이다. _알프레드 휘트니 그리즈워드

6055	**steeple** [**stee**-p*uh* l]	(교회·사원 등의) 뾰족탑, 첨탑
6056	**thatch** [thach]	(지붕을 이는 데 쓰는) 짚, 억새, 숱 많은 머리, 짚[억새]으로 이다
6057	**perturb** [per-**turb**]	(심리적으로) 동요하게 하다, 섭동을 일으키게 하다
6058	**plaid** [plad]	격자무늬, 격자무늬 천
6059	**patrician** [p*uh*-**trish**-*uh* n]	귀족의, 귀족적인
6060	**dinosaur** [**dahy**-n*uh*-sawr]	공룡
6061	**musty** [**muhs**-tee]	퀴퀴한 냄새가 나는, 곰팡내 나는, 케케묵은
6062	**heinous** [**hey**-n*uh* s]	가증스러운, 극악무도한
6063	**billiard** [**bil**-yerd]	당구의
6064	**nanny** [**nan**-ee]	(아이의 집에서) 아이 보는 여자, 유모
6065	**defunct** [dih-**fuhngkt**]	현존하지[행해지지] 않는, 멸종한
6066	**egregious** [ih-**gree**-j*uh* s]	지독한, 어처구니없는
6067	**flue** [floo]	(굴뚝의) 연통, 보풀, 어망

---

159. When a friend is in trouble, don't annoy him by asking if there is anything you can do. Think up something appropriate and do it.
_Edgar Watson

친구가 곤란한 상황에 있을 때 당신이 할 수 있는 무언가가 있는지 물음으로써 그를 성가시게 하지 마라. 적절한 어떤 것을 생각해내고 그것을 행하라. _에드가 왓슨

6068	**treadmill** [**tred**-mil]	다람쥐 쳇바퀴 같은 일[생활], 발로 밟아 돌리는 바퀴
6069	**pee** [pee]	오줌을 누다, 소변
6070	**moot** [moot]	논쟁에 여지가 있는, (의견 등을) 제기하다
6071	**veal** [veel]	송아지 고기
6072	**jot** [jot]	(부정문 강조) 조금도 ~아닌, 간결하게 적다, 간단히 메모하다
6073	**cylinder** [**sil**-in-der]	원통, 원기둥
6074	**crease** [krees]	주름, 주름이 생기게 하다, 구기다
6075	**gourd** [gawrd]	(식물) 박
6076	**scold** [skohld]	야단치다[꾸짖다]
6077	**ode** [ohd]	(특정 사람·사물·사건에 부치는)시, 송시
6078	**panther** [**pan**-ther]	검은 표범
6079	**rind** [rahynd]	(일부 과일의 두꺼운) 껍질, (베이컨·일부 치즈 등과 같은 식품의) 껍질
6080	**cogent** [**koh**-j*uh* nt]	설득력 있는, 남을 승복시키는

---

160. Cowards die many times before their deaths; the valiant never taste of death but once. _William Shakespeare

겁쟁이들은 죽음 전에 여러 번 죽지만 용맹스런 사람들은 단 한 번의 죽음을 맛볼 뿐이다.
_윌리엄 셰익스피어

6081	**dandy** [**dan**-dee]	멋쟁이 (남자), 멋을 많이 부리는 남자, 아주 좋은
6082	**otter** [**ot**-er]	수달
6083	**hostel** [**hos**-tl]	호스텔(값싼 숙소), (보통 자선단체에서 운영하는) 쉼터
6084	**emanate** [**em**-*uh*-neyt]	발산하다, 내뿜다
6085	**seedling** [**seed**-ling]	묘목
6086	**remand** [ri-**mand**]	돌려보내다, 송환하다, (재판 진행 중의) 구금
6087	**cataract** [**kat**-*uh*-rakt]	(크고 가파른) 폭포, 백내장
6088	**wade** [weyd]	(특히 물·진흙 속을 힘겹게) 헤치며 걷다
6089	**hallucination** [h*uh*-loo-s*uh*-**ney**-sh*uh* n]	환각, 환상, 망상
6090	**repudiate** [ri-**pyoo**-dee-eyt]	거부하다, 물리치다, (공식적으로) 부인하다
6091	**woo** [woo]	지지를 호소하다, (지지를 얻으려고) 구애하다
6092	**ameliorate** [*uh*-**meel**-y*uh*-reyt]	개선하다, 개량하다
6093	**hunch** [huhnch]	(등을) 구부리다, 예감, 육감

161. The pupil will eclipse his tutor, I warrant. _Juvenal
내가 장담하는데 제자는 그의 선생을 능가하는 법이다. _유베날리스

6094	**astride** [*uh*-**strahyd**]	(무엇의) 양쪽으로 두 다리를 벌리고, ~에 걸터앉아
6095	**acumen** [*uh*-**kyoo**-m*uh* n]	(일에 대한) 감각, 통찰력
6096	**abate** [*uh*-**beyt**]	(강도가) 약해지다, (강도를) 약화시키다[줄이다]
6097	**rosary** [**roh**-*zuh*-ree]	묵주, 염주
6098	**kindle** [**kin**-dl]	(불이) 타기[붙기] 시작하다, (관심·감정 등을[이]) 불붙이다[불붙다]
6099	**impeccable** [im-**pek**-*uh*-b*uh* l]	나무랄 데 없는, 완벽한
6100	**rickety** [**rik**-i-tee]	허약한, 곧 부서질 듯한
6101	**grizzly** [**griz**-lee]	회색이 도는, (머리가) 반백이 된[희끗희끗한]
6102	**savor** [**sey**-ver]	(특유한) 맛, 풍미, 기미, 맛이 있다, 풍미가 있다, 기미가 있다
6103	**mortuary** [**mawr**-choo-er-ee]	영안실
6104	**snout** [snout]	코, 주둥이, 밀고자
6105	**inadvertent** [in-*uh* d-**vur**-tnt]	고의가 아닌, 우연의, 부주의한, 경솔한
6106	**abrasive** [*uh*-**brey**-siv]	(문질러 닦는 데 쓰이는) 연마[재]의, (마음에) 거슬리는

---

162. I say something, and then it usually happens. Maybe not on schedule, but it usually happens. _Elon Musk

내가 무언가를 말하면 곧 현실화가 되곤 한다. 제때 일어나지 않을지도 모른다. 하지만 대개는 현실로 나타난다. _엘론 머스크

6107	**behest** [bih-**hest**]	명령, 지령, 간청
6108	**feline** [**fee**-lahyn]	고양이 같은, 고양잇과의
6109	**sonic** [**son**-ik]	소리의, 음파의, 음속의
6110	**bandit** [**ban**-dit]	노상강도
6111	**metro** [**me**-troh]	지하철, 대도시권의 행정청, 대도시권의
6112	**codification** [kod-*uh*-fi-**key**-sh*uh*n]	체계화, 성문화, 집대성
6113	**amicable** [**am**-i-k*uh*-b*uh*l]	우호적인, 원만한
6114	**defile** [dih-**fahyl**]	(신성하거나 중요한 것을) 더럽히다, 모독하다
6115	**limousine** [**lim**-*uh*-zeen]	대형 고급 승용차
6116	**inimical** [ih-**nim**-i-k*uh*l]	해로운[반하는/불리한], 적대적인
6117	**smirk** [smurk]	능글능글 웃다, 뽐내는 웃음
6118	**aggravate** [**ag**-r*uh*-veyt]	(질병이나 좋지 못한 상황을) 악화시키다, (일부러) 짜증나게 만들다
6119	**shred** [shred]	(갈가리) 자르다[찢다], 채를 썰다

163 The educated differ from the uneducated as much as the living from the dead. _Aristotle
교육을 받은 사람과 그렇지 않은 사람의 차이는 살아 있는 것과 죽은 것과 같다. _아리스토텔레스

6120	**fortify** [**fawr**-t*uh*-fahy]	요새화하다, 기운[용기]을 돋우다, (감정·태도를) 강화하다, 첨가[강화]하다
6121	**plumb** [pluhm]	(신비한 것을) 파헤치다, 깊이를 재다, 급수관에 연결하다, 철저한, 수직인, 바로
6122	**explication** [ek-spli-**key**-sh*uh* n]	설명, 해석
6123	**aural** [**awr**-*uh* l]	청각의, 귀의
6124	**overture** [**oh**-ver-cher]	서곡, (사교·사업·논의 등을 위한) 접근[제안]
6125	**carton** [**kahr**-tn]	상자, (음식이나 음료를 담는) 곽
6126	**faux** [foh]	모조의, 가짜의
6127	**upshot** [**uhp**-shot]	(최종적인) 결과, 결말
6128	**agrarian** [*uh*-**grair**-ee-*uh* n]	농업의, 토지의, 농지의
6129	**infuse** [in-**fyooz**]	(특정한 특성을) 불어넣다, (찻잎 등을) 우리다, (정맥에 서서히) 주입하다
6130	**craze** [kreyz]	(일시적인) 대유행[열풍]
6131	**voluptuous** [v*uh*-**luhp**-choo-*uh* s]	(여자가) 육감적인, 풍만한, 관능적인
6132	**debacle** [dey-**bah**-k*uh* l]	대실패, 큰 낭패

> 164. Tenderness and kindness are not signs of weakness and despair but manifestations of strength and resolution. _Kahill Gibran
> 다정함과 친절은 나약함과 절망의 표시들이 아니라 강함과 결단력의 발현들이다. _칼릴 지브란

6133	**mishap** [**mis**-hap]	작은 사고[불행]
6134	**interlude** [**in**-ter-lood]	(두 가지 사건 가운데 다른 일이 일어나는) 사이[막간], 사이에 생긴 일
6135	**girth** [gurth]	(허리) 둘레, (말에 안장이나 짐을 묶는) 뱃대끈, 둘레 치수를 재다
6136	**stub** [stuhb]	(쓰다 남은) 토막, (담배) 꽁초, 몽당연필, 그루터기
6137	**sprout** [sprout]	싹이 나다, (무엇이 많은 수로) 생기다[나타나다], (자라)나게 하다, 새싹, 새순
6138	**awry** [*uh*-**rahy**]	(계획 등이) 빗나간 [엉망이 된], 비뚤어져
6139	**umpire** [**uhm**-pahy*uh* r]	(스포츠 경기의) 심판, 심판을 보다
6140	**strident** [**strahyd**-nt]	(소리가) 귀에 거슬리는[거친], 공격적인, 단호한
6141	**gritty** [**grit**-ee]	모래가 든, 모래 같은, 투지 있는
6142	**flex** [fleks]	(준비 운동으로) 몸을 풀다, 굴곡
6143	**sonorous** [s*uh*-**nawr**-*uh* s]	(소리가) 듣기 좋은, 낭랑한
6144	**laminated** [**lam**-*uh*-ney-tid]	합판으로 된, 투명 포장막을 입힌
6145	**beige** [beyzh]	베이지색

---

165. Absence sharpens love, presence strengthens it. _Benjamin Franklin
부재는 사랑을 격심하게 하고, 존재는 그것을 강력하게 한다. _벤저민 프랭클린

6146	**roost** [roost]	(닭 등이 올라앉는) 홰, 앉다, 쉬다
6147	**diaper** [**dahy**-per]	기저귀, 기저귀를 채우다
6148	**canvass** [**kan**-v*uh* s]	유세를 하다, (의견을) 조사하다, 지지를 구하다, (철저히) 논의하다
6149	**coerce** [koh-**urs**]	(협박하여) 강요하다[강제하다], 억압하다
6150	**overbearing** [oh-ver-**bair**-ing]	고압적인, 남을 지배하려 드는
6151	**reprimand** [**rep**-r*uh*-mand]	견책, 징계, 꾸짖다, 질책하다
6152	**carp** [kahrp]	잉어, 투덜거리다, 트집 잡다
6153	**lithe** [lahy*th*]	나긋나긋한, 유연한
6154	**skew** [skyoo]	왜곡하다, 비스듬히 움직이다[있다], 경사진, 비스듬한 움직임
6155	**crevice** [**krev**-is]	(바위나 담에 생긴) 틈, 균열
6156	**snort** [snawrt]	코웃음을 치다, (말 등이) 코를 힝힝거리다, 코로 흡입하다, 콧방귀, 코로 흡입
6157	**gruff** [gruhf]	거친 목소리의, 퉁명스러운
6158	**chic** [sheek]	멋진, 세련된, 맵시 있음

> 166. Many of the great achievements of the world were accomplished by tired and discouraged men who kept on working. _Anonymous
> 세상의 위대한 성취들 중 많은 것들은 지치고 낙담되었지만 꾸준히 일을 해나간 사람들에 의해 완수되었다. _작자 미상

6159	**flamboyant** [flam-**boi**-*uh* nt]	이색적인, 대담한, (색상이) 화려한
6160	**penitentiary** [pen-i-**ten**-sh*uh*-ree]	교도소, 감방, 징역을 살아야 할, 후회하는
6161	**anathema** [*uh*-**nath**-*uh*-m*uh*]	몹시 혐오하는 것, 이단 배척, 절대 반대하는 것
6162	**duplicity** [dyoo-**plis**-i-tee]	이중성, 표리부동
6163	**crotch** [kroch]	가랑이, 사타구니
6164	**tiptoe** [**tip**-toh]	발끝으로 살금살금 걷다
6165	**garner** [**gahr**-ner]	(지지를) 얻다[모으다]
6166	**scathing** [**skey**-*th* ing]	통렬한, 가차없는
6167	**tanker** [**tang**-ker]	대형 선박[트럭], 유조선
6168	**chapel** [**chap**-*uh* l]	(학교·교도소 등의) 부속 예배당, 예배실, (특히 묘지·화장장 등의) 장례실
6169	**reticent** [**ret**-*uh*-s*uh* nt]	(자기 감정 등에 대해) 말을 잘 안 하는 [말이 없는]
6170	**deranged** [dih-**reynjd**]	(행동과 사고가) 정상이 아닌, 미친
6171	**consulate** [**kon**-s*uh*-lit]	영사관

167. In matters of style, swim with the current; in matters of principle, stand like a rock. _Thomas Jefferson
해류에 맞추어 수영하듯 스타일을 바꿔라. 바위 같이 서 있듯 원칙을 지켜라. _토머스 제퍼슨

6172	**substrate** [**suhb**-streyt]	결합 조작의 기본 물질, 배양기, 접착 기면
6173	**hump** [huhmp]	혹, (지면에) 툭 솟아오른 곳, 새우등이 되게 하다, (무거운 것을) 나르다
6174	**inkling** [**ingk**-ling]	어렴풋이 알고 있음, 눈치챔[느낌]
6175	**dais** [**dey**-is]	(방 한쪽 끝에 만든) 연단, 교단
6176	**cortex** [**kawr**-teks]	대뇌피질
6177	**flair** [flair]	(타고난) 재주[재능]
6178	**coax** [kohks]	구슬리다, 달래다, 동축 케이블
6179	**forgo** [fawr-**goh**]	(하고·갖고 싶은 것을) 포기하다, 그만두다
6180	**atrocity** [uh-**tros**-i-tee]	(전시의) 잔혹 행위
6181	**corona** [kuh-**roh**-nuh]	광환[코로나]
6182	**tome** [tohm]	큰 책, (진지한 주제를 다룬) 두꺼운 책
6183	**hiatus** [hahy-**ey**-tuh s]	(행동의) 중단, (말이나 글에서 무엇인가가 빠진) 틈
6184	**splinter** [**splin**-ter]	쪼개지다, 깨지다, (무리가) 분열되다, 갈라지다, (나무·유리 등의) 조각[가시]

> 168. When I was young, I had to learn the fundamentals of basketball. You can have all the physical ability in the world, but you still have to know the fundamentals. _Michael Jordan
> 어렸을 때 나는 농구의 기초와 기본기를 배워야만 했다. 신체적 능력을 모두 갖추고 있을지라도, 당신은 기초를 제대로 알아야 한다. _마이클 조던

6185	**disprove** [dis-**proov**]	틀렸음을 입증하다
6186	**conservatory** [k*uh* n-**sur**-v*uh*-tawr-ee]	음악학교, 온실
6187	**blizzard** [**bliz**-erd]	눈보라, 심한 눈보라, 폭설
6188	**conundrum** [k*uh*-**nuhn**-dr*uh* m]	어려운 문제, 수수께끼
6189	**whisk** [hwisk]	(달걀 등을) 휘젓다[휘저어 거품을 내다], 재빨리[휙] 가져가다[데려가다]
6190	**castration** [kas-**trey**-sh*uh* n]	거세, (문장·법안 등의) 골자를 빼버리기
6191	**montage** [mon-**tahzh**]	(그림·글·음악·사진 등을) 짜집기한 것, 몽타주
6192	**asterisk** [**as**-t*uh*-risk]	별표(*), 별표를 달다
6193	**squalid** [**skwol**-id]	(생활환경이) 지저분한, 불결한, (활동이) 추잡한, 지저분한
6194	**fad** [fad]	(일시적인) 유행
6195	**ulterior** [uhl-**teer**-ee-er]	(어떤 일을 하는 이유가) 이면의, 숨은
6196	**stave** [steyv]	(튼튼한) 말뚝[막대/장대], (음악) 오선, 꿰뚫어 부수다, 구멍을 내다
6197	**sesame** [**ses**-*uh*-mee]	참깨

---

169. A good teacher can inspire hope, ignite the imagination, and instill a love of learning. _Brad Henry
좋은 교사는 희망을 고취시키고, 상상력을 점화하며, 배움에 대한 사랑을 심어줄 수 있다. _브래드 헨리

6198	**careen** [k*uh*-**reen**]	(위태롭게) 달리다, 기울다
6199	**tic** [tik]	(얼굴·머리 부위의) 경련, 틱
6200	**duet** [dyoo-**et**]	이중창, 이중주
6201	**friction** [**frik**-sh*uh* n]	마찰, (두 표면 사이의 마찰에 의한) 마찰저항, (사람 사이의) 마찰[알력]
6202	**impassive** [im-**pas**-iv]	무표정한, 아무런 감정이 없는
6203	**punctual** [**puhngk**-choo-*uh* l]	시간을 지키는[엄수하는]
6204	**tabloid** [**tab**-loid]	타블로이드판 신문, 선정적인
6205	**renegade** [**ren**-i-geyd]	변절자, 탈당자, 배교자, 배반하다, 배반의
6206	**retaliate** [ri-**tal**-ee-eyt]	보복하다, 앙갚음하다
6207	**edification** [ed-*uh*-fi-**key**-sh*uh* n]	교화, 의식 고양
6208	**florid** [**flawr**-id]	(얼굴이) 발그레한, 장식이 너무 많은, 화려한
6209	**ostentatious** [os-ten-**tey**-sh*uh* s]	(과시하기 위해 만든 것처럼) 대단히 비싼, 과시하는, 드러내놓고 하는
6210	**mutter** [**muht**-er]	(기분이 나빠서) 중얼거리다, 투덜거리다, 중얼거림

---

170. God places the heaviest burden on those who can carry its weight.
_Reggie White
신은 그 무게를 지탱할 수 있는 자들에게 가장 무거운 짐을 지운다. _레지 화이트

6211	**asteroid** [**as**-t*uh*-roid]	소행성, 불가사리, 별 모양의
6212	**cleave** [kleev]	(무엇을 둘로) 쪼개다[가르다], (재빨리) 헤치며[가르며] 나아가다, 착 달라붙다
6213	**urn** [urn]	(보통 유골을 담는) 항아리[단지], (차·커피를 끓이는 데 쓰는 큰) 주전자
6214	**jig** [jig]	정해진 위치로 이끄는 장치, 지그(보통은 3박자의 활발한 춤)
6215	**dismantle** [dis-**man**-tl]	(기계·구조물을) 분해[해체]하다, (조직·체제를) 해체하다
6216	**concord** [**kon**-kawrd]	화합, 조화
6217	**stipulate** [**stip**-y*uh*-leyt]	규정하다, 명기하다, 턱잎이 있는
6218	**dynamo** [**dahy**-n*uh*-moh]	다이나모, 발전기, 정력이 넘치는 사람
6219	**horrendous** [haw-**ren**-d*uh* s]	참혹한, 터무니없는
6220	**bastion** [**bas**-ch*uh* n]	(생활 방식·주의 등의) 수호자, 보루, 요새
6221	**fawn** [fawn]	엷은 황갈색의, 새끼 사슴, 알랑거리다, 아양을 떨다
6222	**spout** [spout]	(주전자 등의) 주둥이, (액체의) 분출, 내뿜다, 지껄이다, (지겹도록) 반복하다
6223	**repertory** [**rep**-er-tawr-ee]	(특정한 극단이 몇 개의 연극을 교대로 공연하는 형식) 레퍼토리

171. Suspicion always haunts the guilty mind. _William Shakespeare
의심은 떳떳하지 못한 마음을 언제나 따라다닌다. _윌리엄 셰익스피어

6224	**tetanus** [**tet**-n-*uh* s]	파상풍
6225	**cannabis** [**kan**-*uh*-bis]	대마초
6226	**garnish** [**gahr**-nish]	(요리에) 고명을 얹다, 고명
6227	**rooster** [**roo**-ster]	수탉
6228	**subjunctive** [s*uh* b-**juhngk**-tiv]	(문법) 가정법의, 가정법
6229	**specious** [**spee**-sh*uh* s]	허울만 그럴듯한
6230	**commissary** [**kom**-*uh*-ser-ee]	(군대 등의) 매점, (대규모 조직체 내의) 식당
6231	**curfew** [**kur**-fyoo]	통행금지령, 통행금지 시간, (부모가 자녀에게 부과하는) 귀가 시간
6232	**eviction** [ih-**vik**-sh*uh* n]	쫓아냄, 축출, 퇴거
6233	**tutelage** [**toot**-l-ij]	후견, 보호, 감독
6234	**knoll** [nohl]	작은 산, 둥근 언덕
6235	**altar** [**awl**-ter]	제단, 분향소
6236	**wane** [weyn]	약해지다, 줄어들다, 시들해지다, 차츰 작아지다

> 172. Always give a word or sign of salute when meeting or passing a friend, or even a stranger, if in a lonely place. _Tecumseh
> 만약 외로운 곳에 있다면 친구나 모르는 사람을 만나거나 지나칠 때 언제나 인사의 말이나 표시를 주어라. _테쿰세

6237	**outlandish** [out-**lan**-dish]	이상한, 기이한
6238	**module** [**moj**-ool]	측정 기준[단위], 모듈, 조립 부품
6239	**aboriginal** [ab-*uh*-**rij**-*uh*-nl]	(유럽인들이 도착하기 이전 시기까지 존재하던) 원주민의[토착의]
6240	**chuck** [chuhk]	내던지다, (의안 등을) 부결하다, 쫓아내다, 토하다, (소의) 어깨 살, 물림쇠
6241	**baton** [b*uh*-**ton**]	지휘봉, (릴레이에서 주자들이 주고받는) 배턴
6242	**quiescent** [kwee-**es**-*uh* nt]	조용한, 잠잠한, 진행이 중단된
6243	**chute** [shoot]	(물건들을 미끄러뜨리듯 이동시키는) 활송 장치, 활송 장치로 떨어뜨리다
6244	**vandalism** [**van**-dl-iz-*uh* m]	예술 문화의 파괴, 공공기물 파손죄
6245	**aria** [**ahr**-ee-*uh*]	오페라 등의 반주가 있는 독창곡
6246	**trample** [**tram**-p*uh* l]	짓밟다, 밟아 뭉개다, (남의 감정·권리 등을) 짓밟다
6247	**contrition** [k*uh* n-**trish**-*uh* n]	뉘우침, 회개
6248	**mirage** [mi-**rahzh**]	신기루, 망상, 환각
6249	**cocoon** [k*uh*-**koon**]	(곤충의) 고치, 보호막, (~에 싸서) 보호하다, 고치를 만들다

173. Many are stubborn in pursuit of the path they have chosen, few in pursuit of the goal. _Friedrich Nietzsche
방향을 좇는 데에는 열심인 사람들이 많지만 목표를 좇는 이는 적다. _프리드리히 니체

단어로 세상 읽기

motivate

요즘 살기가 참 팍팍하다는 이야기가 많이 들려옵니다. 청년층은 구직 때문에 힘들고, 30-40대 또한 좋지 않은 경제상황 때문에 오는 불안한 직장 생활 때문에 마음의 여유를 찾기가 쉽지 않습니다. 또 노인 빈곤율은 OECD 가입국 중에서 가장 심각한 수준입니다. 하지만 이렇게 힘든 것이 비단 우리에게만 국한된 상황일까요? 그래서 '동기를 부여하다(motivate)'라는 단어를 검색해 보았습니다. 정말 놀라울 정도로 "동기를 부여하다"라는 단어의 사용 빈도가 급격하게 늘고 있다는 것을 확인할 수 있었습니다. 기술의 진보는 우리에게 물질적 풍요와 편리함을 선사하였습니다. 하지만 반대로 인터넷과 자동화 기술의 발달로 말미암아 많은 일자리가 빠르게 사라져가고 있습니다. 또 한정된 지구라는 공간에서 전 세계의 인구수는 빠르게 증가하여 이제는 74억 명이나 됩니다. 그만큼 경쟁은 전체적으로 더욱 심화되고 있는 것입니다. 이럴수록 더욱 마음을 단단히 먹고 자신에게 스스로 'motivate' 해야 할 것 같습니다. 낙담했다고 불평한다고 세상이 바뀌지는 않을 테니깐요. 또 부여된 동기가 계속 지속될 수 있게 '동기유지'도 중요한 것 같습니다. [X축: 연도, Y축: 총 단어 중 사용 빈도]

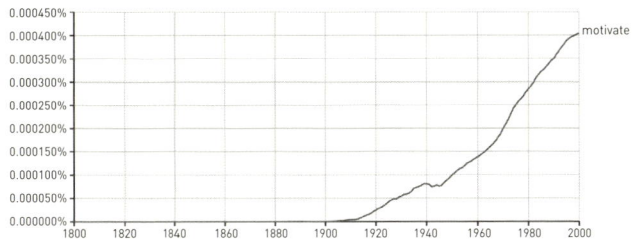

6250	**verdant** [**vur**-dnt]	신록의, 파릇파릇한
6251	**gage** [geyj]	게이지, 측정기, (너비·두께의) 치수, (총의) 구경, (평가 등의) 기준, 측정하다
6252	**bleach** [bleech]	표백하다, 표백제
6253	**curt** [kurt]	(행동이) 퉁명스러운, (말 등이) 짧은
6254	**stalemate** [**steyl**-meyt]	교착상태, (체스에서) 수가 막힘
6255	**drizzle** [**driz**-*uh* l]	이슬비, 보슬비, 이슬비가 내리다, (액체를) 조금 붓다
6256	**nuance** [**noo**-ahns]	미묘한 차이, 뉘앙스
6257	**amphibious** [am-**fib**-ee-*uh* s]	양서류인, 수륙 양생의, 상륙작전용의
6258	**stipend** [**stahy**-pend]	봉급, 급료, 장학금
6259	**quill** [kwil]	(새 날개, 꼬리의 커다란) 깃, 꽁지깃
6260	**endow** [en-**dou**]	(학교 등의 기관에 많은 돈을) 기부하다
6261	**affable** [**af**-*uh*-b*uh* l]	상냥한, 사근사근한
6262	**pacific** [p*uh*-**sif**-ik]	평화로운, 태평양의

---

174. No one can make you feel inferior without your consent.
_Eleanor Roosevelt

당신의 동의 없이 누구도 당신에게 열등감을 줄 수는 없다. _엘리너 루즈벨트

6263	**mausoleum** [maw-suh-**lee**-uh m]	(중요한 인물 등의) 묘[능]
6264	**easel** [**ee**-zuh l]	이젤, 칠판대
6265	**sift** [sift]	체로 치다[거르다], 면밀히 조사하다, 샅샅이 살피다, 분리하다, 가려내다
6266	**terse** [turs]	(예의에 어긋날 정도로) 간결한[간단한]
6267	**anvil** [**an**-vil]	모루
6268	**decode** [dee-**kohd**]	(암호를) 해독하다, (외국어를 읽거나 듣고) 이해하다
6269	**gill** [gil]	아가미, 협곡, 계곡, 애인, 아가씨
6270	**retract** [ri-**trakt**]	(약속 등을) 철회[취소]하다, (껍질 등의 속으로) 들어가다, (일부분을) 집어넣다
6271	**cask** [kask]	(술을 담아 두는 나무로 된) 통, 통에 넣다
6272	**gourmet** [goo r-**mey**]	미식가, 식도락가, 미식
6273	**wasp** [wosp]	말벌, 성미가 급한[까다로운] 사람
6274	**fiasco** [fee-**as**-koh]	대실패, 낭패
6275	**wrinkle** [**ring**-kuh l]	(얼굴의) 주름, (옷 등의) 주름[구김살], (얼굴에) 주름을 잡다, 구김살이 생기다

---

175. Imagination is the beginning of creation. You imagine what you desire, you will what you imagine and at last you create what you will.
_George Bernard Shaw

상상은 창조의 첫걸음이다. 원하는 것을 상상하고, 상상하는 것을 바라게 될 것이다. 결국엔 바라는 것을 창조하게 된다. _조지 버나드 쇼

6276	**rump** [**ruhmp**]	(네발 달린 동물의) 엉덩이, (소의) 우둔살, (집단의) 잔류파
6277	**flake** [**fleyk**]	(다른 것에서 떨어져 나온) 조각, 괴짜, (얇게 조각조각) 벗겨지다[떨어지다]
6278	**horny** [**hawr**-nee]	(성적으로) 흥분한, (성적으로) 매력 있는, 뿔 같은 것으로 만든, (피부가) 각질의
6279	**peck** [**pek**]	쪼다, 쪼아 먹다
6280	**whirlpool** [**wurl**-pool]	소용돌이
6281	**obliterate** [uh-**blit**-uh-reyt]	(흔적을) 없애다[지우다]
6282	**mash** [**mash**]	(음식을 부드럽게) 으깨다, (이성에게) 반하다, 구혼하다, 삶은 곡물 사료
6283	**peal** [**peel**]	(울리듯 이어지는) 큰 소리, 종소리, 종, 크게 울리다, (폭소를) 터뜨리다
6284	**concourse** [**kon**-kawrs]	(공항·기차역 등의) 중앙 홀, 중앙 광장
6285	**musk** [**muhsk**]	사향
6286	**cuckoo** [**koo**-koo]	뻐꾸기, 뻐꾹뻐꾹 울다, 미친
6287	**darn** [**dahrn**]	(옷의 구멍 난 곳을) 꿰매다[짜깁다], 꿰맨 자리, 짜깁기
6288	**cognate** [**kog**-neyt]	어원[어족]이 같은, 조상이 같은, 관련이 있는, 유사한

176. Name the greatest of all inventors. Accident. _Mark Twain
가장 위대한 발명가의 이름을 말해보라. 우연한 사건이다. _마크 트웨인

6289	**lichen** [**lahy**-k*uh* n]	지의류, 이끼
6290	**concerto** [k*uh* n-**cher**-toh]	협주곡, 콘체르토
6291	**lubrication** [loo-bri-**key**-sh*uh* n]	미끄럽게 함, 윤활, 주유
6292	**reprehensible** [rep-ri-**hen**-s*uh*-b*uh* l]	비난받을 만한, 괘씸한, (도덕적으로) 부끄러운
6293	**marina** [m*uh*-**ree**-n*uh*]	정박지, 항구
6294	**rampart** [**ram**-pahrt]	성곽, 성벽
6295	**strut** [struht]	뽐내며 걷다
6296	**impostor** [im-**pos**-ter]	사칭하는 사람, 사기꾼, 협잡꾼
6297	**virile** [**vir**-*uh* l]	(남자가) 정력이 넘치는, 씩씩한, 남성미 넘치는
6298	**incisive** [in-**sahy**-siv]	예리한, 기민한, (비평 등이) 신랄한, 통렬한
6299	**spore** [spawr]	(생물) 홀씨, 포자
6300	**froth** [frawth]	거품, 허황된 것, (거품이 인 것처럼) 많은, 거품이 생기다, 입에 거품을 물다
6301	**cello** [**chel**-oh]	첼로

177. Laughter is an instant vacation. _Milton Berle
웃음은 즉석 휴가이다. _밀튼 버얼

6302	**calligraphy** [k*uh*-**lig**-r*uh*-fee]	서예, 서도
6303	**taunt** [tawnt]	놀리다, 비웃다, 조롱하다, 놀림, 비웃음, 조롱
6304	**egress** [**ee**-gres]	밖으로 나감, 출구, 밖으로 나가다
6305	**inept** [in-**ept**]	솜씨 없는, 서투른
6306	**pantheon** [**pan**-thee-on]	(신화의) 신들, (특정 분야의) 유명인들, (모든 신들을 모신) 만신전
6307	**cauldron** [**kawl**-druh n]	가마솥, 불안정하고 위험한 상황
6308	**noodle** [**nood**-l]	국수, 면
6309	**falter** [**fawl**-ter]	불안정해지다, 흔들리다, (자신이 없어서 목소리·행동 등이) 흔들리다
6310	**brooch** [brohch]	브로치, 장식핀
6311	**ambience** [**am**-bee-*uh* ns]	분위기, 환경
6312	**perfunctory** [per-**fuhngk**-t*uh*-ree]	형식적인, 피상적인, 겉치레의
6313	**baggy** [**bag**-ee]	(옷이) 헐렁한, 늘어진
6314	**wick** [wik]	(양초·기름잔 등의) 심지

---

178. As we look ahead into the next century, leaders will be those who empower others. _Bill Gates
다음 세기를 내다보면, 다른 사람들에게 권한을 부여하는 사람이 리더가 될 것이다. _빌 게이츠

6315	**coalesce** [koh-*uh*-**les**]	(더 큰 덩어리로) 합치다, 합체하다, 연합하다
6316	**skate** [skeyt]	스케이트를 타다, 스케이트보드를 타다, 홍어, 가오리
6317	**boulevard** [**boo** l-*uh*-vahrd]	(가로수가 늘어선) 도로, 대로 (약어:Blvd)
6318	**divulge** [dih-**vuhlj**]	(비밀을) 알려주다[누설하다], 공표하다
6319	**strangle** [**strang**-g*uh* l]	교살하다, 목 졸라 죽이다, 질식시키다
6320	**luscious** [**luhsh**-*uh* s]	감미로운, 달콤한, (여자가) 섹시한
6321	**obviate** [**ob**-vee-eyt]	(문제・필요성을) 제거[배제]하다, 미연에 방지하다
6322	**swarthy** [**swawr**-*th* ee]	거무스름한, 햇볕에 탄
6323	**sitter** [**sit**-er]	(초상화・사진의) 모델, 간호인, 알을 품는 암탉, (축구) 수월한 득점 기회
6324	**sloth** [slawth]	나무늘보, 나태, 태만
6325	**puny** [**pyoo**-nee]	왜소한, 작고 연약한, 보잘것없는, 별 볼 일 없는
6326	**patrimony** [**pa**-tr*uh*-moh-nee]	(아버지가 사망 시 받는) 세습재산, 유산
6327	**pillage** [**pil**-ij]	(전시에) 약탈[강탈]하다, 약탈, 강탈

> 179. Intelligence without ambition is a bird without wings. _Salvador Dali
> 야망 없는 지능은 날개 없는 새와 같다. _살바도르 달리

6328	**choreography** [kawr-ee-**og**-r*uh*-fee]	안무, 연출
6329	**profligate** [**prof**-li-git]	낭비하는, 품행이 나쁜
6330	**avatar** [**av**-*uh*-tahr]	(힌두교·불교에서) 화신, (컴퓨터의) 아바타
6331	**moratorium** [mawr-*uh*-**tawr**-ee-*uh* m]	지급정지, 지급유예
6332	**supplant** [s*uh*-**plant**]	(낡거나 구식이 된 것을) 대신[대체]하다
6333	**despot** [**des**-p*uh* t]	폭군, 독재자, 전제군주
6334	**gusto** [**guhs**-toh]	(하는 일에 대한) 열정
6335	**ferret** [**fer**-it]	흰담비, 탐정, 찾아내다
6336	**convene** [k*uh* n-**veen**]	(회의 등을) 소집하다, 회합하다
6337	**eczema** [**ek**-s*uh*-m*uh*]	습진
6338	**tardy** [**tahr**-dee]	느린, 더딘, (도착 등이) 늦은[지체된]
6339	**tongs** [tawngz]	집게, 고데기
6340	**raucous** [**raw**-k*uh* s]	요란하고 거친, 귀에 거슬리는, 쉰 목소리의

> 180. The first step toward change is awareness. The second step is acceptance. _Nathaniel Branden
> 변화를 향한 첫 단계는 인식이다. 두 번째는 인정이다. _나다니엘 브랜든

6341	**seditious** [si-**dish**-*uh* s]	선동적인, 반란적인, 치안방해의
6342	**orthopedic** [awr-thuh-**pee**-dik]	정형외과의, 정형외과
6343	**espouse** [ih-**spouz**]	(정책 등을) 옹호[지지]하다, 신봉하다
6344	**bystander** [**bahy**-stan-der]	구경꾼, 행인
6345	**splint** [splint]	부목, 부목으로 고정시키다
6346	**emissary** [**em**-*uh*-ser-ee]	사절, 특사
6347	**apocryphal** [*uh*-**pok**-r*uh*-f*uh* l]	출처가 불분명한, 사실이 아닐 듯한
6348	**wrest** [rest]	비틀다, (사실 등을) 왜곡하다, (정보·동의 등을) 억지로 짜내다
6349	**spar** [spahr]	스파링하다, 실전연습
6350	**panacea** [pan-*uh*-**see**-*uh*]	만병통치약, 모든 문제의 해결책
6351	**detest** [dih-**test**]	몹시 싫어하다, 혐오하다
6352	**sheaf** [sheef]	(종이) 다발[묶음], 단
6353	**pastel** [pa-**stel**]	파스텔[크레용], 색분필

---

181. A friendship founded on business is better than a business founded on friendship. _John D. Rockefeller

사업하다 생긴 우정이 우정으로 하는 사업보다 낫다. _존 D. 록펠러

6354	**sallow** [**sal**-oh]	약간 누런, 병색이 엿보이는, 갯버들
6355	**spurt** [spurt]	(액체·불꽃이) 뿜어져 나오다, 갑자기 속도를 더 내다, 분출, 분발, 용솟음침
6356	**obtuse** [*uh* b-**tyoos**]	둔한, 둔감한
6357	**hangar** [**hang**-er]	헛간, 격납고, 오두막
6358	**meteor** [**mee**-tee-er]	유성, 별똥별, 일시적으로 화려한 사람
6359	**lurch** [lurch]	(갑자기) 휘청하다, (공포·흥분으로 가슴이나 속이) 떨리다[요동치다]
6360	**nudge** [nuhj]	(특히 팔꿈치로 살짝) 쿡 찌르다, 살살 밀다[몰고 가다], 귀찮게 하다
6361	**stagger** [**stag**-er]	비틀거리다, 큰 충격을 주다, 깜짝 놀라게 하다, (진행되는 일에) 시차를 두다
6362	**hoary** [**hawr**-ee]	(너무 오래되어) 재미없는, 시들한, 하얗게 센, 백발인
6363	**sacrilege** [**sak**-r*uh*-lij]	신성모독
6364	**smite** [smahyt]	세게 치다[때리다], 공격하다, (사람에게) 엄청난 영향[고통]을 주다, 강타하다
6365	**snarl** [snahrl]	(이빨을 드러내며) 으르렁거리다, 으르렁거리듯 말하다, 으르렁거리는 소리
6366	**swoop** [swoop]	(공격을 하기 위해) 급강하하다, 위에서 덮치다, 급습하다, 급강하, 급습, 기습

182. Men are born with two eyes, but only one tongue, in order that they should see twice as much as they say. _Charles Caleb Colton
왜 사람의 눈은 둘이요 혀는 하나인가, 말하는 것의 두 배는 보아야 한다는 뜻이다. _찰스 칼렙 콜튼

6367	**janitor** [**jan**-i-ter]	문지기, 수위, (건물의) 관리인
6368	**exhale** [eks-**heyl**]	(숨·연기 등을) 내쉬다[내뿜다]
6369	**chubby** [**chuhb**-ee]	통통한, 토실토실한
6370	**rave** [reyv]	열변을 토하다, 격찬[극찬]하다, 미친 듯이 악을 쓰다, 횡설수설하다
6371	**expound** [ik-**spound**]	자세히 설명하다
6372	**lingual** [**ling**-gw*uh* l]	혀의, 설음의, 언어의
6373	**wring** [ring]	(빨래를) 짜다, (닭 같은 조류를 죽이기 위해 목을) 비틀다
6374	**unkempt** [uhn-**kempt**]	헝클어진, 단정하지 못한
6375	**venereal** [v*uh*-**neer**-ee-*uh* l]	성병의
6376	**flinch** [flinch]	움찔[주춤]하다, 꽁무니 빼다, 움찔함
6377	**parenthesis** [p*uh*-**ren**-th*uh*-sis]	삽입 어구, 괄호
6378	**foundry** [**foun**-dree]	(금속을 녹여 제품을 만드는) 주조 공장
6379	**blemish** [**blem**-ish]	(피부 등의) 티, 흠, 흠집을 내다

---

183. You may be deceived if you trust too much, but you will live in torment if you don't trust enough. _Frank Crane
너무 믿으면 속임을 당할 것이요 충분히 믿지 않으면 근심하며 살아갈 것이다. _프랭크 크레인

6380	**pickle** [**pik**-uh l]	채소를 식초·소금물에 절인 것, 피클, 피클을 만들다
6381	**apace** [uh-**peys**]	빠른 속도로, 빨리
6382	**tatter** [**tat**-er]	찢어진 조각, 넝마, 낡은[해진] 옷, 누더기, 갈가리 찢다[찢어지다]
6383	**hustle** [**huhs**-uh l]	(거칠게) 떠밀다, (결정을) 재촉하다, (불법적으로) 입수하다, 법석, 혼잡
6384	**invert** [in-**vurt**]	거꾸로 하다, 뒤집다, (순서를) 도치시키다
6385	**orthography** [awr-**thog**-ruh-fee]	철자법, 맞춤법, (기하) 정사투영
6386	**denim** [**den**-uh m]	청바지를 만드는 데 쓰이는 보통 푸른색의 질긴 면직물
6387	**attenuation** [uh-ten-yoo-**ey**-shuh n]	쇠약, 희석, 감쇠
6388	**deft** [deft]	날랜, 재빠른, 능숙한, 능란한, 솜씨 좋은
6389	**leper** [**lep**-er]	나병 환자, 세상에서 버림받은 사람
6390	**sprint** [sprint]	(짧은 거리를) 전력 질주하다[빨리 헤엄쳐 가다], 전력 질주, 단거리 경기
6391	**incendiary** [in-**sen**-dee-er-ee]	방화의, 불을 지르기 위한, 자극적인, 선동적인
6392	**agnostic** [ag-**nos**-tik]	불가지론자

184. Beware little expenses; a small leak will sink a great ship.
_Benjamin Franklin
푼돈을 쓰는 것에 조심하라. 작은 구멍이 큰 배를 침몰시키는 법이다. _벤저민 프랭클린

6393	**pervade** [per-**veyd**]	만연하다, (구석구석) 스며[배어]들다
6394	**condense** [k*uh* n-**dens**]	(기체가) 응결되다, (액체가) 농축되다[시키다], (글이나 정보를) 압축하다
6395	**abort** [*uh*-**bawrt**]	중단하다, 유산하다, 낙태시키다
6396	**compendium** [k*uh* m-**pen**-dee-*uh* m]	요약, 개론, 개요
6397	**jaded** [**jey**-did]	물린, 싫증난
6398	**parse** [pahrs]	구문을 해석하다, (문장을 문법적으로) 분석하다, (컴퓨터 프로그램의 소스 코드를) 분석하다
6399	**epilogue** [**ep**-*uh*-lawg]	(영화나 책 등의) 끝맺는 말[종결 부분]
6400	**jubilant** [**joo**-b*uh*-l*uh* nt]	승리감에 넘치는, 득의만면한, 의기양양한
6401	**reimburse** [ree-im-**burs**]	상환하다, 배상하다
6402	**clam** [klam]	조개, 안 맞는 가락[화음], 조개를 잡다
6403	**invective** [in-**vek**-tiv]	독설, 욕설, 악담
6404	**sardonic** [sahr-**don**-ik]	가소롭다는 듯한, 조롱하는, 냉소적인
6405	**superlative** [s*uh*-**pur**-l*uh*-tiv]	최상의, 최상급의, 최상급

> 185. If God created shadows, it was to better emphasize the light.
> _Pope John 23
> 만약에 신이 그림자들을 창조했다면 이는 빛을 더욱 강조하기 위해서였다. _교황 요한 23세

6406	**squeak** [skweek]	(그렇게 크지 않게) 찍 하는 소리를 내다, 간신히 해내다, 끼익 하는 소리
6407	**febrile** [**fee**-br*uh* l]	열성적인, 과열된, (의학) 열병의
6408	**licentious** [lahy-**sen**-sh*uh* s]	방탕한, 음탕한, 음란한
6409	**gala** [**gey**-l*uh*]	경축 행사, 특별한 행상의
6410	**potion** [**poh**-sh*uh* n]	(한 번 마실 만큼의) 물약[독약], 묘약
6411	**crutch** [kruhch]	목발, 지나치게 의지하게 되는 사람[것], 버팀목
6412	**voracious** [vaw-**rey**-sh*uh* s]	(음식에 대해) 게걸스러운, (새로운 지식을) 열렬히 탐하는
6413	**annular** [**an**-y*uh*-ler]	고리 모양의
6414	**grumble** [**gruhm**-b*uh* l]	투덜[툴툴]거리다, 우르릉거리다, 불만[불평] 사항, 우르릉거리는 소리
6415	**crescendo** [kri-**shen**-doh]	점점 세어지기, (소리의) 최고조
6416	**brag** [brag]	(심하게) 자랑하다[떠벌리다]
6417	**miser** [**mahy**-zer]	구두쇠, 수전노
6418	**droop** [droop]	(지치거나 약해져서) 아래로 처지다[늘어지다], 풀이 죽다, (기가) 꺾이다

186. All human power is a compound of time and patience.
_Honore de Balzac
모든 인간의 능력은 시간과 인내의 복합체이다. _오노레 드 발자크

6419	**deplore** [dih-**plawr**]	(공개적으로) 개탄하다
6420	**buoy** [**boo**-ee]	부표, 기분을 들뜨게 하다, 뜨게 하다, (적정한 물가를) 유지하다
6421	**rend** [rend]	(거칠게) 찢다[가르다], 찢어발기다
6422	**foray** [**fawr**-ey]	(다른 분야에 진출하려는) 시도, 습격, 약탈하다
6423	**lithography** [li-**thog**-r*uh*-fee]	석판인쇄
6424	**proliferation** [pr*uh*-lif-*uh*-**rey**-sh*uh* n]	확산, 급증
6425	**erring** [**ur**-ing]	잘못되어 있는, 죄를 범하고 있는
6426	**creak** [kreek]	삐걱거리다, 삐걱거리는 소리
6427	**abdication** [ab-di-**key**-sh*uh* n]	(고관의) 퇴위[사직], (권력의) 포기
6428	**elapse** [ih-**laps**]	경과하다, (시간이) 흐르다[지나다]
6429	**canister** [**kan**-*uh*-ster]	작은 깡통, 금속 용기
6430	**decrepit** [dih-**krep**-it]	노후한, 노쇠한, 병약한
6431	**cusp** [kuhsp]	뾰족한 끝, 첨단

---

187. The function of wisdom is to discriminate between good and evil.
_Marcus Tullius Cicero

현명함의 기능은 선과 악을 구별하는 것이다. _마르쿠스 툴리우스 키케로

6432	**garland** [**gahr**-l*uh* nd]	화환, 화관, 화환을 씌우다, 화환으로 장식하다
6433	**pheasant** [**fez**-*uh* nt]	꿩
6434	**reprieve** [ri-**preev**]	형 집행을 취소하다[유예하다], (계획을) 취소[보류]하다, 형 집행 취소[유예]
6435	**falcon** [**fawl**-k*uh* n]	매
6436	**incursion** [in-**kur**-zh*uh* n]	급습, (강물 등의) 유입, (새로운 분야로의) 갑작스러운 등장
6437	**decease** [dih-**sees**]	사망, 사망하다
6438	**leaven** [**lev**-*uh* n]	효모 (특히 이스트), (더 재미있게) 변화[생기]를 주다
6439	**vagrant** [**vey**-gr*uh* nt]	(구걸을 하며 다니는) 부랑자
6440	**screech** [skreech]	꽥[빽/끼익/쌩] 하는 소리를 내다, 끼익, 빽, 꽥, 쌩쌩(날카로운 소리)
6441	**shanty** [**shan**-tee]	판잣집, 오두막집
6442	**blister** [**blis**-ter]	물집, 수포, 기포, 물집이 생기다, (표면이) 부풀어 터지다, 맹비판하다
6443	**derelict** [**der**-*uh*-likt]	(건물 등이) 버려진, 유기된, 태만한, 무책임한
6444	**synchronize** [**sing**-kr*uh*-nahyz]	동시에 발생하다[움직이다], 동시에 발생하게 [움직이게] 하다

---

188. Never ever compete on prices, instead compete on services and innovation. _Jack Ma
가격이 아니다. 서비스와 혁신으로 경쟁하라. _마윈

6445	**sate** [seyt]	(욕구를) 채우다[충족시키다]
6446	**acrid** [**ak**-rid]	(냄새나 맛이) 매캐한[톡 쏘는 듯한], 신랄한
6447	**hone** [hohn]	숫돌, (도구를 날카롭게) 갈다, (기술을) 연마하다, 불평을 말하다
6448	**chime** [chahym]	울리다, (차임벨 소리로) 시간을 알리다, (차임벨) 소리
6449	**frolic** [**frol**-ik]	즐겁게 뛰놀다, (걱정 등을 잊고 즐기는) 장난[놀이]
6450	**ravenous** [**rav**-uh-nuh s]	배가 고파 죽을 지경인, 굶주린
6451	**sulky** [**suhl**-kee]	부루퉁한, 샐쭉한
6452	**tingle** [**ting**-guh l]	(몸의 일부가) 따끔거리다, (어떤 감정이) 마구 일다, 얼얼함, 흥분, 안달
6453	**intercede** [in-ter-**seed**]	탄원하다[선처를 호소하다], 중재하다
6454	**vulture** [**vuhl**-cher]	독수리, 콘도르, 남의 불행을 이용해 먹는 자
6455	**fillet** [**fil**-it]	살코기, (육류·생선의) 뼈를 발라내다
6456	**succulent** [**suhk**-yuh-luh nt]	즙이 많은, 흥미진진한, 액이 많은
6457	**wreak** [reek]	(큰 피해 등을) 입히다[가하다], 일으키다[초래하다]

189. What makes life dreary is the want of a motive. _T. S. Eliot
인생을 따분하게 하는 것은 동기의 결핍이다. _T. S. 엘리엇

6458	**hoax** [hohks]	(불쾌한 일에 대한) 거짓말[장난질], 거짓말을 하다
6459	**lowercase** [**loh**-er-**keys**]	소문자
6460	**escrow** [**es**-kroh]	제 3자 예탁, 제 3자에게 예탁하다
6461	**churn** [churn]	마구 휘돌다[휘젓다], (역겨움 등으로) 속이 뒤틀리다, (버터) 우유를 휘젓다
6462	**detonation** [det-n-**ey**-sh*uh* n]	폭발, 폭파
6463	**hydrate** [**hahy**-dreyt]	수화(水化)시키다, 수분을 공급하다
6464	**scam** [skam]	신용 사기, 사기치다
6465	**gradation** [grey-**dey**-sh*uh* n]	단계적 차이[변화], (저울 등의) 눈금
6466	**guillotine** [**gil**-*uh*-teen]	단두대, (종이) 절단기, 단두대로 처형하다
6467	**divest** [dih-**vest**]	(옷을) 벗다, 처분하다[없애다], 빼앗다[박탈하다]
6468	**insuperable** [in-**soo**-per-*uh*-b*uh* l]	대처[극복]할 수 없는, 무적의
6469	**wort** [wurt]	초목, 풀, 맥아즙(맥주 원료)
6470	**provost** [**proh**-vohst]	학장, 교무처장, 감독관

---

190. Poetry heals the wounds inflicted by reason. _Novalis
시는 이성에 의해 가해진 상처들을 치유한다. _노발리스

6471	**feral** [**feer**-*uh* l]	(특히 농장이나 가정에서 달아난 뒤) 야생에 사는, 치명적인
6472	**fanfare** [**fan**-fair]	팡파르, 과시
6473	**barrow** [**bar**-oh]	(행상의) 수레, (고대의) 무덤, 고분
6474	**waver** [**wey**-ver]	약해지다, (불안정하게) 흔들리다[떨리다], 결정[선택]을 못 하다, 망설이다
6475	**guile** [gahyl]	간교한 속임수
6476	**assuage** [*uh*-**sweyj**]	(안 좋은 감정을) 누그러뜨리다[달래다]
6477	**luster** [**luhs**-ter]	광택, 영광, 광을 내다, 윤나게 닦다, 영광을 주다
6478	**totem** [**toh**-t*uh* m]	숭배되는 표상, 토템
6479	**gash** [gash]	깊은 상처, 깊이 베이다[찔리다]
6480	**glean** [gleen]	(지식 등을 어렵게 여기저기서) 얻다[모으다]
6481	**sedate** [si-**deyt**]	차분한, 조용한, 진지한, 진중한, 진정제를 주다
6482	**squid** [skwid]	오징어
6483	**crouch** [krouch]	(몸을) 쭈그리다, 쭈그리고 앉다, 쭈그리고 앉기

> 191. I've never known any trouble that an hour's reading didn't assuage.
> _Charles De Secondat
>
> 한 시간 독서로 누그러지지 않을 걱정은 결코 없다. _샤를 루이 드 스콩다 몽테스키외

6484	**nostril** [**nos**-tr*uh* l]	콧구멍, 콧방울
6485	**infatuate** [in-**fach**-oo-yet]	열중하게 하다, 얼빠지게 만들다
6486	**timbre** [**tam**-ber]	음색, 음질, 특색
6487	**impinge** [**im**-pinj]	악영향을 미치다, 침해하다
6488	**covet** [**kuhv**-it]	(남의 물건을) 탐내다, 갈망하다
6489	**awning** [**aw**-ning]	(창이나 문 위의) 차양, 비[해] 가리개
6490	**bane** [beyn]	죽음, 파멸, 맹독
6491	**rookie** [**roo** k-ee]	신인 선수, 풋내기
6492	**stolid** [**stol**-id]	둔감한, 무신경한
6493	**babble** [**bab**-*uh* l]	횡설수설, 허튼소리, 횡설수설하다, (알아듣기 어렵게) 지껄이다
6494	**kidnap** [**kid**-nap]	납치하다, 유괴하다
6495	**mayhem** [**mey**-hem]	대혼란, 아수라장
6496	**lurk** [lurk]	(나쁜 짓을 하려고) 숨어 있다[도사리다], 잠복하다, 교묘한 속임수

> 192. If we open a quarrel between past and present, we shall find that we have lost the future. _Winston Churchill
> 과거와 현재 사이에서 반목하다간 미래를 잃어버리게 될 것이다. _윈스턴 처칠

인생 요령 [4]

(1) 공부는 죽어서야 끝이 나기에 학교를 졸업한 후에도 계속 공부한다.
(2) 인생을 후회 없이 살고 싶다면 자신이 잘하는 것에 집중해야 된다. 그러려면 잘하는 것이 무엇인지 알아야 한다. 만약에 없다면 만들어야 한다.
(3) 시간은 되돌릴 수도 없지만 빨리 감을 수도 없다. 나이가 드는 것이 막연하게 서글픈 사람들은 대부분 깊이가 쌓이지 않는 사람들이다.

Life Tip [4]

(1) Studying ends when you die --continue studying even after graduation.
(2) If you don't want to leave any regrets to your life, pay attention to your strength. To do so, you must find your strength. If you don't have one, make one.
(3) You can neither rewind nor fast-forward time. If aging saddens you, check your profundity.

6497	**intermission** [in-ter-**mish**-*uh* n]	(연극·영화 등의) 중간 휴식 시간, (어떤 일이 계속되는 중간의) 중지[휴지]
6498	**revere** [ri-**veer**]	숭배하다, 존경하다
6499	**evanescent** [ev-*uh*-**nes**-*uh* nt]	덧없는, 사라져 가는
6500	**arcane** [ahr-**keyn**]	신비로운, 불가사의한
6501	**gush** [guhsh]	(액체가) 솟구치다[쏟아져 나오다], (진실성 없이) 쏟아 내다, 솟구침, 분출[폭발]
6502	**bale** [beyl]	(가벼운 것을 단단히 다져 크게 묶은) 더미, 뭉치, 뭉치다, 짐짝을 만들다
6503	**husk** [huhsk]	(곡물의) 겉껍질, (곡물 등의) 겉껍질을 벗기다
6504	**pervert** [per-**vurt**]	(시스템 등을) 왜곡하다, (사람을) 비뚤어지게 하다, 변태 성욕자, 성도착자
6505	**eunuch** [**yoo**-n*uh* k]	환관, 내시, 거세된 남자
6506	**erudite** [**er**-yoo-dahyt]	학식 있는, 박식한
6507	**confederate** [k*uh* n-**fed**-er-it]	공범, 공모자, 동맹국, 연맹에 속한, 연합한, 동맹[연합]하다, 공모하다
6508	**insipid** [in-**sip**-id]	맛[풍미]이 없는, 재미없는
6509	**leeway** [**lee**-wey]	(무엇을 자신이 원하는 대로 하거나 변경할 수 있는) 자유[재량]

193. Win as if you were used to it, lose as if you enjoyed it for a change.
_Ralph Waldo Emerson
익숙한 것처럼 승리를 거둬라. 변화를 위해 즐기는 것처럼 패배하라. _랠프 월도 에머슨

6510	**subterfuge** [**suhb**-ter-fyooj]	속임수, 핑계
6511	**immerse** [ih-**murs**]	(액체 속에) 담그다, ~에 몰두하다
6512	**muddle** [**muhd**-l]	뒤죽박죽으로 만들다, 혼동하다, 혼란 상태, 뒤죽박죽인 상태
6513	**toggle** [**tog**-uh l]	외투 등에 다는 막대 모양의 단추, 토글 키(두 개 중 하나를 선택하는 키)
6514	**astronaut** [**as**-truh-nawt]	우주 비행사
6515	**nip** [nip]	(재빨리) 꼬집다, (바람 등이) 할퀴고 가다, 재빨리 가다, 물기, 추위, 한 모금
6516	**convolution** [kon-vuh-**loo**-shuh n]	복잡하게 뒤엉킨 것[일], (나선형의) 주름[구불구불한 것]
6517	**medley** [**med**-lee]	메들리, 접속곡, 여러 가지 뒤섞인 것, (수영에서) 혼합 릴레이
6518	**scour** [skouuh r]	문질러 닦다, (녹·때 등을) 벗겨내다, 관장을 하다, 샅샅이 뒤지다, 연마제
6519	**rut** [ruht]	(부드러운 땅에 생긴) 바퀴 자국, 판에 박힌 생활, 관례[관습]
6520	**trite** [trahyt]	진부한, 독창적이지 못한
6521	**domineering** [dom-uh-**neer**-ing]	지배[군림]하려 드는, 폭군적인, 오만한
6522	**scabbard** [**skab**-erd]	(칼을 넣은) 칼집, 칼집에 꽂다

> 194. In this world nothing can be said to be certain, except death and taxes. _Benjamin Franklin
> 세상에서 확실하다고 말할 수 있는 것은 죽음과 세금뿐이다. _벤저민 프랭클린

6523	**convulsion** [k*uh* n-**vuhl**-sh*uh* n]	경련, 경기, (국가나 조직의) 격변
6524	**huddle** [**huhd**-l]	(춥거나 무서워서) 옹송그리며 모이다, 움츠리다, 옹기종기 모여 서 있는 것
6525	**astonish** [*uh*-**ston**-ish]	깜짝[크게] 놀라게 하다
6526	**rhinoceros** [rahy-**nos**-er-*uh* s]	코뿔소
6527	**ignominious** [ig-n*uh*-**min**-ee-*uh* s]	수치스러운, 창피한
6528	**horticulture** [**hawr**-ti-kuhl-cher]	원예학, 원예
6529	**nefarious** [ni-**fair**-ee-*uh* s]	비도덕적인, 사악한, 흉악한
6530	**transgress** [trans-**gres**]	(도덕적·법적 한계를) 넘어서다[벗어나다]
6531	**improvise** [**im**-pr*uh*-vahyz]	즉석에서 짓다, 임시변통으로 마련하다, 즉흥적으로 하다
6532	**morose** [m*uh*-**rohs**]	시무룩한, 뚱한
6533	**deflation** [dih-**fley**-sh*uh* n]	물가하락, 통화수축, (무엇에서) 공기를 뺌
6534	**repulse** [ri-**puhls**]	구역질나게 하다, 혐오감을 주다, (공격을) 물리치다, (도움 등을) 거부하다
6535	**baptize** [bap-**tahyz**]	세례를 주다, 세례명을 붙이다

195. Life without love is like a tree without blossoms or fruit. _Khalil Gibran
사랑 없는 인생은 마치 열매와 꽃잎 없는 나무와 같다. _칼릴 지브란

6536	**demolish** [dih-**mol**-ish]	(건물을) 철거하다, (사상·이론을) 뒤집다, 완파하다
6537	**mace** [meys]	권위의 상징으로 들고 다니는 장식용 지팡이, 철퇴, 사기, 사기꾼, 사기치다
6538	**connoisseur** [kon-*uh*-**sur**]	감정가, 전문가
6539	**recluse** [**rek**-loos]	은둔자, 세상을 떠난, 은둔한
6540	**topple** [**top**-*uh* l]	앞으로 꼬꾸라지다, 쓰러지다
6541	**germinate** [**jur**-m*uh*-neyt]	싹트다, 시작되다, 싹트게 하다
6542	**null** [nuhl]	가치 없는, 존재하지 않는
6543	**petal** [**pet**-l]	꽃잎
6544	**corroboration** [k*uh*-rob-*uh*-**rey**-sh*uh* n]	(사실 등의) 확증, (신념 등의) 강화, 보강증거
6545	**plebeian** [pli-**bee**-*uh* n]	평민의, 교양 없는, (원래 고대 로마의) 평민
6546	**faucet** [**faw**-sit]	(수도)꼭지
6547	**loin** [loin]	(짐승의) 허릿살, 엉덩이 살, (사람의) 음부
6548	**virtuoso** [vur-choo-**oh**-soh]	거장, 대가

> 196. The most pathetic person in the world is someone who has sight, but has no vision. _Helen Keller
> 세상에서 가장 안타까운 부류의 사람이 있다. 눈은 떴으되 앞날을 보는 시각이 없는 사람들이다.
> _헬렌 켈러

6549	**shank** [**shangk**]	(어떤 물건의 양끝 사이의) 자루[몸체], 정강이
6550	**ramble** [**ram**-b*uh* l]	(전원 속을) 걷다, (오랫동안) 횡설수설하다, 걷기, 긴 산책, 횡설수설
6551	**talisman** [**tal**-is-m*uh* n]	부적, 영검이 있는 것
6552	**assiduous** [*uh*-**sij**-oo-*uh* s]	근면 성실한, 부지런한
6553	**turbid** [**tur**-bid]	탁한, 흐린
6554	**aegis** [**ee**-jis]	보호, 후원, 방패
6555	**lorry** [**lawr**-ee]	대형 트럭[화물차]
6556	**rabid** [**rab**-id]	과격한, 폭력적인, 광견병에 걸린
6557	**swivel** [**swiv**-*uh* l]	(한쪽만 회전하게 하는) 연결 고리, (가운데가 고정된 채) 돌다
6558	**mot** [moh]	경구, 명언
6559	**grisly** [**griz**-lee]	무서운, 소름 끼치는
6560	**clang** [klang]	(금속이 부딪치며 울리듯) 쨍그랑 하는 소리를 내다
6561	**evince** [ih-**vins**]	(감정 등을) 분명히 밝히다[피력하다], 명시하다

197. War does not determine who is right – only who is left.
_Bertrand Russell
전쟁은 누가 옳은가가 아니라, 단지 누가 남을지를 결정한다. _버트런드 러셀

6562	**shoal** [shohl]	(물고기) 떼, 모래톱, 얕은, 얕아지다, (물고기가) 떼를 짓다
6563	**sprightly** [**sprahyt**-lee]	(특히 노인이) 정정한, 활기 넘치는
6564	**usurp** [yoo-**surp**]	(왕좌 등을) 빼앗다[찬탈하다]
6565	**boutique** [boo-**teek**]	값비싼 옷이나 선물류를 파는 작은 가게, 전문 기관
6566	**pith** [pith]	골자, 핵심, 중과피 (오렌지 등의 껍질 안쪽 하얀 부분)
6567	**dank** [dangk]	(기분 나쁘게 춥고) 눅눅한
6568	**pliable** [**plahy**-*uh*-buh l]	휘기 쉬운, 유연한
6569	**knuckle** [**nuhk**-*uh* l]	손가락 관절[마디], 주먹, (돼지 등의) 발목 부위 살
6570	**smother** [**smuh***th* -er]	질식시켜 죽이다, 듬뿍[잔뜩] 바르다, 억누르다, (과보호 등으로) 숨 막히게 하다
6571	**dissect** [dih-**sekt**]	(인체·동식물을) 해부[절개]하다, (무엇의 상태를) 해부[분석]하다, 나누다
6572	**phonograph** [**foh**-n*uh*-graf]	축음기, 레코드 플레이어
6573	**lint** [lint]	붕대용으로 쓰는 부드러운 면직물, 실보푸라기
6574	**sliver** [**sliv**-er]	(깨지거나 잘라 낸) 조각, 가늘게 쪼개지다

---

198. Misfortune tests friends, and detects enemies. _Epictetus
불행은 친구들을 시험하고 적들을 간파한다. _에픽테토스

6575	**sleet** [sleet]	진눈깨비, 진눈깨비가 오다
6576	**checker** [**chek**-er]	계산대 직원, 확인[검토]하는 사람, 바둑판무늬, 바둑판무늬로 하다
6577	**tepid** [**tep**-id]	미지근한, 미온의, 열성이 없는
6578	**ideation** [ahy-dee-**ey**-sh*uh* n]	관념화, 관념 작용
6579	**sanctify** [**sangk**-t*uh*-fahy]	신성하게 하다, 축성하다, 정당화하다, 인가하다
6580	**pounce** [pouns]	(공격하거나 잡으려고 확) 덮치다[덤비다], (맹금의) 발톱
6581	**bespoke** [bih-**spohk**]	(개인 주문에 따라) 맞춘, 맞춤 생산을 하는
6582	**abhor** [ab-**hawr**]	(도덕적인 이유로) 혐오하다
6583	**wisp** [wisp]	(건초 등의) 한 움큼, (가느다란 머리털 등의) 술
6584	**squint** [skwint]	(빛을 피하거나 잘 보려고) 가늘게 뜨고 보다, (눈이) 사시이다, 사시, 잠깐 봄
6585	**roe** [roh]	물고기의 알
6586	**modicum** [**mod**-i-k*uh* m]	(좋거나 유쾌한 요소의) 약간[조금]
6587	**coronary** [**kawr**-*uh*-ner-ee]	관상동맥의, 심장의

199. We must adjust to changing times and still hold to unchanging principles. _Jimmy Carter
우리는 변화하는 시대에 적응해야 하며, 변하지 않는 원칙들을 여전히 고수해야 한다. _지미 카터

6588	**consecrate** [**kon**-si-kreyt]	(종교의식을 통해) 축성하다, (종교적 목적으로) 봉헌하다, 신성하게 하다
6589	**invidious** [in-**vid**-ee-*uh* s]	부당한, 남의 심기를 건드릴[시샘을 받을]
6590	**orchid** [**awr**-kid]	난초, 연보랏빛의
6591	**gregarious** [gri-**gair**-ee-*uh* s]	사교적인, 군집성의
6592	**maroon** [m*uh*-**roon**]	고동색[적갈색]의, 고동색, 무인도에 버려진 사람, 고립시키다
6593	**twinge** [twinj]	찌릿한 통증, 발작적인 날카로운 아픔, 쑤시듯이 아프다
6594	**reprisal** [ri-**prahy**-z*uh* l]	보복, 앙갚음
6595	**fuselage** [**fyoo**-s*uh*-lahzh]	(비행기의) 동체, 기체
6596	**ordain** [awr-**deyn**]	(성직자로) 임명하다, 명하다, (미리) 정하다
6597	**archery** [**ahr**-ch*uh*-ree]	궁도, 활쏘기
6598	**concierge** [kon-see-**airzh**]	수위[관리인], (호텔의) 안내원
6599	**squalor** [**skwol**-er]	불결한[누추한] 상태
6600	**holocaust** [**hol**-*uh*-kawst]	대참사[대 파괴], 유대인 대학살

200. Discipline is the bridge between goals and accomplishment. _Jim Rohn
규율은 목표들과 성취 사이의 가교이다. _짐 론

6601	**cede** [seed]	양도하다, 포기하다, 이양하다
6602	**peerage** [**peer**-ij]	귀족의 지위, 귀족[귀족계급]
6603	**altercation** [awl-ter-**key**-sh*uh* n]	언쟁, 격론, 논쟁
6604	**adulation** [aj-*uh*-**ley**-sh*uh* n]	과찬, 지나친 칭찬, 아첨
6605	**elegy** [**el**-i-jee]	애가, 비가
6606	**felon** [**fel**-*uh* n]	중죄인, 흉악한
6607	**acquit** [*uh*-**kwit**]	무죄를 선고하다, (의무·임무 등을) 이행[수행]하다, (부채 등을) 갚다
6608	**squeal** [skweel]	(높고 길게) 끼익[꺄약] 하는 소리를 내다, (경찰에) 일러바치다[찌르다]
6609	**irate** [ahy-**reyt**]	성난, 격분한
6610	**tirade** [**tahy**-reyd]	장황한 비난
6611	**reinstate** [ree-in-**steyt**]	(직책 등) 복귀시키다, 원상태로 회복시키다
6612	**quake** [kweyk]	(공포 등으로) 몸을 떨다[전율하다], (건물 등이) 마구 흔들리다, 진동을 하다
6613	**exterminate** [ik-**stur**-m*uh*-neyt]	몰살[전멸]시키다

201. You cannot create experience. You must undergo it. _Albert Camus
당신은 경험을 창조할 수 없다. 당신은 반드시 그것을 겪어야만 한다. _알베르 카뮈

6614	**rouge** [roozh]	루즈, 볼연지
6615	**dissociate** [dih-**soh**-shee-yet]	~와 분리하다[관련이 없음을 분명히 하다], ~와 분리해서 생각하다
6616	**appraise** [uh-**preyz**]	살피다, 뜯어보다, (업무를) 평가하다
6617	**nebula** [**neb**-yuh-luh]	(천문) 성운
6618	**hubris** [**hyoo**-bris]	자만심, 오만, 교만
6619	**condone** [kuh n-**dohn**]	용서하다, 눈감아주다, 죄를 관대히 봐주다
6620	**mackerel** [**mak**-er-uh l]	고등어
6621	**coda** [**koh**-duh]	(악곡·악장 등의) 종결부
6622	**patter** [**pat**-er]	타닥타닥 소리, 속사포처럼 내뱉는 말, 타닥 하는 소리를 내다, 가볍게 걸어가다
6623	**circumspect** [**sur**-kuh m-spekt]	신중한, 조심성 있는, 용의주도한
6624	**operant** [**op**-er-uh nt]	움직이고 있는, 유효한, 자발적인
6625	**votive** [**voh**-tiv]	(신에게) 봉헌된, 맹세에 따라 바쳐진
6626	**swoon** [swoon]	(거의 기절할 정도로) 황홀해 하다, 기절[졸도]하다, 기절, 황홀

202. It is a pleasure to give advice, humiliating to need it, normal to ignore it. _Oliver Wendell Holmes Jr.
충고를 주는 것은 즐거움이고, 필요로 하는 것은 굴욕적이며, 무시하는 것은 보통이다.
_올리버 웬델 홈스 주니어

6627	**orgy** [**awr**-jee]	진탕 먹고 마시며 난잡하게 노는 잔치, 주지육림, 미친 듯이 ~을 해댐
6628	**overhang** [oh-ver-**hang**]	돌출하다, 쑥 나오다, 돌출부, 잉여[잉여물]
6629	**rebate** [**ree**-beyt]	(초과 지불한 금액의) 환불, 할인
6630	**pejorative** [pi-**jawr**-*uh*-tiv]	경멸적인, 비난투의
6631	**compunction** [k*uh* m-**puhngk**-sh*uh* n]	양심의 가책, 죄책감
6632	**premonition** [pree-m*uh*-**nish**-*uh* n]	(불길한) 예감, 징후
6633	**prune** [proon]	(가지를) 치다, (불필요한 것을) 제거하다, 절약하다, 말린 자두
6634	**watermelon** [**waw**-ter-mel-*uh* n]	수박
6635	**imbecile** [**im**-b*uh*-sil]	바보, 얼간이, 정신박약의
6636	**eschew** [es-**choo**]	(행위·음식 등을) 삼가다, 피하다
6637	**whoop** [hoop]	(기쁨·흥분 등으로) 와 하는 함성, 와 하고 함성을 지르다
6638	**contaminate** [k*uh* n-**tam**-*uh*-neyt]	오염시키다, (사람들의 생각이나 태도 등에) 악영향을 주다[오염시키다]
6639	**spatula** [**spach**-*uh*-l*uh*]	주걱, 프라이 뒤집개

---

203. A man is arrogant in proportion to his ignorance.
_Edward G. Bulwer Lytton

사람은 자신의 무지에 비례하여 거만하다. _에드워드 G. 불워 리턴

6640	**tickle** [**tik**-*uh* l]	간지럼 태우다[간지럽히다], (흥미 등을) 돋우다, 재미있게 하다
6641	**condescend** [kon-d*uh*-**send**]	자신을 낮추다, 거들먹거리다, 잘난 체하다
6642	**swagger** [**swag**-er]	으스대며[뻐기며] 걷다[활보하다]
6643	**hangover** [**hang**-oh-ver]	숙취, 약의 부작용, (더 이상 쓸모없는 과거의) 유물
6644	**rowdy** [**rou**-dee]	소란스러운, 툭하면 싸우는, 난폭한 사람
6645	**alimony** [**al**-*uh*-moh-nee]	이혼 수당, 부양금
6646	**slipper** [**slip**-er]	실내화
6647	**hearse** [hurs]	영구차, 장의차
6648	**scythe** [sahy*th*]	큰 낫, (큰 낫으로) 베다
6649	**euphemism** [**yoo**-f*uh*-miz-*uh* m]	완곡어법
6650	**squall** [skwawl]	돌풍, 악을 쓰며 울다
6651	**cordon** [**kawr**-dn]	저지선, 비상경계선, 교통 차단선
6652	**syntax** [**sin**-taks]	(언어) 구문론, 통사론, (컴퓨터 언어의) 문법

> 204. The opposite of bravery is not cowardice but conformity.
> _Anthony Robbins
>
> 용감함의 반대는 비겁함이 아닌 순응이다. _앤서니 라빈스

6653	**rant** [rant]	고함치다, 호언장담하다
6654	**subtext** [**suhb**-tekst]	언외의 뜻, 숨은 이유
6655	**sag** [sag]	(가운데가) 축 처지다[늘어지다], 약화되다, (수적으로) 줄어들다
6656	**truism** [**troo**-iz-*uh* m]	자명한 이치, 공리, 뻔한 말
6657	**incorrigible** [in-**kawr**-i-j*uh*-b*uh* l]	(나쁜 습관이) 고질적인, 구제불능의, (아이 등이) 제멋대로 구는
6658	**subsidize** [**suhb**-si-dahyz]	원조하다, 보조해주다
6659	**abstruse** [ab-**stroos**]	난해한, 심오한
6660	**amulet** [**am**-y*uh*-lit]	(불운 등을 막아 주는) 부적
6661	**intro** [**in**-troh]	(특히 음악 작품·글의) 도입부
6662	**doze** [dohz]	깜빡 잠이 들다, 졸다, 잠깐 잠, 낮잠
6663	**jingle** [**jing**-g*uh* l]	딸랑, 짤랑, 댕그랑, (라디오·텔레비전의) 시엠송, (듣기 좋게) 딸랑거리다
6664	**tang** [tang]	싸한[톡 쏘는 듯한] 맛[냄새]
6665	**putrid** [**pyoo**-trid]	부패한, 타락한, 썩은

205. Reading without reflecting is like eating without digesting.
_Edmund Burke

숙고하지 않고 읽는 것은 소화하지 않고 먹는 것과 같다. _에드먼드 버크

6666	**dossier** [**dos**-ee-ey]	어떤 문제에 관한 서류 일체
6667	**genital** [**jen**-i-tl]	생식기의
6668	**culminate** [**kuhl**-m*uh*-neyt]	끝이 나다[막을 내리다], 최고점에 달하다
6669	**saber** [**sey**-ber]	사브르, 기병, 무력, 무단정치, 사브르로 베다[무장하다]
6670	**dike** [dahyk]	제방을 쌓다, 제방, 도랑
6671	**zodiac** [**zoh**-dee-ak]	황도대, 황도십이궁
6672	**rapacious** [r*uh*-**pey**-sh*uh* s]	탐욕스러운, 약탈하는, 만족할 줄 모르는
6673	**thong** [thawng]	가죽 끈, 끈 팬티
6674	**impute** [im-**pyoot**]	(죄·불명예를) 씌우다, (성질·속성 등을) ~에 있다고 생각하다, 귀속시키다
6675	**lewd** [lood]	외설적인, 선정적인
6676	**coy** [koi]	수줍어하는[순진한 체하는], 내숭을 떠는, (자기에 대해서) 얘기를 잘 안 하는
6677	**staccato** [st*uh*-**kah**-t*oh*]	(소리가) 짧고 날카로운, 스타카토 음 같은
6678	**senile** [**see**-nahyl]	노망난, 망령이 든

206. Opportunity often comes disguised in the form of misfortune, or temporary defeat. _Napoleon Hill
기회는 종종 불행이나 일시적 패배라는 분장을 하고 찾아온다. _나폴레온 힐

6679	**absolve** [ab-**zolv**]	무죄임[책임 없음]을 선언하다, (죄를) 용서하다
6680	**barrack** [**bar**-*uh* k]	막사, 병영, 막사에 수용하다, 야유를 보내다
6681	**soggy** [**sog**-ee]	함빡 젖은, 질척한, (빵이) 설구워진
6682	**incestuous** [in-**ses**-choo-*uh* s]	근친상간의, (밀접한 관계를 맺는 사람들끼리만) 배타적으로 어울리는
6683	**adjourn** [*uh*-**jurn**]	(재판·회의 등을) 중단하다, 휴정[휴회]하다
6684	**fetal** [**feet**-l]	태아의, 태아 상태의
6685	**chromosome** [**kroh**-m*uh*-sohm]	염색체
6686	**locust** [**loh**-k*uh* st]	메뚜기
6687	**bemused** [bih-**myoozd**]	멍한, 생각에 잠긴
6688	**subliminal** [suhb-**lim**-*uh*-nl]	잠재의식의, 부지불식간에 영향을 미치는
6689	**quirky** [**kwur**-kee]	변덕스러운, 핑계가 많은, 기발한
6690	**agape** [*uh*-**geyp**]	기독교적 사랑, (충격으로) 입을 딱 벌리고, 멍하니
6691	**succor** [**suhk**-er]	(위급한 때의) 구조, 원조, 구조자, 원조하다, 구조하다

---

207. Curiosity is the wick in the candle of learning. _William Arthur Ward
호기심은 배움이란 촛불의 심지다. _윌리엄 아서 워드

6692	**upholstery** [uhp-**hohl**-st*uh*-ree]	(소파 등의) 덮개[커버], 실내 장식용품
6693	**wince** [wins]	(통증 · 당혹감으로 얼굴 표정이) 움찔하고 놀라다[움찔하다]
6694	**lopsided** [**lop-sahy**-did]	한쪽이 처진, 균형을 잃은
6695	**interpose** [in-ter-**pohz**]	(대화 중에 질문 · 발언을) 덧붙이다, 끼어들다, (두 사람 · 물건 사이에) 두다[넣다]
6696	**decoy** [**dee**-koi]	유인용 새, 바람잡이, 꾀어내다, 유인하다
6697	**soliloquy** [s*uh*-**lil**-*uh*-kwee]	독백, 혼잣말
6698	**pomegranate** [**pom**-gran-it]	석류
6699	**outmoded** [out-**moh**-did]	시대에 뒤진, 유행에 뒤떨어진
6700	**locket** [**lok**-it]	사진 등을 넣어 목걸이에 매다는 것
6701	**solvent** [**sol**-v*uh* nt]	지급 능력이 있는, 용제, 용매
6702	**gadget** [**gaj**-it]	(작고 유용한) 도구[장치]
6703	**mow** [moh]	(잔디를) 깎다, (풀 등을) 베다, 얼굴을 찡그리다, 찡그린 얼굴, 건초 더미
6704	**contrite** [k*uh* n-**trahyt**]	깊이 뉘우치는, 회한에 찬

208. The most destructive criticism is indifference. _Edgar Watson
가장 파괴적인 비판은 무관심이다. _에드가 왓슨

6705	**clavicle** [**klav**-i-k*uh* l]	(해부) 쇄골
6706	**brawl** [brawl]	(보통 공공장소에서의) 싸움[소동], (보통 공공장소에서) 싸움[소동]을 벌이다
6707	**magnate** [**mag**-neyt]	(특히 재계의) 거물[큰손]
6708	**prodding** [**pro**-ding]	재촉하기
6709	**smog** [smog]	스모그, 연무
6710	**gull** [guhl]	갈매기, 속이다, 잘 속는 사람
6711	**scorpion** [**skawr**-pee-*uh* n]	전갈
6712	**peruse** [p*uh*-**rooz**]	숙독[정독]하다, 통독하다
6713	**elixir** [ih-**lik**-ser]	(만병통치·불로장생의 효험이 있는 것으로 여겨지는) 영약[묘약]
6714	**imp** [imp]	(이야기 속의) 작은 도깨비[악마], 악동
6715	**quandary** [**kwon**-d*uh*-ree]	곤혹, 궁지, 진퇴양난
6716	**placate** [**pley**-keyt]	(화를) 달래다, 진정시키다
6717	**quack** [kwak]	(오리가) 꽥꽥 우는 소리, 돌팔이 의사, 꽥꽥거리다

209. A hero is born among a hundred, a wise man is found among a thousand, but an accomplished one might not be found even among a hundred thousand men. _Plato
영웅은 백 명 중 한 명 태어나고 현명한 자는 천 명 중 한 명이지만 이룬 자는 10만 명 중에서도 찾을 수 없을지 모른다. _플라톤

6718	**octagonal** [ok-**tag**-*uh*-nl]	팔각형의
6719	**anachronism** [*uh*-**nak**-r*uh*-niz-*uh* m]	시대착오, 시대에 뒤진 것
6720	**harbinger** [**hahr**-bin-jer]	(좋지 않은 일이 곧 일어날) 조짐, 전조, 선구자
6721	**nemesis** [**nem**-*uh*-sis]	응당 받아야 할 벌, 천벌
6722	**stampede** [stam-**peed**]	(동물 등이) 우르르 몰림, 경쟁, 쇄도, 우르르 몰리다, 재촉하다, 몰아붙이다
6723	**surmount** [ser-**mount**]	극복하다, 위에 얹히다
6724	**sneeze** [sneez]	재채기하다, 재채기
6725	**whimper** [**wim**-per]	훌쩍이다, 훌쩍이며 말하다, 훌쩍거림
6726	**delectable** [dih-**lek**-t*uh*-b*uh* l]	아주 맛있는[맛있어 보이는/좋은 냄새가 나는], 매력이 넘치는
6727	**downy** [**dou**-nee]	솜털이 뒤덮인, 보송보송한
6728	**scion** [**sahy**-*uh* n]	(명문가의) 자손, (꺾꽂이용으로 자른) 어린 가지
6729	**crag** [krag]	험준한 바위
6730	**animus** [**an**-*uh*-m*uh* s]	원한, 적대감

> 210. Iron rusts from disuse; water loses its purity from stagnation... even so does inaction sap the vigor of the mind. _ Leonardo da Vinci
> 철은 사용하지 않으면 녹슬고, 물은 괴어 있으면 썩게 된다. 그러하듯 행동하지 않는 것은 마음의 활기를 앗아간다. _레오나르도 다 빈치

6731	**jubilee** [**joo**-b*uh*-lee]	(특히 25주년이나 50주년) 기념일[기념제]
6732	**vociferous** [voh-**sif**-er-*uh* s]	소리 높여 표현하는[외치는]
6733	**octopus** [**ok**-t*uh*-p*uh* s]	문어
6734	**arbor** [**ahr**-ber]	나무, 수목, 나무 그늘, (나뭇가지나 덩굴로 덮인) 정자
6735	**grasshopper** [**gras**-hop-er]	메뚜기
6736	**demure** [dih-**my*oo*** r]	점잔 빼는, 얌전한, 조용한
6737	**omniscience** [om-**nish**-*uh* ns]	모든 것을 앎[전지], 박식한 사람
6738	**mallet** [**mal**-it]	나무망치, (크로켓·폴로의) 타구봉
6739	**larceny** [**lahr**-s*uh*-nee]	도둑질, 절도죄
6740	**parsimony** [**pahr**-s*uh*-moh-nee]	(돈에 지독히) 인색함, 지나치게 검소함
6741	**defray** [dih-**frey**]	(이미 쓴 비용을) 돌려주다[갚아 주다]
6742	**carnivorous** [kahr-**niv**-er-*uh* s]	육식의, 육식동물의, (식물이) 식충이
6743	**nag** [nag]	잔소리를 하다[바가지를 긁다], 계속 괴롭히다

---

211. Success is not built on success. It's built on failure. It's built on frustration. Sometimes its built on catastrophe. _Sumner Redstone
성공은 성공 위에 지어지는 것이 아니다. 그것은 실패 위에, 절망 위에 지어진다. 가끔은 재앙 위에 지어지기도 한다. _섬너 레드스톤

단어로 세상 읽기

depression

단어로 세상 읽기 'motivate'편에서 삶이 점점 팍팍해지는 것은 단지 우리만의 문제가 아닌 전 세계적인 현상이라고 언급했습니다. 더 정확히 확인하기 위해 우울함(depression)이라는 단어를 검색해 보았습니다. 그래프를 보면 아시겠지만 우울함이라는 단어 사용의 빈도는 꾸준하게 늘고 있습니다. 그런데 그래프에서 아주 강한 피크를 하나 보실 수 있습니다. 그 기간에 갑자기 우울한 영화나 노래가 크게 히트라도 친 것일까요? 아닙니다. 1929~1939년 대공황(Great Depression)기간입니다. 그래서 depression이 침체라는 경제용어로 사용되어서 수많은 문헌에서 사용되었던 것입니다. 세계적인 경기가 다시 회복된 후 depression은 심리학적 뜻인 우울함을 표현하기 위해 사용되어 그 사용 빈도 수가 꾸준히 늘게 됩니다. 우울한 감정이 때때로 찾아오는 것은 지극히 정상적인 일입니다. 어떻게 늘 행복할 수만 있을까요? 하지만 우울함이 습관적으로 찾아온다면 그것은 좋지 않은 상황임이 틀림없습니다. 제 개인적인 경험으로는 우울함을 날려버리는 좋은 방법은 막연히 긍정적인 마음가짐을 갖기보다는 바쁘게 뭔가에 열중하는 것이 가장 효과적인 방법이었던 것 같습니다. [X축: 연도, Y축: 총 단어 중 사용 빈도]

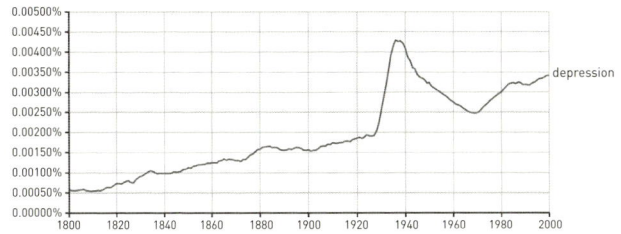

6744	**brat** [brat]	버릇없는 녀석[애새끼]
6745	**lacquer** [**lak**-er]	광택제, 래커, 래커 칠을 하다
6746	**swab** [swob]	면봉, (면봉으로 채취한) 표본[샘플], 면봉으로 닦다[소독하다]
6747	**apostate** [uh-**pos**-teyt]	변절자, 배교자, 탈당자
6748	**foretell** [fawr-**tel**]	(마술을 이용하여) 예언[예지]하다
6749	**daze** [deyz]	멍하게 하다, 눈부시게 하다, 현혹시키다
6750	**spinster** [**spin**-ster]	노처녀, 독신녀
6751	**preferment** [pri-**fur**-muh nt]	승진, 승격, 승급
6752	**vaunted** [**vawn**-tid]	(부당할 정도로) 과시된[칭찬받은]
6753	**cuticle** [**kyoo**-ti-kuh l]	(손톱·발톱 뿌리 부분을 덮고 있는) 단단한 피부층
6754	**parabola** [puh-**rab**-uh-luh]	포물선
6755	**ovation** [oh-**vey**-shuh n]	열렬한 환영, 큰 갈채
6756	**temerity** [tuh-**mer**-i-tee]	무모함, 만용, 저돌적임

---

212. In order to improve the mind, we ought to less to learn, than to contemplate. _Rene Descartes
지성을 향상시키기 위해 우리는 보다 덜 배우고 보다 많이 숙고해야 한다. _르네 데카르트

6757	**dyke** [dahyk]	(바닷가의) 제방, (모욕적인 표현으로) 동성애자
6758	**limpid** [**lim**-pid]	(액체 등이) 맑은, 투명한, (문장 등이) 명쾌한, 명석한
6759	**coterie** [**koh**-t*uh*-ree]	(공통의 취미 등을 가지고 다른 사람들에게는 배타적인) 친구, 동료, 그룹
6760	**procrastination** [proh-kras-t*uh*-**ney**-sh*uh* n]	지연, 미루기, 꾸물거림
6761	**cinder** [**sin**-der]	(나무나 석탄이 타고 남은) 재, 잉걸불
6762	**funk** [fuhngk]	강한 비트의 음악, 두려움, 지독한 악취
6763	**decorous** [**dek**-er-*uh* s]	예의 바른, 점잖은
6764	**clog** [klog]	막다, 막히다
6765	**crackle** [**krak**-*uh* l]	(타오르는 불이 내는 소리와 같이) 탁탁 소리를 내다, (날카롭게) 탁탁하는 소리
6766	**superintend** [soo-per-in-**tend**]	(일 · 장소 등을) 관리[감독/지휘]하다
6767	**curd** [kurd]	응유(우유가 산이나 효소에 의하여 응고된 것)
6768	**crayon** [**krey**-on]	크레용, 크레용으로 그리다
6769	**probity** [**proh**-bi-tee]	(완전한) 정직성, 청렴결백

---

213. Big dreams create the magic that stir men's souls to greatness.
_Bill McCartney

큰 꿈들은 사람들의 영혼들을 휘저어 위대함에 이르도록 하는 마법을 창조한다. _빌 맥카트니

6770	**abeyance** [*uh*-**bey**-*uh* ns]	중지, 중단
6771	**baffle** [**baf**-*uh* l]	완전히 당황하게 만들다, (소리·빛 등의 흐름을 차단하는) 칸막이
6772	**adroit** [*uh*-**droit**]	(대인 관계에서) 노련한, 능숙한, 손재주가 있는
6773	**convalescence** [kon-v*uh*-**les**-*uh* ns]	요양[회복]
6774	**apotheosis** [*uh*-poth-ee-**oh**-sis]	절정, 극치, 신격화
6775	**potable** [**poh**-t*uh*-b*uh* l]	음료로 적합한, 마셔도 되는
6776	**pipette** [pahy-**pet**]	실험실에서 소량의 액체를 재거나 할 때 쓰는 작은 관
6777	**cramp** [kramp]	(근육에 생기는) 경련[쥐], (무엇의 발달이나 진행을) 막다[방해하다]
6778	**mart** [mahrt]	매매 시장, 거래소, 상업의 중심지
6779	**sinuous** [**sin**-yoo-*uh* s]	물결 모양의, 구불구불한, (이동 중에 우아하게) 선회하는
6780	**carrion** [**kar**-ee-*uh* n]	(죽은 짐승의) 썩어가는 고기
6781	**tipsy** [**tip**-see]	취해서 비틀거리는, 기우뚱한
6782	**showdown** [**shoh**-doun]	마지막 결전, 최종적 결말

---

214. Laughter can help relieve tension in even the heaviest of matters.
_Allen Klein

웃음은 상황이 가장 힘겨울 때조차 긴장을 완화시키는 것을 도와줄 수 있다. _앨런 클라인

6783	**rivet** [**riv**-it]	대갈못, (관심을) 고정시키다[사로잡다], 대갈못으로 고정하다
6784	**dilate** [dahy-**leyt**]	확장[팽창]하다[시키다], 키우다
6785	**feign** [feyn]	(감정·질병 등을) 가장하다[~인 척하다]
6786	**thoroughgoing** [**thur**-oh-goh-ing]	아주 철저한, 전면적인, 완전한
6787	**minuscule** [**min**-uh-skyool]	아주 작은, 소문자
6788	**cervical** [**sur**-vi-kuh l]	자궁(경부)의, 목의
6789	**headstrong** [**hed**-strawng]	고집불통의, 완고한
6790	**kiosk** [**kee**-osk]	신문·음료 등을 파는 매점, 공중전화 박스
6791	**redolent** [**red**-l-uh nt]	생각나게 하는, 암시하는, 향기로운, 냄새가 나는
6792	**spate** [speyt]	(불쾌한 감정·말 등의) 빈발, 갑자기 쏟아져 나오기
6793	**ooze** [ooz]	(걸쭉한 액체가 천천히) 흐르다[흘리다], (특질·자질 등을) 내뿜다[발산하다]
6794	**crumb** [kruhm]	부스러기, 작은 것, 약간, 소량
6795	**badger** [**baj**-er]	오소리, 조르다, 계속 묻다

215. Refuse to be average. Let your heart soar as high as it will.
_Aiden Wilson Tozer

보통이 되는 것을 거부하라. 당신의 마음이 날아오를 수 있을 만큼 높이 날아오르게 하라.
_에이든 윌슨 토저

6796	**bash** [bash]	후려치다, 세게 치다, 맹비난[맹공격]하다
6797	**uncharted** [uhn-**chahr**-tid]	미지의, 잘 알지 못하는, 지도에 표시되어 있지 않은
6798	**continence** [**kon**-tn-*uh* ns]	(성욕의) 억제, 금욕, 극기
6799	**sabbatical** [s*uh*-**bat**-i-k*uh* l]	안식 기간, 유급휴가의
6800	**mince** [mins]	(고기를 기계에) 갈다, (고상한 척하며) 짧게 빠른 걸음을 걷다, 갈아 놓은 고기
6801	**malign** [m*uh*-**lahyn**]	(공개적으로) 비방[중상]하다, 해로운
6802	**grime** [grahym]	때, 더럽히다
6803	**insinuate** [in-**sin**-yoo-eyt]	(불쾌한 일을) 암시하다, (환심 등을) 사다, (신체 일부를 서서히) 밀어 넣다
6804	**harangue** [h*uh*-**rang**]	지리하고 훈계적인 장황한 말, (남에게) 열변을 토하다
6805	**drawl** [drawl]	(모음을 길게 빼며) 느릿느릿 말하다, 점잔 빼며 천천히 이야기하다
6806	**seep** [seep]	(물기 등이) 스미다, 배다
6807	**celibate** [**sel**-*uh*-bit]	(종교적인 이유로) 독신주의인, 순결을 지키는, 금욕을 지키는
6808	**morass** [m*uh*-**ras**]	(빠져나가기 힘든) 늪[난국]

216. The prompter the refusal, the less the disappointment. _Publilius Syrus
거절이 신속할수록 실망은 적어진다. _퍼블릴리어스 사이러스

6809	**concoction** [kon-**kok**-sh*uh* n]	(음료나 약물의 특이한) 혼합물
6810	**unwitting** [uhn-**wit**-ing]	자신도 모르는, 무의식적인
6811	**bequeath** [bih-**kwee***th*]	(유언장에 명시하여) 물려주다, 유증하다, (업적 등을 유산으로) 남기다
6812	**flit** [flit]	(가볍게) 돌아다니다, 휙 스치다[지나가다]
6813	**pique** [peek]	(보통 자존심이 상해서 갖게 되는) 불쾌감[언짢음], 불쾌하게 하다
6814	**acorn** [ey-**kawrn**]	도토리
6815	**infraction** [in-**frak**-sh*uh* n]	(법규의) 위반, 침해
6816	**retro** [**re**-troh]	복고풍의, 재유행
6817	**stencil** [**sten**-s*uh* l]	스텐실, 등사하다, 형판
6818	**prank** [prangk]	(농담으로 하는) 장난, 장난을 치다, 화려하게 차려입다, 꾸며대다
6819	**ellipsis** [ih-**lip**-sis]	생략, 생략 부호
6820	**swath** [swoth]	(낫으로) 한 번 벤 분량(자리), 띠 모양의 물건[장소]
6821	**ingress** [**in**-gres]	입장권, (어떤 장소에) 들어감, 들어갈 수 있는 권리

217. Never deprive someone of hope; it might be all they have.
_H. Jackson Brown. Jr.

결코 누군가에게서 희망을 빼앗지 마라. 그것은 그들이 가진 전부일지도 모른다. _H. 잭슨 브라운 주니어

6822	**adjudicate** [*uh*-**joo**-di-keyt]	(분쟁에 대해) 판결을 내다, 심판을 보다
6823	**callus** [**kal**-*uh* s]	굳은살
6824	**iridescent** [ir-i-**des**-*uh* nt]	무지개 빛깔의, 보는 각도에 따라 색깔이 변하는
6825	**paroxysm** [**par**-*uh* k-siz-*uh* m]	(격한 감정의) 발작[폭발], (증세의) 발작
6826	**shimmer** [**shim**-er]	희미하게 빛나다, (빛을 받아) 어른거리다, (일렁이는 듯한) 희미한 빛
6827	**slough** [slou]	(고통, 절망 등의) 구렁텅이, 수렁
6828	**tether** [**te***th* -er]	(말뚝에) 묶다, (인내 등의) 한계
6829	**salve** [sav]	(상처 등에 바르는) 연고, 해난을 구조하다, 화재에서 건져내다
6830	**silo** [**sahy**-loh]	목초의 저장·발효를 위한 탑 모양의 건조물, 사일로에 저장하다
6831	**gullible** [**guhl**-*uh*-b*uh* l]	남을 잘 믿는, 잘 속아 넘어가는
6832	**gondola** [**gon**-dl-*uh*]	베니스에서 운하를 오가는 기다란 배, (리프트 등에서 사람이 앉는) 자리
6833	**lunge** [luhnj]	(공격하거나 움켜잡으려고) 달려들다[돌진하다], 돌진, 찌르기
6834	**shirk** [shurk]	(게을러서 해야 할 일을) 회피하다[태만히 하다]

> 218. Indifference and neglect often do much more damage than outright dislike. _Joan K. Rowling
> 무관심과 태만은 흔히 노골적인 반감보다 훨씬 더 큰 손해를 끼친다. _조앤 K. 롤링

6835	**pimp** [pimp]	매춘 알선업자, 악당
6836	**nirvana** [nir-**vah**-n*uh*]	열반, 해탈
6837	**avow** [*uh*-**vou**]	솔직히 인정하다, 맹세[공언]하다
6838	**mime** [mahym]	마임, 무언 광대극
6839	**smuggle** [**smuhg**-*uh* l]	밀수하다, 밀반입[출]하다
6840	**leech** [leech]	거머리
6841	**drape** [dreyp]	(옷 등을 느슨하게) 걸치다[씌우다], (몸의 일부를 편하게) 걸치다, 장식하다
6842	**hermitage** [**hur**-mi-tij]	은둔처, 은신처
6843	**scuffle** [**skuhf**-*uh* l]	실랑이, 옥신각신함, 실랑이를 벌이다, 옥신각신하다, 휙[슥] 움직이다
6844	**promulgate** [**prom**-*uh* l-geyt]	(사상 등을) 널리 알리다, (법령 등을) 반포하다
6845	**denouement** [dey-noo-**mahn**]	(소설 등의) 대단원, 결말
6846	**backlog** [**bak**-lawg]	주문 잔고, 미처리분
6847	**cacophony** [k*uh*-**kof**-*uh*-nee]	불협화음

---

219. The only valid censorship of ideas is the right of people not to listen.
_Tommy Smothers

사상에 대한 유일하고 유효한 검열은 사람들의 듣지 않을 권리이다. _토미 스마더스

6848	**tinker** [**ting**-ker]	(과거의 떠돌이) 땜장이, 어설프게 손보다[고치다]
6849	**knell** [nel]	종소리, 소리, 신호, 곡하는 소리, 종을 울려 부르다, 불길하게 울리다
6850	**giraffe** [j*uh*-**raf**]	기린
6851	**nibble** [**nib**-*uh* l]	조금씩 뜯어먹다, 야금야금 먹다, (제의·생각 등에) 약간 관심을 보이다
6852	**magisterial** [maj-*uh*-**steer**-ee-*uh* l]	권위[위엄] 있는, 치안판사의
6853	**terrify** [**ter**-*uh*-fahy]	(몹시) 무섭게[겁먹게] 하다
6854	**chastise** [chas-**tahyz**]	꾸짖다, 태형을 가하다
6855	**crockery** [**krok**-*uh*-ree]	(가정용) 도기, 도자기류
6856	**wiggle** [**wig**-*uh* l]	(좌우·상하로 짧게) 씰룩씰룩 [꿈틀꿈틀] 움직이다
6857	**varsity** [**vahr**-si-tee]	(학교·대학등의) 대표팀
6858	**inscribe** [in-**skrahyb**]	(이름 등을) 쓰다[새기다]
6859	**recumbent** [ri-**kuhm**-b*uh* nt]	드러누운, 기댄, 태만한
6860	**lug** [luhg]	(무거운 것을) 나르다[끌다], 귀[귓불]

220. When we can't find peace in ourselves, it is vain to look for it elsewhere. _Francois de la Rochefoucauld
우리 자신 안에서 평온을 발견할 수 없을 때, 그것을 다른 곳에서 찾는 것은 부질 없다.
_프랑수아 드 라 로슈푸코

6861	**docket** [**dok**-it]	명세서, 소송사건 알림표
6862	**brash** [brash]	성급한, 경솔한, 속쓰림
6863	**dupe** [dyoop]	속이다, 사기를 치다, 사기를 당한 사람, 잘 속는 사람
6864	**mush** [muhsh]	곤죽, 옥수수죽, 우유부단한 태도, 개썰매 여행
6865	**buyout** [**bahy**-out]	(기업 등의) 인수, 매수
6866	**myopia** [mahy-**oh**-pee-*uh*]	근시, 통찰력의 결여
6867	**torpor** [**tawr**-per]	무기력, 마비 상태, 무감각
6868	**pagoda** [p*uh*-**goh**-d*uh*]	(사찰의) 탑
6869	**rebut** [ri-**buht**]	반박하다, 논박하다
6870	**foolhardy** [**fool**-hahr-dee]	무모한, 무작정한
6871	**skid** [skid]	(보통 차량이) 미끄러지다, (비행기 등의 착륙용) 활주부
6872	**dab** [dab]	가볍게 두드리다[갖다대다], 살짝 칠하다, 명인, 숙련된
6873	**cringe** [krinj]	(겁이 나서) 움츠리다, 아첨하다, 매우 부끄러워하다

> 221. Deep rivers move with silent majesty, shallow brooks are noisy.
> _Proverb
>
> 깊은 강들은 소리 없이 장엄하게 움직이고, 얕은 시내들은 시끄럽게 흐른다. _속담

6874	**disingenuous** [dis-in-**jen**-yoo-*uh* s]	부정직한, 솔직하지 않은
6875	**memento** [m*uh*-**men**-toh]	(사람·장소를 기억하기 위한) 기념품
6876	**puree** [pyoo-**rey**]	퓌레로 만들다, 퓌레(과일이나 삶은 채소를 으깨어 걸쭉하게 만든 음식)
6877	**petulant** [**pech**-*uh*-*luh* nt]	까다로운, 심술을 부리는, 심통 사나운
6878	**encroach** [en-**krohch**]	(권리 등을) 침해하다, 침입하다
6879	**sinew** [**sin**-yoo]	(근육과 뼈를 잇는) 힘줄, 정력, 힘
6880	**snag** [snag]	뜻하지 않은 문제[곤란한 일], (걸리면 베일 수 있는) 날카로운 것
6881	**efface** [ih-**feys**]	지우다, 없애다
6882	**swerve** [swurv]	(자동차가 갑자기) 방향을 바꾸다[틀다]
6883	**vane** [veyn]	(풍차 등의) 날개, 풍향계, 바람개비, 변덕스러운 사람
6884	**slur** [slur]	분명하지 않게 발음하다, 비방[중상]하다
6885	**monogamy** [m*uh*-**nog**-*uh*-mee]	일부일처제
6886	**cram** [kram]	(좁은 공간 속으로 억지로) 밀어[쑤셔] 넣다, 벼락치기 공부를 하다

---

222. Love is the only sane and satisfactory answer to the problem of human existence. _Erich Fromm
사랑은 인간 존재의 문제에 대한 유일하게 분별 있고 만족스런 답변이다. _에리히 프롬

6887	**thug** [thuhg]	폭력배, 흉한 살인자
6888	**lynx** [lingks]	스라소니
6889	**straddle** [**strad**-l]	(양쪽으로) 다리를 벌리고 올라서다[앉다], (여러 시간대[활동]에) 걸치다
6890	**defuse** [dee-**fyooz**]	(긴장·위험 등을) 진정[완화]시키다, (폭탄의) 뇌관을 제거하다
6891	**gory** [**gawr**-ee]	유혈의, 유혈과 폭력이 난무하는, 잔학한
6892	**extort** [ik-**stawrt**]	갈취하다, 강탈하다
6893	**mermaid** [**mur**-meyd]	인어
6894	**recoup** [ri-**koop**]	(손실 등을) 메우다, 회복하다, 변상하다
6895	**skyscraper** [**skahy**-skrey-per]	고층 건물, 마천루
6896	**aqua** [**ak**-w*uh*]	물, 수분, 청록색
6897	**oust** [oust]	(일자리·권좌에서) 몰아내다[쫓아내다/축출하다]
6898	**mettle** [**met**-l]	패기, 기개, 기질, 성미
6899	**roulette** [roo-**let**]	(도박의 일종) 룰렛

223. People forget how fast you did a job – but they remember how well you did it. _Howard Newton

사람들은 당신이 일을 얼마나 빨리 처리했는지 잊어버리지만 얼마나 잘 해냈는지는 기억한다.
_하워드 뉴턴

6900	**misnomer** [mis-**noh**-mer]	부적절한[잘못된] 명칭[단어]
6901	**incantation** [in-kan-**tey**-sh*uh*n]	(마법을 걸기 위한) 주문, 주술
6902	**willow** [**wil**-oh]	버드나무
6903	**macabre** [m*uh*-**kah**-br*uh*]	소름 끼치는, 섬뜩한
6904	**dole** [dohl]	실업수당, (아까워하면서 조금씩) 남에게 주다
6905	**ladle** [**leyd**-l]	국자, 주걱
6906	**languish** [**lang**-gwish]	(강요를 받아) 머물다, (오랫동안 불쾌한 일을) 겪다, 약화되다, 시들해지다
6907	**admonish** [ad-**mon**-ish]	꾸짖다, 책망하다, (강력히) 충고하다
6908	**embellish** [em-**bel**-ish]	장식하다, 아름답게 꾸미다, (이야기를) 꾸미다
6909	**fag** [fag]	(일이 사람을) 혹사시키다, 심부름꾼으로 부리다, (담배를) 피우다, 노력, 궐련
6910	**moribund** [**mawr**-*uh*-buhnd]	소멸[절멸] 직전의, 빈사 상태의
6911	**bask** [bask]	(햇볕을 기분 좋게) 쪼이다, 일광욕하다
6912	**pelt** [pelt]	(돌 등을) 내던지다, 퍼붓다, 쏟아붓다, 내던짐, 팔매질, 격노, (짐승의) 생가죽

---

224. Management is doing things right; leadership is doing the right things. _Peter Drucker
경영은 일을 옳게 하는 것이고 리더십은 올바른 일을 하는 것이다. _피터 드러커

6913	**annul** [*uh*-**nuhl**]	(법적으로) 취소하다[무효하게 하다]
6914	**marauding** [m*uh*-**raw**-ding]	사냥감[약탈 대상]을 찾아 돌아다니는
6915	**plebiscite** [**pleb**-*uh*-sahyt]	국민투표
6916	**charade** [sh*uh*-**reyd**]	가식, 위장, 제스처 게임
6917	**hedonism** [**heed**-n-iz-*uh* m]	쾌락[향락]주의
6918	**posh** [posh]	(값 비싸고) 우아한, 화려한, 상류층의, 상류층 특유의
6919	**snub** [snuhb]	모욕하다, 무시하다, (참석·수락을) 거부하다
6920	**theocracy** [thee-**ok**-r*uh*-see]	신권 정체, 신정국가
6921	**bellow** [**bel**-oh]	(우렁찬 소리로) 고함치다, (황소 같은 큰 짐승이) 우렁찬 소리를 내다
6922	**cannibal** [**kan**-*uh*-b*uh* l]	식인종, 육식동물, 식인종의
6923	**corset** [**kawr**-sit]	허리가 잘록해 보이게 하는 여성용 속옷
6924	**jab** [jab]	(뾰족한 것으로) 찌르다, (권투에서) 잽을 넣다
6925	**suave** [swahv]	(종종 진실성 없이 표면상으로) 정중한, 상냥한, 마무리가 매끈한, 감촉이 좋은

> 225. Good humor is a tonic for mind and body. It is the best antidote for anxiety and depression. _Grenville Kleiser
> 좋은 유머는 몸과 마음을 위한 영양제이며 불안과 우울감에 대한 최고의 해독제이다. _그렌빌 클레이저

6926	**disparage** [dih-**spar**-ij]	비난하다, 폄하하다
6927	**engulf** [en-**guhlf**]	완전히 에워싸다, (공포 등이) 사로잡히다, (파도 · 깊은 곳 등이) 삼키다
6928	**declamation** [dek-l*uh*-**mey**-sh*uh* n]	열변[웅변], 극적 효과를 노린 연설
6929	**southernmost** [**suh***th*-ern-mohst]	최남단의
6930	**breadwinner** [**bred**-win-er]	(가족 중) 생계비를 버는 사람, 생계 수단
6931	**crass** [kras]	무신경한, 우둔한, 거친
6932	**obverse** [**ob**-vurs]	반대되는 것, (화폐 · 메달 등의) 표면
6933	**hedgehog** [**hej**-hog]	고슴도치
6934	**stethoscope** [**steth**-*uh*-skohp]	청진기, 청진기로 진찰하다
6935	**bittersweet** [bit-er-**sweet**]	씁쓸하면서 달콤한, 괴로우면서도 즐거운
6936	**laconic** [l*uh*-**kon**-ik]	간결한, 할 말만 하는, 함축성 있는
6937	**nomad** [**noh**-mad]	유목민, 방랑자
6938	**tantrum** [**tan**-tr*uh* m]	(발끈) 성질을 부림, 울화

---

226. Life shrinks or expands in proportion to one's courage. _Anais Nin
삶은 그 사람의 용기에 비례하여 줄어들거나 팽창한다. _아나이스 닌

6939	**regency** [**ree**-juh n-see]	섭정, 섭정 정치
6940	**recuperate** [ri-**koo**-puh-reyt]	(건강을) 회복하다[되찾다], (분실한 돈을) 되찾다[만회하다]
6941	**flabby** [**flab**-ee]	(군살이) 축 늘어진, 무기력한, 힘없는
6942	**convivial** [kuh n-**viv**-ee-uh l]	(분위기나 성격이) 명랑한[유쾌한]
6943	**polytheism** [**pol**-ee-thee-iz-uh m]	다신교, 다신론
6944	**echelon** [**esh**-uh-lon]	계급, 계층, 사다리꼴로 배치하다
6945	**duffel** [**duhf**-uh l]	거친 천, (캠핑) 의류와 장비
6946	**chirp** [churp]	짹짹[찍찍]거리다, 재잘거리다
6947	**rescind** [ri-**sind**]	(계약 등을) 취소하다, 폐지하다
6948	**deign** [deyn]	치사스럽지만[자기 격에 떨어지지만] 한다는 듯이 굴다, 황송하게도 해주다
6949	**flippant** [**flip**-uh nt]	경솔한, 건방진
6950	**garish** [**gair**-ish]	지나치게 화려한, (색깔이) 야한
6951	**molest** [muh-**lest**]	(아동을) 성추행하다, 폭행하다

227. The talent for being happy is appreciating and liking what you have, instead of what you don't have. _Woody Allen
행복의 자질은 당신이 가지지 못한 것 대신 가진 것에 감사할 줄 아는 데 있다. _우디 앨런

6952	**brusque** [bruhsk]	무뚝뚝한, 퉁명스러운
6953	**inchoate** [in-**koh**-it]	방금 시작한, 미완성의
6954	**transpose** [trans-**pohz**]	(순서를) 뒤바꾸다, 바꾸어 말하다[번역하다]
6955	**innuendo** [in-yoo-**en**-doh]	풍자, 암시, 빈정거림
6956	**thrust** [thruhst]	(거칠게) 밀다, 밀치다, 찌르다, (주장 등의) 요지[취지], 추진력
6957	**asthma** [**az**-m*uh*]	천식
6958	**eject** [ih-**jekt**]	내쫓다, 튀어나오게 하다, (조종사가) 탈출하다
6959	**viper** [**vahy**-per]	독사, 독사 같은 인간
6960	**cliché** [klee-**shey**]	상투적인 문구[생각], 진부한 표현
6961	**dub** [duhb]	별명을 붙이다, (영화 등을) 재녹음하다[더빙하다], 콕콕 찌르다
6962	**squirm** [skwurm]	(초조하거나 불편하거나 하여 몸을) 꿈틀대다, 몹시 당혹해[창피해]하다
6963	**hulk** [huhlk]	(폐선의) 선체, (제대로 움직이지를 못하는) 거대한 사람, 거대한 것
6964	**impeach** [im-**peech**]	탄핵[고발]하다, ~에 대해 의혹을 제기하다

228. The tyrant dies and his rule is over, the martyr dies and his rule begins. _Soren Kierkegaard
폭군은 죽음과 함께 그 권력이 끝나지만, 순교자는 죽음과 함께 그의 통치가 시작된다. _쇠렌 키르케고르

6965	**homily** [**hom**-*uh*-lee]	설교, 훈계
6966	**scavenger** [**skav**-in-jer]	죽은 고기를 먹는 동물[조류], 쓰레기 더미를 뒤지는 사람, 도로 청소부
6967	**slush** [sluhsh]	진창이 된 눈, 질펀한 감상, (음료) 슬러시
6968	**thrash** [thrash]	(벌로서 매로) 때리다, 몸부림치다, (경기에서) 완파하다, 탈곡하다
6969	**prophylactic** [proh-f*uh*-**lak**-tik]	(질병) 예방의, 예방을 위한
6970	**almanac** [**awl**-m*uh*-nak]	연감, 책력
6971	**indisposed** [in-di-**spohzd**]	마음이 내키지 않는, 몸[기분]이 안 좋은
6972	**honeycomb** [**huhn**-ee-kohm]	벌집, 벌집 모양으로 하다
6973	**bulbous** [**buhl**-b*uh*s]	(못생기게) 둥글납작한, 볼록한
6974	**kinetic** [ki-**net**-ik]	운동의, 동역학의, 활동적인
6975	**phlegm** [flem]	가래, 담, 침착, 냉정
6976	**tamper** [**tam**-per]	(권한이 없음에도) 참견하다, (뇌물로) 매수하다, (함부로) 변경하다
6977	**mongrel** [**muhng**-gr*uh* l]	잡종(개), 혼혈아

229. The bold are helpless without cleverness. _Euripides
영리함 없이 용기 있는 사람은 무력하다. _에우리피데스

6978	**depose** [dih-**pohz**]	(통치자를 권좌에서) 물러나게 하다[퇴위시키다]
6979	**obsequious** [*uh* b-**see**-kwee-*uh* s]	아부하는, 아첨하는
6980	**jaunty** [**jawn**-tee]	의기양양한, 쾌활한
6981	**stylus** [**stahy**-l*uh* s]	(축음기의) 바늘, 스타일러스(모니터에 글을 쓰거나 그림을 그릴 때 쓰는 펜)
6982	**swipe** [swahyp]	후려치다, 훔치다, (인식기에) 대다[읽히다]
6983	**trenchant** [**tren**-ch*uh* nt]	(비판이) 정통을 찌르는, 신랄한, (윤곽이) 뚜렷한
6984	**foreclose** [fawr-**klohz**]	(은행이) 담보권을 행사하다, (가능성을) 배제하다
6985	**cadaver** [k*uh*-**dav**-er]	시체, 송장
6986	**javelin** [**jav**-lin]	(투창 경기용) 창, 투창 (경기)
6987	**confiscate** [**kon**-f*uh*-skeyt]	몰수[압수]하다
6988	**pittance** [**pit**-ns]	(먹고 살기에 턱없이 부족한) 아주 적은 돈, 소량, 약간의 수당
6989	**travesty** [**trav**-*uh*-stee]	서투른 모방, 희화화하다
6990	**grope** [grohp]	(손으로) 더듬다, (앞이 보이지 않아서) 더듬으며 가다, 손으로 더듬기

> 230. You have to take risks. We will only understand the miracle of life fully when we allow the unexpected to happen. _Paulo Coelho
> 위험을 감수해야 한다. 뜻밖의 일들이 일어나도록 할 때에야 우리는 인생의 기적을 온전히 이해할 수 있다. _파울로 코엘료

인생 요령 [5]

(1) 실패 걱정부터 할 생각이면 도전할 생각을 하지도 마라. (실패는 도전의 필연적인 일부분이다.)

(2) 쉬운 일도 못하면서, 어려운 일 잘하려고 하면 안 된다. (기본과 디테일부터 충실하자.)

(3) 늘 피곤하면 조금 일찍 자면 된다. (자기 전에 스마트폰 제발 가지고 놀지 말고.)

Life Tip [5]

(1) If you are already worrying about failure, don't even think about challenge. (Failure and challenge inevitably go together.)

(2) Do things in order – don't try to accomplish high goals when you can't even achieve the low ones. (Pay attention to basics and details.)

(3) Always tired? Sleep a bit earlier today. (Oh, PLEASE stop playing with your phone.)

6991	**sapling** [**sap**-ling]	묘목, 어린나무
6992	**offing** [**aw**-fing]	앞바다, 앞바다 쪽
6993	**anal** [**eyn**-l]	항문의, 지나치게 꼼꼼한
6994	**amass** [*uh*-**mas**]	모으다, 축적하다
6995	**lavatory** [**lav**-*uh*-tawr-ee]	변기, 화장실
6996	**spellbound** [**spel**-bound]	넋을 잃은, 마법에 걸린
6997	**nonchalant** [non-sh*uh*-**lahnt**]	무관심한 (척하는), 태연한
6998	**den** [den]	(야생동물이 사는) 굴, (부정한 행위를 하기 위한) 소굴, 은신처
6999	**fume** [fyoom]	(화가 나서) 씩씩대다, 연기를 내뿜다
7000	**mauve** [mohv]	연한 자주빛, 담자색
7001	**blithe** [blahy*th*]	(하는 일에 대해) 태평스러운, 쾌활한, 행복한
7002	**ingest** [in-**jest**]	(음식·약 등을) 삼키다[먹다], 섭취하다
7003	**gratis** [**grat**-is]	무료로, 거저

231. I do not pray for a lighter load, but for a stranger back. _Phillips Brooks
나는 보다 가벼운 짐이 아닌 보다 강한 등을 갖고자 기도한다. _필립스 브룩스

7004	**thyroid** [**thahy**-roid]	갑상선, 갑상선의
7005	**grumpy** [**gruhm**-pee]	기분이 언짢은, 성격이 나쁜
7006	**juggle** [**juhg**-*uh* l]	저글링하다, ~을 속이다, (두 가지 이상의 일을 동시에) 곡예하듯 하다
7007	**gluttony** [**gluht**-n-ee]	대식, 폭식
7008	**chink** [chingk]	(빛이 새어드는) 틈, 쟁그랑, 쟁그랑거리다, 중국인을 가리키는 모욕적인 말
7009	**bivouac** [**biv**-oo-ak]	(텐트를 치지 않고 만든) 야영지, 노숙, (텐트를 치지 않고) 야영하다
7010	**scab** [skab]	(상처의) 딱지, (동물의) 피부병, 파업 불참자, 딱지가 생기다
7011	**flounder** [**floun**-der]	(어쩔 줄 몰라서) 허둥대다[당황하다], (곤경에 처해) 허우적거리다
7012	**wean** [ween]	젖을 떼다, 이유시키다, 유아, 어린애
7013	**snob** [snob]	고상한 체하는 사람, 속물
7014	**hoot** [hoot]	폭소를 터뜨리다, 콧방귀를 뀌다, 비웃다, (부엉이가) 부엉부엉하다
7015	**elongate** [ih-**lawng**-geyt]	연장하다, 잡아 늘이다
7016	**bristle** [**bris**-*uh* l]	짧고 뻣뻣한 털, (화가 나서) 발끈하다, (동물의 털이) 곤두서다

232. Education is an ornament in prosperity and a refuge in adversity.
 _Aristotle

교육은 번영의 시기에는 장식품이며 역경의 시기에는 피난처이다. _아리스토텔레스

7017	**thoroughbred** [**thur**-oh-bred]	(동물 특히 말이 고급) 순종
7018	**broach** [brohch]	(하기 힘든 이야기를) 꺼내다, 구멍을 뚫다, 쇠꼬챙이
7019	**facetious** [f*uh*-**see**-sh*uh* s]	경박한, 까부는, 익살맞은
7020	**devolve** [dih-**volv**]	(권리 등을) 양도하다, 맡기다, 위임하다
7021	**dour** [d*oo* r]	완고한, 시무룩한, (상황 등이) 음침한, 재미없는
7022	**stilted** [**stil**-tid]	과장된, 거드름을 피우는, 부자연스러운
7023	**acrimonious** [ak-r*uh*-**moh**-nee-*uh* s]	폭언이 오가는, 험악한
7024	**anoint** [*uh*-**noint**]	기름을 바르다, (액체 등을) 도포하다, 성유[성수]를 바르다
7025	**rebuff** [ri-**buhf**]	퇴짜[묵살], 거절하다, 저지하다
7026	**paragon** [**par**-*uh*-gon]	귀감, 모범
7027	**crayfish** [**krey**-fish]	가재
7028	**tweak** [tweek]	(갑자기) 잡아당기다, 비틀다, (시스템 등을 약간) 수정[변경]하다
7029	**dredge** [drej]	(강 바닥 등을) 준설하다[훑다], (밀가루 등을) 묻히다, (기억 등을) 캐내다

---

233. Genius may have its limitations, but stupidity is not thus handicapped. _Elbert Hubbard

천재성에는 한계가 있을 수 있지만 어리석음에는 이런 장애가 없다. _엘버트 허버드

7030	**quadruple** [kwo-**droo**-p*uh* l]	네 배가 되다, 4부로[네 부분으로] 이뤄진
7031	**placard** [**plak**-ahrd]	현수막, 펼침막, 플래카드
7032	**scoff** [skawf]	비웃다, 조롱하다, (많은 양을 급히) 먹다[먹어 치우다]
7033	**saturate** [**sach**-*uh*-reyt]	흠뻑 적시다, 포화시키다, 포화 상태를 만들다
7034	**monochrome** [**mon**-*uh*-krohm]	단색의, 흑백의
7035	**voodoo** [**voo**-doo]	(마법 등의 주술적인 힘을 믿는) 부두교, 주술을 쓰다
7036	**snore** [snawr]	코를 골다, 코 고는 소리
7037	**phoenix** [**fee**-niks]	불사조, 불세출의 사람, 절세의 미인
7038	**tawdry** [**taw**-dree]	(싸구려 티가 나게) 번쩍거리는[야한]
7039	**flaccid** [**flak**-sid]	축 늘어진, 탄력 없는
7040	**nadir** [**ney**-der]	최악의 순간[바닥], 최하점
7041	**smudge** [smuhj]	(더러운) 자국, 얼룩, 얼룩지게 하다, (해충을) 연기를 피워 몰아내다
7042	**ramshackle** [ram-**shak**-*uh* l]	금시라도 무너질 듯한, 흔들거리는

---

234. It is much easier to suppress the first desire than to satisfy those that follow. _Francois de la Rochefoucauld

처음의 욕구를 억누르는 것이 후에 발현한 것들을 만족시키는 것보다 훨씬 쉽다. _ 프랑수아 드 라 로슈푸코

7043	**sizzling** [**siz**-*uh* ling]	타는 듯이 더운, 아주 흥미진진한
7044	**sprig** [sprig]	(요리용·장식용으로 쓰는) 잔가지
7045	**shoddy** [**shod**-ee]	(상품 등이) 조잡한, 부적당한, 부당한
7046	**phallic** [**fal**-ik]	음경의, 남근의
7047	**typography** [tahy-**pog**-r*uh*-fee]	활판인쇄술, 인쇄법
7048	**mumble** [**muhm**-b*uh* l]	중얼거리다, 중얼거림
7049	**chameleon** [k*uh*-**mee**-lee-*uh* n]	카멜레온, 변덕쟁이, 지조 없는 사람
7050	**pout** [pout]	(입술을) 불룩 내밀다, (짜증이 나서 입술이) 뿌루퉁하다
7051	**maestro** [**mahy**-stroh]	명지휘자, 거장, 대가
7052	**nova** [**noh**-v*uh*]	(천문) 신성
7053	**blob** [blob]	(작은) 방울, 얼룩
7054	**torrid** [**tawr**-id]	격정에 찬, 열렬한, (기후가) 몹시 더운[건조한], 몹시 힘든
7055	**lingo** [**ling**-goh]	(알아듣지 못하는) 언어, 전문용어

---

235. Enlightenment must come little by little – otherwise it would overwhelm. _Idries Shah

깨우침은 조금씩 와야 한다. – 그렇지 않으면 그것이 압도해 버릴 것이다. _이드리에스 샤

7056	**lullaby** [**luhl**-*uh*-bahy]	자장가, 어르다, 기분을 달래주는 노래
7057	**amenity** [*uh*-**men**-i-tee]	생활 편의 시설, 기분 좋은 태도
7058	**outage** [**ou**-tij]	정전, (수돗물의) 단수
7059	**viola** [vee-**oh**-l*uh*]	비올라, 제비꽃
7060	**goad** [gohd]	못살게 굴다, (가축을 몰 때 쓰는) 막대기, (무엇을 하게 만드는) 자극
7061	**lascivious** [l*uh*-**siv**-ee-*uh*s]	음탕한, 선정적인
7062	**kitty** [**kit**-ee]	야옹이, 공동출자금, (카드 게임 등에서) 판돈
7063	**rover** [**roh**-ver]	방랑자, 탐사선, 해적
7064	**portent** [**pawr**-tent]	(불길한) 전조[징후]
7065	**diffident** [**dif**-i-d*uh*nt]	(자신감이 부족하여) 조심스러운, 소심한
7066	**pitfall** [**pit**-fawl]	(눈에 잘 안 띄는) 위험[곤란]
7067	**indent** [in-**dent**]	(글의 행을) 들여쓰다, 움푹 들어가게 하다, (상품의) 주문
7068	**stutter** [**stuht**-er]	말을 더듬다, 더듬거리다

> 236. Those who are too smart to engage in politics are punished by being governed by those who are dumber. _Plato
> 너무 똑똑하여 정치에 참가하지 않는 사람들은 자신보다 멍청한 사람들에 의해 통치되는 벌을 받는다. _플라톤

7069	**parry** [**par**-ee]	(공격하는 무기를) 쳐내다[막다], (질문 등을) 슬쩍 피하다
7070	**wallow** [**wol**-oh]	뒹굴다, (쾌락을 주는 것에) 빠져 있다
7071	**reprobate** [**rep**-r*uh*-beyt]	부도덕한 사람, 방탕아, 타락한, 불량한, 나무라다, 비난하다
7072	**convocation** [kon-v*uh*-**key**-sh*uh*n]	소집, 집회
7073	**holler** [**hol**-er]	외치다, 고함치다, 고함, 외침
7074	**veer** [veer]	방향을 바꾸다, (진행되면서 차츰 방향·성격이) 달라지다
7075	**mumps** [muhmps]	볼거리, 유행성 이하선염
7076	**underwrite** [uhn-der-**rahyt**]	(비용 부담에) 동의하다, 보험을 인수하다, (채권 등을) 인수하다
7077	**oblong** [**ob**-lawng]	직사각형의, 길쭉한
7078	**coronet** [**kawr**-*uh*-nit]	(왕족 등이 격식을 갖춘 행사 때 쓰는) 작은 관, 화관
7079	**canny** [**kan**-ee]	약삭빠른, 빈틈없는
7080	**hunk** [huhngk]	(음식) 덩어리[조각], (체격 좋고) 섹시한 남자
7081	**proclivity** [proh-**kliv**-i-tee]	성향, 기질

237. Manners are a sensitive awareness of the feelings of others. _Emily Post
예의란 다른 사람들의 감정들에 대한 세심한 인지이다. _에밀리 포스트

7082	**interdict** [**in**-ter-dikt]	금지명령, 금지하다, (성직·특권을) 정지하다
7083	**maverick** [**mav**-er-ik]	개성이 강한 사람, 독불장군
7084	**harpoon** [hahr-**poon**]	(고래 등을 잡는 데 쓰는) 작살, 작살로 잡다
7085	**mascot** [**mas**-kot]	마스코트, 행운을 가져다준다고 생각되는 사람
7086	**catapult** [**kat**-*uh*-puhlt]	새총, 투석기, (함선의) 비행기 발사기
7087	**penury** [**pen**-y*uh*-ree]	극빈, 결핍, 지독한 가난
7088	**fluff** [fluhf]	보풀, (동물이나 새의) 솜털
7089	**wriggle** [**rig**-*uh* l]	(몸을) 꿈틀거리다[꼼지락거리다], 꿈틀거리며 가다, 꿈틀거리기
7090	**smock** [smok]	기다란 셔츠[헐렁한 원피스], (옷이 더러워지지 않도록 위에 걸치는) 작업복
7091	**daft** [daft]	바보 같은, 어리석은
7092	**glut** [gluht]	과잉, 과잉 공급을 하다, 싫증나게 하다
7093	**surreptitious** [sur-*uh* p-**tish**-*uh* s]	비밀의, 슬쩍하는, 뒤가 구린
7094	**cohort** [**koh**-hawrt]	(동일한 특색이나 행동 양식을 공유하는) 집단

238. Never interrupt your enemy when he is making a mistake.
_Napoleon Bonaparte

당신의 적이 실수하고 있을 때 절대로 그를 방해하지 마라. _나폴레옹 보나파르트

7095	**clairvoyance** [klair-**voi**-*uh* ns]	예지력, 천리안, 명민
7096	**conch** [konch]	소라고둥(껍질)
7097	**contraption** [k*uh* n-**trap**-sh*uh* n]	(기묘한) 기계[장치]
7098	**prowl** [proul]	(먹이를 찾아 살금살금) 돌아다니다, (범행 대상을 찾아) 배회하다, 서성거리다
7099	**whiz** [wiz]	윙 하는 소리, 전문가, 수완가, 그런 소리를 내는 빠른 움직임, 윙 하고 소리내다
7100	**horoscope** [**hawr**-*uh*-skohp]	점성술, 별점
7101	**etymology** [et-*uh*-**mol**-*uh*-jee]	어원학, 어원 연구, (특정 낱말의) 어원
7102	**dwindle** [**dwin**-dl]	(점점) 줄어들다
7103	**humdrum** [**huhm**-druhm]	단조로운, 따분한, 단조로움, 지루함
7104	**yank** [yangk]	홱 잡아당기다, (업적 부진으로) 쫓아내다
7105	**fluke** [flook]	요행, 뜻밖의 행운, 미늘, 넙치 · 가자미 무리
7106	**chauvinism** [**shoh**-v*uh*-niz-*uh* m]	맹목적인 애국심, 광적인 충성
7107	**leer** [leer]	음흉하게 보다[웃다], 음흉한 시선, 짐이 없는, 빈, 배가 고파 힘이 없는, 허기진

239. What is right is often forgotten by what is convenient. _Bodie Thoene
옳은 것은 흔히 간편한 것으로 인해 잊혀진다. _보디 퇴네

7108	**duct** [duhkt]	배관, 도관으로 보내다
7109	**exigency** [**ek**-si-j*uh* n-see]	급한 볼일, 긴급사태
7110	**sepulchral** [səp**ʌ**lkrəl]	무덤의, 매장의, 무덤 같은
7111	**glib** [glib]	언변이 좋은, 그럴듯한
7112	**centenary** [sen-**ten**-*uh*-ree]	100년의, 100년마다의, 100년(기념일)
7113	**choppy** [**chop**-ee]	파도가 일렁이는, 고르지 못한
7114	**scribble** [**skrib**-*uh* l]	휘갈겨 쓰다, 낙서하다
7115	**scepter** [**sep**-ter]	(제왕의 상징으로서의) 홀(笏), 권장, 왕권, 왕위, ~에게 왕권을 주다
7116	**squander** [**skwon**-der]	낭비하다, 헤프게 쓰다, 낭비
7117	**disrepair** [dis-ri-**pair**]	황폐, 파손
7118	**astigmatism** [*uh*-**stig**-m*uh*-tiz-*uh* m]	난시
7119	**slayer** [**sley**-er]	살해자, 죽이는 사람
7120	**trowel** [**trou**-*uh* l]	모종삽, (시멘트 등을 바르는) 흙손

240. As long as a word remains unspoken, you are its master; once you utter it, you are its slave. _Solomon Ibn Gabirol
말이 입 밖으로 나가지 않는 동안은 당신이 그것의 주인이다. 일단 당신이 입 밖으로 꺼내면 당신은 그것의 노예이다. _솔로몬 이븐 가비롤

7121	**maelstrom** [**meyl**-str*uh* m]	(사회적) 대혼란[소용돌이]
7122	**dandelion** [**dan**-dl-ahy-*uh* n]	민들레
7123	**lassitude** [**las**-i-tood]	노곤함, 무기력, 권태
7124	**sleight** [slahyt]	능란한 솜씨, 숙련, 교묘한 수완
7125	**flak** [flak]	잇따른 비난, 대공 포화
7126	**conclave** [**kon**-kleyv]	비밀 회의, 교황 선거 회의
7127	**subjugate** [**suhb**-*juh*-geyt]	예속시키다, 지배[통제]하에 두다
7128	**resound** [ri-**zound**]	(소리 등이) 울려 퍼지다, (소리가 가득) 울리다[울려 퍼지다]
7129	**bluster** [**bluhs**-ter]	고함치다, 엄포를 놓다, 거세게 불다
7130	**cherub** [**cher**-*uh* b]	날개가 달린 통통한 아기 모습의 천사, 천사 같은 아이
7131	**clink** [klingk]	쨍그랑하는 소리를 내다, 땡그랑 소리, 교도소, 유치장
7132	**ruffle** [**ruhf**-*uh* l]	물결이 일게 하다, 주름지게 하다, (마음을) 산란하게 만들다, 주름 장식
7133	**pare** [pair]	(얇은 껍질을) 벗기다[깎다], (크기·양을 서서히) 축소[감축]하다

241. A gem cannot be polished without friction, nor a man perfected without trials. _Chinese Proverb
보석은 마찰 없이 세공될 수 없고, 사람 또한 시련들 없이는 완벽해질 수 없다 _중국 속담

7134	**glum** [gluhm]	침울한, 뚱한
7135	**alliteration** [*uh*-lit-*uh*-**rey**-sh*uh* n]	두운(법칙)
7136	**beaucoup** [boh-**koo**]	많은, 매우
7137	**astringent** [*uh*-**strin**-j*uh* nt]	(액체 등을) 수축시키는, 지혈시키는, (맛이) 톡 쏘는 듯한, 재기가 번득이는
7138	**cog** [kog]	(톱니바퀴의) 이, 큰 조직 안에서 일하는 사람
7139	**dimple** [**dim**-p*uh* l]	보조개를 짓다, 보조개, (표면에 작게) 옴폭 들어간 곳
7140	**grubby** [**gruhb**-ee]	(씻지 않아서) 더러운, (행동 등이) 지저분한, 게으른
7141	**proffer** [**prof**-er]	(물건을 잡고) 내밀다[권하다], (설명 등을) 해주다[내놓다]
7142	**instigate** [**in**-sti-geyt]	(공식적으로) 실시[착수]하게 하다, 부추기다, 선동하다
7143	**wobble** [**wob**-*uh* l]	(불안하게) 흔들거리다, 뒤뚱거리며 가다, (마음이) 주저하다
7144	**scuttle** [**skuht**-l]	종종걸음을 치다, (고의적으로) 무산시키다, 침몰시키다, 석탄 통, 큰 바구니
7145	**obdurate** [**ob**-d*oo*-rit]	고집 센, 완고한
7146	**incognito** [in-kog-**nee**-toh]	자기 신분을 숨기고, 익명으로, 가명의, 익명의, 익명자, 익명

242. Nothing in all the world is more dangerous than sincere ignorance and conscientious stupidity. _Martin Luther King, Jr.
세상에서 가장 위험한 것은 진실한 무지와 양심적인 어리석음이다. _마틴 루터 킹 주니어

7147	**disown** [dis-**ohn**]	의절[절연]하다, 관계가 있음을 부인하다
7148	**angina** [an-**jahy**-n*uh*]	협심증
7149	**copulation** [kop-y*uh*-**ley**-sh*uh* n]	성교, (동물의) 교미, 연결, 결합
7150	**supercilious** [soo-per-**sil**-ee-*uh* s]	거만한, 남을 얕보는
7151	**inane** [ih-**neyn**]	어리석은, 무의미한
7152	**pandemonium** [pan-d*uh*-**moh**-nee-*uh* m]	대혼란
7153	**sadism** [**sey**-diz-*uh* m]	가학성애, 잔인한 짓을 좋아하기
7154	**tinkle** [**ting**-k*uh* l]	쨍그랑하는 소리, 딸랑딸랑하는 소리가 나다[소리를 내다]
7155	**perpetrate** [**pur**-pi-treyt]	(과실 등을) 저지르다[자행하다], 함부로 하다
7156	**racy** [**rey**-see]	활기 있는, 짜릿한
7157	**disavow** [dis-*uh*-**vou**]	(무엇에 대한 책임을 공개적으로) 부정하다, 부인하다
7158	**hale** [heyl]	건강한, 노익장의, 결점[흠] 없는
7159	**yelp** [yelp]	(보통 아파서) 꺅 하고 비명을 내지르다[꽥 악을 쓰다]

> 243. A goal is not always meant to be reached, it often serves simply as something to aim at. _Bruce Lee
> 목표가 꼭 도달해야만 하는 지점은 아니다. 그저 겨냥해야 하는 지점만으로도 종종 그 역할을 다한다. _브루스 리

7160	**slop** [slop]	(넘칠 정도로) 찰랑거리다, (액체를) 흘리다, 엎지르다, 오물, 음식물 찌꺼기
7161	**diatribe** [**dahy**-*uh*-trahyb]	통렬한 비난, 혹평
7162	**cockroach** [**kok**-rohch]	바퀴벌레
7163	**protrude** [proh-**trood**]	튀어나오다, 돌출되다
7164	**condolence** [k*uh* n-**doh**-l*uh* ns]	애도, 애도의 말
7165	**floss** [flaws]	치실
7166	**irascible** [ih-**ras**-*uh*-b*uh* l]	화를 잘 내는, 성미 급한
7167	**conduce** [k*uh* n-**dyoos**]	(좋은 결과로) 이끌다, 공헌하다, 이바지하다
7168	**telegraphy** [t*uh*-**leg**-r*uh*-fee]	전신, 전신법
7169	**reek** [reek]	지독한 악취를 풍기다, (의심스러운) 기미가 강하게 나다, 지독한 악취
7170	**remiss** [ri-**mis**]	태만한, 부주의한
7171	**fart** [fahrt]	방귀, 방귀 뀌다, 시원찮은 놈
7172	**maw** [maw]	(뭐든지 집어삼킬 듯 쩍 벌어진) 구멍[구렁텅이], (동물의) 위[목구멍]

> 244. Integrity is doing the right thing, even when no one is watching.
> _C. S. Lewis
>
> 고결함이란 올바른 일을 행하는 것이다. 아무도 보는 사람이 없다고 할지라도 그렇게 하는 것이다.
> _C. S. 루이스

7173	**rampage** [**ram**-peyj]	(흔히 파괴 등을 저지르며 한동안 벌이는) 광란, 사납게 돌진하다
7174	**aurora** [*uh*-**rawr**-*uh*]	오로라, 극광, 서광, 여명
7175	**jellyfish** [**jel**-ee-fish]	해파리, 의지가 약한 사람
7176	**periphery** [p*uh*-**rif**-*uh*-ree]	(어떤 범위의) 주변
7177	**gossamer** [**gos**-*uh*-mer]	(아주 가는) 거미줄, (아주 가볍고) 고운[섬세한], 섬세한 것, 가냘픈 것
7178	**effusive** [ih-**fyoo**-siv]	감정을 솔직히 나타낸, 지나치게 감정적인, 뿜어져 나오는, 넘쳐 흐르는
7179	**impel** [im-**pel**]	(생각·기분이) ~해야만 하게 하다
7180	**reprove** [ri-**proov**]	나무라다, 꾸짖다
7181	**hibernate** [**hi**-ber-neyt]	겨울잠을 자다
7182	**gnaw** [naw]	쏠다, 갉아먹다, 물어뜯다
7183	**haute** [oht]	고급의, 상류(사회)의
7184	**repartee** [rep-er-**tee**]	재치 있는 말재주, 현답
7185	**fetid** [**fet**-id]	악취가 나는, 냄새가 고약한

245. The quality of a person's life is in direct proportion to their commitment to excellence, regardless of their chosen field of endeavor.
_Vince Lombardi
삶의 품격은 훌륭함에 이르고자 하는 그 사람의 헌신과 정비례한다. 그 노력의 분야는 중요하지 않다.
_빈스 롬바디

7186	**stoicism** [**stoh**-*uh*-siz-*uh* m]	금욕, 금기
7187	**pestle** [**pes**-*uh* l]	(막자사발용) 막자, 막자로 갈다
7188	**tousled** [**tou**-*zuh* ld]	헝클어진, 흐트러진
7189	**scarecrow** [**skair**-kroh]	허수아비
7190	**nugget** [**nuhg**-it]	덩어리, 작고 동그랗게 만든 음식, 금괴
7191	**plummet** [**pluhm**-it]	곤두박질치다, 급락하다
7192	**furor** [**fyoo** r-awr]	격렬한 감격, 열광적 유행, 열광, 분노, 격노
7193	**fiesta** [fee-**es**-t*uh*]	축제, 제전
7194	**ether** [**ee**-ther]	에테르(용매나 마취제로 쓰이는 알코올 추출물), (매개체로서의) 대기
7195	**voluble** [**vol**-y*uh*-b*uh* l]	달변의, 열변을 토하는
7196	**garrulous** [**gar**-*uh*-l*uh* s]	수다스러운, 장황한
7197	**introverted** [**in**-tr*uh*-vurt]	내성적인
7198	**bracken** [**brak**-*uh* n]	고사리, 양치류나 관목의 덤불

246. For to be free is not merely to cast off one's chains, but to live in a way that respects and enhances the freedom of others. _Nelson Mandela
자유란 스스로의 사슬을 걷어내는 것만으로는 충분하지 않다. 다른 사람의 자유를 존중하고 신장하는 방식으로 살아가야만 한다. _넬슨 만델라

7199	**clew** [kloo]	길잡이 실, (실을) 둥글게 감다
7200	**decrement** [**dek**-r*uh*-m*uh* nt]	감소, 소모
7201	**hippopotamus** [hip-*uh*-**pot**-*uh*-m*uh* s]	하마
7202	**purr** [pur]	(고양이가 기분이 좋아서) 가르랑거리다, 부웅부웅 하는 소리를 내다
7203	**lynch** [linch]	린치를 가하다, 교수형에 처하다
7204	**querulous** [**kwer**-*uh*-l*uh* s]	불평하는, 짜증내는
7205	**sorority** [s*uh*-**rawr**-i-tee]	(미국 대학의) 여학생 클럽
7206	**internecine** [in-ter-**nee**-seen]	(동일 조직·국가 내에서) 서로 죽이는[투쟁의], 상호 파괴적인
7207	**bevy** [**bev**-ee]	(같은 종류의) 무리, 떼
7208	**gibberish** [**jib**-er-ish]	영문 모를 말, 횡설수설
7209	**nepotism** [**nep**-*uh*-tiz-*uh* m]	친족 등용, 족벌주의
7210	**emeritus** [ih-**mer**-i-t*uh* s]	명예직의, 명예교수
7211	**intramural** [in-tr*uh*-**my*oo*** r-*uh* l]	교내의, 도시내의

247. People ask the difference between a leader and a boss. The leader leads, and the boss drives. _Theodore Roosevelt
리더와 보스에 대한 차이를 묻는 사람들이 있다. 리더가 이끄는 사람이라면 보스는 밀어붙이는 사람이다.
_테오도어 루즈벨트

7212	**quintessence** [kwin-**tes**-*uh* ns]	(무엇의 완벽한) 전형, 본질
7213	**stammer** [**stam**-er]	말을 더듬다, 말 더듬기
7214	**histrionic** [his-tree-**on**-ik]	연극 같은[과장된], 꾸민 듯한
7215	**kink** [kingk]	(곧은 곳이) 구부러진[꼬인] 것, (성격 등이) 뒤틀림[비뚤어짐]
7216	**tacky** [**tak**-ee]	초라한, 저속한, 끈적끈적한
7217	**dignitary** [**dig**-ni-ter-ee]	고위인사, 고위관리
7218	**demagogue** [**dem**-*uh*-gog]	선동정치가, 선동연설가
7219	**muss** [muhs]	헝클어뜨리다, 혼잡, 소란
7220	**salvo** [**sal**-voh]	일제사격[투하], 기습 공격
7221	**garter** [**gahr**-ter]	(스타킹·양말을 내려오지 않게 하는) 밴드
7222	**slouch** [slouch]	(단정치 못하게) 구부정한 자세를 취하다
7223	**auricular** [aw-**rik**-y*uh*-ler]	귀의, 청각의, 귓속말로 주고받는
7224	**sacrosanct** [**sak**-roh-sangkt]	신성불가침의, 더할 나위 없이 신성한

> 248. How far that little candle throws its beams! So shines a good deed in a naughty world. _William Shakespeare
> 저 작은 촛불이 얼마나 멀리까지 비추는지 보라! 저처럼 이 지저분한 세상에서 하나의 선행은 빛을 발한다. _윌리엄 셰익스피어

7225	**puritan** [**py*oo*** r-i-tn]	청교도, 철저한 금욕주의자
7226	**radish** [**rad**-ish]	(식물) 무
7227	**cataclysm** [**kat**-*uh*-kliz-*uh* m]	(홍수·전쟁 등의) 대재앙, 대변동
7228	**apportion** [*uh*-**pawr**-sh*uh* n]	나누다, 배분[할당]하다
7229	**feisty** [**fahy**-stee]	거침없는, 적극적인, 혈기 왕성한, 안달복달하는
7230	**rancor** [**rang**-ker]	양심
7231	**anemia** [*uh*-**nee**-mee-*uh*]	빈혈, 무기력
7232	**beckon** [**bek**-*uh* n]	(오라고) 손짓하다, 아주 매력적으로 보이다, (가능성이) 조짐을 보이다
7233	**hackneyed** [**hak**-need]	진부한, 케케묵은
7234	**typhoon** [tahy-**foon**]	태풍, 폭풍
7235	**underdog** [**uhn**-der-dawg]	패배자, 사회적 부정의 희생자, 승산이 적은 사람
7236	**pernicious** [per-**nish**-*uh* s]	(그 영향이 서서히 알아차리기 힘들게 진행되는 경우의) 치명적인, 유해한
7237	**escapade** [**es**-k*uh*-peyd]	무모한 장난[행위], 엉뚱한 짓

249. Love is the only kind of fire which is never covered by insurance.
_Anonymous

사랑은 보험에 의해 결코 보상되지 않은 유일한 종류의 불이다. _작자 미상

단어로 세상 읽기

synergy & collaboration

인디언 속담에 "혼자 가면 빨리 가지만, 함께 가면 멀리 간다"라는 이야기가 있습니다. 이 속담을 완벽히 담아내는 한 단어가 있습니다. 바로 시너지(synergy)입니다. 여러분께서는 인생에서 얼마나 많은 시너지를 경험하고 계십니까? 그래프에서 보시는 것처럼 시너지라는 단어의 사용 빈도는 기하급수적으로 올라가고 있습니다. 모든 분야의 기술 포화가 점점 심해지는 시점이 되면 시너지는 필요가 아니라 필수 덕목이 될 것입니다. 그렇다면 시너지를 내기 위해 우리에게 필요한 것은 무엇일까요? 바로 공동작업(collaboration)입니다. 공동작업이라는 단어도 사용 빈도가 빠르게 올라가고 있습니다. 그만큼 세상은 혼자보다는 함께 일하는 구조가 되어가고 있는 것입니다. 그런 관점에서 영어로 업무나 연구가 가능하다면 전 세계에 있는 다양한 사람들과 일할 기회가 많아질 것이고 더 다양하고 더 많은 시너지를 기대할 수도 있을 것입니다. 기승전'영어공부'! ^^ [X축: 연도, Y축: 총 단어 중 사용 빈도]

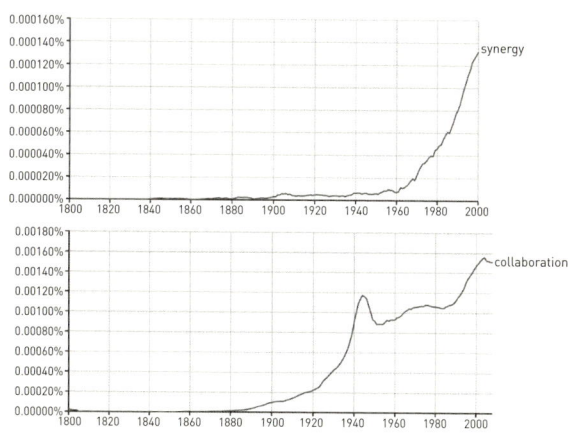

7238	**torpid** [**tawr**-pid]	무기력한, 활기[열의] 없는
7239	**mistletoe** [**mis**-*uh* l-toh]	겨우살이
7240	**romp** [romp]	까불며[즐겁게] 뛰놀다, (유희적인) 성관계, 액션이 많은 오락물, 수월한 승리
7241	**odyssey** [**od**-*uh*-see]	경험이 가득한 긴 여정
7242	**tartar** [**tahr**-ter]	치석(齒石), 성질이 나쁜 윗사람, 흉악한 사람
7243	**apogee** [**ap**-*uh*-jee]	정점, 절정, 원지점
7244	**queasy** [**kwee**-zee]	약간 불안한, 메스꺼운
7245	**balk** [bawk]	멈칫거리다, 꺼리다, (장애물 앞에서) 갑자기 멈추다
7246	**collocation** [kol-*uh*-**key**-sh*uh* n]	어떤 언어 내에서 특정한 뜻을 나타낼 때 흔히 함께 쓰이는 단어들의 결합
7247	**flaunt** [flawnt]	(못마땅함) 과시하다, 관능미를 과시하다
7248	**apposite** [**ap**-*uh*-zit]	적절한, 딱 들어맞는
7249	**craven** [**krey**-v*uh* n]	용기 없는, 비겁한
7250	**bilious** [**bil**-y*uh* s]	극도로 불쾌한, 성미가 까다로운, (병리) 담즙의

> 250. Poets are soldiers that liberate words form the steadfast possession of definition. _Eli Khamarov
> 시인들은 단어들을 확고부동한 정의의 소유로부터 해방시키는 병사들이다. _엘리 카마로프

7251	**cabal** [k*uh*-**bal**]	(정치적인) 음모단, 비밀결사, 음모를 꾸미다
7252	**tiara** [tee-**ar**-*uh*]	작은 왕관, 로마 교황의 관 (그 상징으로서 교황직, 교황의 권위)
7253	**iota** [ahy-**oh**-t*uh*]	(부정문에서) 극히 적은 양, 이오타
7254	**fractious** [**frak**-sh*uh* s]	성[짜증]을 잘 내는, 괴팍한
7255	**stow** [stoh]	(가득) 채워 넣다, (짐 등을) 싣다
7256	**consign** [k*uh* n-**sahyn**]	(무엇을 없애기 위해 어디에) 놓다[두다]
7257	**abnegation** [ab-ni-**gey**-sh*uh* n]	자제, 극기, (권리 등의) 포기
7258	**remodel** [ree-**mod**-l]	개조하다, 리모델링하다
7259	**remonstrate** [ri-**mon**-streyt]	항의[불평]하다, 이의를 제출하다
7260	**obtrusive** [*uh* b-**troo**-siv]	눈에 거슬리는, 주제넘게 참견하는
7261	**transpire** [tran-**spahy***uh* r]	알고 보니 ~이다, 일어나다[발생하다], (식물이) 수분을 발산하다
7262	**huff** [huhf]	(화가 나서) 씩씩거리다, 성내다, 불끈 화를 냄
7263	**cuddle** [**kuhd**-l]	(애정 표시로) 껴안다

> 251. All power tends to corrupt and absolute power corrupts absolutely.
> _Lord Acton
> 모든 권력은 부패하는 경향이 있으며 절대 권력은 절대적으로 부패한다. _로드 액턴

7264	**autocrat** [**aw**-t*uh*-krat]	전제군주, 독재자
7265	**execrable** [**ek**-si-kr*uh*-b*uh* l]	형편없는, 몹시 서투른, 혐오할
7266	**amethyst** [**am**-*uh*-thist]	자수정
7267	**gratuity** [gr*uh*-**tyoo**-i-tee]	팁, 하사금
7268	**disservice** [dis-**sur**-vis]	구박, 학대
7269	**vanquish** [**vang**-kwish]	(경쟁·전쟁 등에서) 완파하다
7270	**clamber** [**klam**-ber]	기어오르다, 기어가다
7271	**bucolic** [byoo-**kol**-ik]	전원의[시골의], 목가적인
7272	**gape** [geyp]	(놀라서) 입을 딱 벌리고 바라보다, 딱 벌어져 있다[벌어지다]
7273	**platonic** [pl*uh*-**ton**-ik]	관념적인, 정신적인 사랑의, 이상적인
7274	**carmine** [**kahr**-min]	암적색의, 진홍색의
7275	**tarnish** [**tahr**-nish]	흐리게 하다, 변색시키다, (평판을) 더럽히다
7276	**figment** [**fig**-m*uh* nt]	꾸며낸 것, 허구, 상상

252. A true lover always feels in debt to the one he loves. _Ralph W. Sockman
참된 연인은 언제나 그가 사랑하는 사람에게 빚지고 있다고 느낀다. _랄프 W. 속맨

7277	**strangulation** [strang-gy*uh*-**ley**-sh*uh* n]	교살, 목을 졸라 죽임
7278	**contusion** [k*uh* n-**too**-zh*uh* n]	타박상, 좌상
7279	**clod** [klod]	(흙·점토) 덩어리, 소의 어깨살, 돌대가리
7280	**clench** [klench]	(주먹을) 꽉 쥐다, (이를) 악물다, 단단히 고정시키다
7281	**adrenalin** [*uh*-**dren**-l-in]	흥분·분노 등을 느낄 때 생체 내에 생기는 호르몬
7282	**meander** [mee-**an**-der]	(강·도로 등이) 구불구불하다, 정처 없이 거닐다, 두서없이 이야기하다
7283	**underhand** [**uhn**-der-hand]	비밀의, 부정한, 음흉한
7284	**waft** [waft]	(공중에서 부드럽게) 퍼지다, (바람에 실려오는) 한 줄기 냄새[연기]
7285	**bombard** [bom-**bahrd**]	폭격하다, (공격·질문·비난 등을) 퍼붓다
7286	**coo** [koo]	정답게 속삭이다, 구구구 울다
7287	**commiseration** [k*uh*-miz-*uh*-**rey**-sh*uh* n]	(특히 시합에서 진 사람에 대한) 위로[동정]의 표현
7288	**verity** [**ver**-i-tee]	진리, 진실
7289	**lode** [lohd]	풍부한 원천, 수로

---

253. I am indebted to my father for living, but to my teacher for living well. _Alexander The Great

나는 삶에 대해 아버지에게 빚이 있지만, 잘 사는 것에 대해서는 스승에게 빚이 있다. _알렉산더 대왕

7290	**ravage** [**rav**-ij]	황폐[피폐]하게 만들다, 유린[파괴]하다
7291	**crestfallen** [**krest**-faw-l*uh* n]	풀이 죽은, 의기소침한
7292	**abrogate** [**ab**-r*uh*-geyt]	(법령 등을) 폐지하다, 무효화하다
7293	**figurehead** [**fig**-yer-hed]	명목상의 최고위자, 배의 앞부분에 나무로 만들어 붙이는 상
7294	**dribble** [**drib**-*uh* l]	(침 등을) 질질 흘리다, 똑똑 떨어지다, (공을) 드리블하다
7295	**siesta** [see-**es**-t*uh*]	낮잠, 휴식
7296	**hamstring** [**ham**-string]	뒷다리 관절 뒷부분의 힘줄, 절름발이로 만들다, 무효화하다
7297	**fumble** [**fuhm**-b*uh* l]	(무엇을 하거나 찾느라고 손으로) 더듬거리다, (말을) 더듬거리다, 더듬거리기
7298	**scurry** [**skur**-ee]	급히 가다, 종종걸음을 치다, (나뭇잎 등이) 흩날리다, 잰걸음
7299	**chimerical** [ki-**mer**-i-k*uh* l]	공상적인, 터무니없는, 비현실의, 기상천외의
7300	**prescience** [**presh**-*uh* ns]	예지, 선견, 통찰
7301	**nettle** [**net**-l]	쐐기풀, 짜증나게 하다
7302	**abasement** [*uh*-**beys**-m*uh* nt]	자기 비하, 불명예, 굴욕

---

254. No one has a right to consume happiness without producing it.
_Helen Keller

누구도 행복을 생산하지 않고 소비할 권리는 없다. _헬렌 켈러

7303	**phlegmatic** [fleg-**mat**-ik]	냉담한, 침착한, 무기력한, 게으른, 점액질의
7304	**symbiosis** [sim-bee-**oh**-sis]	공생, 공존, 공동생활
7305	**welter** [**wel**-ter]	(정신없을 정도로) 엄청난 양, 구르다, 굴러다니다
7306	**diva** [**dee**-vuh]	(오페라의) 주연 여가수
7307	**incubate** [**in**-kyuh-beyt]	(조류가 알을) 품다, (세균 등을) 배양하다, (전염병이) 잠복기에 있다
7308	**plinth** [plinth]	(기둥·동상의) 대좌
7309	**propitiate** [pruh-**pish**-ee-eyt]	달래다, 화해시키다, 비위를 맞추다
7310	**twang** [twang]	탕 하고 울리다, 콧소리 섞인 억양, 강한 냄새[맛]
7311	**decoction** [dih-**kok**-shuh n]	달임, 달인 즙, 탕약
7312	**jocular** [**jok**-yuh-ler]	웃기는, 우스꽝스러운
7313	**speckle** [**spek**-uh l]	작은 반점
7314	**vibe** [vahyb]	영향을 주다, (감정 등을) 발산시키다
7315	**homeopathy** [hoh-mee-**op**-uh-thee]	동종요법

> 255. The man who does not read good books has no advantage over the man who cannot read them. _Mark Twain
> 양서를 읽지 않는 사람은 글자를 읽지 못하는 사람보다 나을 바가 없다. _마크 트웨인

7316	**exult** [ig-**zuhlt**]	기뻐서 어쩔 줄 모르다, 의기양양하다
7317	**demur** [dih-**mur**]	이의를 제기하다
7318	**gouge** [gouj]	(난폭하게) 찌르다, 바가지를 씌우다, 둥근끌로 파다[새기다]
7319	**tautology** [taw-**tol**-*uh*-jee]	동의어 반복
7320	**sprain** [spreyn]	삐다[접지르다], 염좌
7321	**opprobrium** [*uh*-**proh**-bree-*uh* m]	불명예, 치욕
7322	**photon** [**foh**-ton]	광자, 광양자
7323	**hurrah** [h*uh*-**rah**]	만세, 환호하다, 떠들썩한
7324	**squabble** [**skwob**-*uh* l]	티격태격 다투다, 시시한 언쟁
7325	**decry** [dih-**krahy**]	헐뜯다, 공공연히 비난하다
7326	**prattle** [**prat**-l]	(쓸데없이 마구) 지껄이다, 수다, 떠듬거리는 말
7327	**charlatan** [**shahr**-l*uh*-tn]	협잡꾼, 사기꾼, 돌팔이 의사
7328	**verbose** [ver-**bohs**]	장황한, 말이 많은

---

256. If we will be quiet and ready enough, we shall find compensation in every disappointment. _Henry David Thoreau

침착하게 충분한 준비를 한다면 어떠한 실망 속에서라도 보상을 찾게 될 것이다. _헨리 데이비드 소로

7329	**defecation** [def-i-**key**-sh*uh* n]	배변
7330	**squirt** [skwurt]	(가스 등을 가늘게) 내뿜다[분출하다], 찍 나오다
7331	**groggy** [**grog**-ee]	몸을 가누지 못하는, 휘청거리는
7332	**scrawl** [skrawl]	휘갈겨 쓰다, 낙서를 하다, 휘갈겨 쓰기
7333	**bode** [bohd]	징조가 되다, 조짐이다
7334	**presage** [**pres**-ij]	(불길한 일의) 전조가 되다, 예언하다
7335	**effete** [ih-**feet**]	기운이 빠진, 무력해진
7336	**bile** [bahyl]	담즙, 분노, 증오
7337	**titanic** [tahy-**tan**-ik]	아주 거대한[중대한/힘든], 엄청난
7338	**conjuncture** [k*uh* n-**juhngk**-cher]	국면, 사태, 결합, 접합
7339	**crucify** [**kroo**-s*uh*-fahy]	십자가에 매달아 죽이다, 호되게 비판하다
7340	**corpulent** [**kawr**-py*uh*-l*uh* nt]	(fat이라는 단어를 피하기 위해 쓰는) 뚱뚱한, 살찐, 비만한
7341	**cachet** [ka-**shey**]	(사람들이 흠모하는) 특징[특질], (공문서 등에 찍은) 인장

> 257. Be careful the environment you choose for it will shape you; be careful the friends you choose for you will become like them. _W. Clement Stone
> 환경을 조심히 선택하라, 당신을 만들 테니. 친구를 조심히 선택하라, 당신이 그들처럼 될 테니.
> _W. 클레멘트 스톤

7342	**morphological** [mawr-**fol**-*uh*-jee-k*uh* l]	형태학적인, 형태론적인
7343	**flail** [fleyl]	마구 움직이다, 매타작을 하다
7344	**argent** [**ahr**-j*uh* nt]	은빛의, 은백색의, 은빛
7345	**imbibe** [im-**bahyb**]	(술 등을) 마시다, (정보 등을) 흡수하다
7346	**dereliction** [der-*uh*-**lik**-sh*uh* n]	(건물 등의) 퇴락, (직무) 유기[태만]
7347	**scrimmage** [**skrim**-ij]	난투, 드잡이, 격투
7348	**surfeit** [**sur**-fit]	과다, 과식[폭식]
7349	**rill** [ril]	실개천
7350	**eraser** [ih-**rey**-ser]	지우개, 말소자
7351	**deluxe** [d*uh*-**luhks**]	호화로운, 사치스러운
7352	**buxom** [**buhk**-s*uh* m]	건강하고 쾌활한, (여자의 가슴이) 풍만한
7353	**rasp** [rasp]	거친[쉰] 소리로 말하다, (표면을 다듬는 줄로) 긁다[쓸다], 거친[쉰] 소리
7354	**vendetta** [ven-**det**-*uh*]	(두 집단이 살인에 살인을 거듭하며 오래 계속하는) 피의 복수

---

258. The mind is the limit. As long as the mind can envision the fact that you can do something, you can do it, as long as you really believe 100 percent. _Arnold Schwarzenegger

정신이 곧 한계다. 생각 속에서 뭔가를 해내는 것이 가능하다고 그릴 수만 있다면, 그것을 해낼 수 있다. 가능하다는 생각을 100퍼센트 믿는다면 말이다. _아놀드 슈왈제네거

7355	**chide** [chahyd]	꾸짖다, 책망하다
7356	**gladiator** [**glad**-ee-ey-ter]	검투사, 논객
7357	**bellicose** [**bel**-i-kohs]	호전적인, 싸우기 좋아하는
7358	**torque** [tawrk]	회전(비틀림) 모멘트
7359	**stomp** [stomp]	쿵쿵거리며 걷다, 발을 구르며 춤추다
7360	**tussle** [**tuhs**-uh l]	난투, 드잡이하다
7361	**relegate** [**rel**-i-geyt]	좌천시키다, (하위 리그로) 강등시키다
7362	**pediatrics** [pee-dee-**a**-triks]	소아과(학)
7363	**pesky** [**pes**-kee]	성가신, 번거로운
7364	**spurn** [spurn]	퇴짜 놓다, 일축하다
7365	**tryst** [trist]	(애인 사이의) 밀회, 만날 약속
7366	**homologous** [h*uh*-**mol**-*uh*-g*uh* s]	(위치·구조·성질 등이) 일치[상응]하는
7367	**punctuate** [**puhngk**-choo-eyt]	간간이 끼어들다, (문장에) 구두점을 찍다

> 259. Failure will never overtake me if my determination to succeed is strong enough. _Og Mandino
> 성공하겠다는 결심이 공고하다면 실패가 나를 엄습하는 일은 절대 없을 것이다. _오그 만디노

7368	**squeamish** [**skwee**-mish]	비위가 약한, (부정직한 일에 대해) 너무 결벽한
7369	**cranny** [**kran**-ee]	갈라진 틈[구멍]
7370	**leach** [leech]	침출되다, 스며 나오다
7371	**hackle** [**hak**-uh l]	(낚시용) 수탉의 목 깃털, 난도질하다
7372	**plait** [pleyt]	(머리를) 땋은 것, (머리·밧줄 등을) 땋다[꼬다]
7373	**winsome** [**win**-suh m]	매력 있는, 쾌활한, 사람을 끄는
7374	**idiosyncrasy** [id-ee-uh-**sing**-kruh-see]	특이한 성격[방식]
7375	**resuscitate** [ri-**suhs**-i-teyt]	(인공호흡 등으로) 소생시키다, 부활시키다, 되살아나게 하다
7376	**trudge** [truhj]	(지쳐서) 터덜터덜 걷다, (무거운 것을 들고) 느릿느릿 걷다
7377	**stewardess** [**styoo**-er-dis]	여자 승무원
7378	**testicle** [**tes**-ti-kuh l]	고환, 정소
7379	**barb** [bahrb]	(화살촉·낚시바늘 등의) 미늘, 가시 돋친 말
7380	**cull** [kuhl]	추려내다, (동물 등의 수를 제한하기 위해) 도태시키다, (꽃을) 따 모으다

260. Good character is not formed in a week or a month. It is created little by little, day by day. Protracted and patient effort is needed to develop good character. _Heraclitus
좋은 인성은 한 주나 한 달 만에 형성되는 것이 아니다. 매일 조금씩 만들어지는 것이다. 지속적이고 꾸준한 노력이 필요하다. _헤라클레이토스

7381	**gavel** [**gav**-*uh* l]	의장을 맡다, 개회하다, (진행자가 쓰는 작은) 망치, (봉건시대의) 조세
7382	**glade** [gleyd]	숲 속의 빈터
7383	**offal** [**aw**-f*uh* l]	(음식 재료로 쓰는 동물의) 내장
7384	**yaw** [yaw]	(배·비행기 등이) 한쪽으로 기우뚱해지다
7385	**wroth** [rawth]	격노한, 사나운
7386	**deport** [dih-**pawrt**]	(불법 체류자 등을) 강제 추방하다, 강제 이송하다
7387	**exonerate** [ig-**zon**-*uh*-reyt]	무죄임[책임이 없음]을 밝혀 주다, 면제하다
7388	**imbue** [im-**byoo**]	(강한 감정이나 의견 등을) 가득 채우다, 스며들게 하다
7389	**empiric** [em-**pir**-ik]	경험주의자, 돌팔이 의사
7390	**foment** [foh-**ment**]	(문제를) 조성[조장]하다, 유발하다, (환부를) 더운찜질하다
7391	**banister** [**ban**-*uh*-ster]	난간
7392	**billow** [**bil**-oh]	(바람에) 부풀어 오르다, (연기·구름 등이) 피어오르다, 자욱하게 피어오르는 것
7393	**writhe** [rahy*th*]	(극심한 고통으로) 온몸을 비틀다

261. We pardon to the extent that we love. _Francois de la Rochefoucauld
우리는 우리가 사랑하는 만큼 용서한다. _ 프랑수아 드 라 로슈푸코

7394	**abridge** [*uh*-**brij**]	요약하다, 축약하다
7395	**whisker** [**wis**-ker]	(고양이, 쥐 등의) 수염, 구레나룻
7396	**licorice** [**lik**-er-ish]	감초
7397	**comport** [k*uh* m-**pawrt**]	(특정한 방식으로) 행동[처신]하다
7398	**lilt** [lilt]	(듣기 좋은) 억양, 리듬, 경쾌하게 노래하다[움직이다]
7399	**contravene** [kon-tr*uh*-**veen**]	위반하다, 반대하다
7400	**iterate** [**it**-*uh*-reyt]	되풀이하여 말하다, 반복하다
7401	**scorch** [skawrch]	그을리다, 말라죽게[시들게] 하다, 전속력으로 달리다
7402	**cudgel** [**kuhj**-*uh* l]	(무기로 쓰는) 곤봉, 곤봉으로 때리다
7403	**pugnacious** [puhg-**ney**-sh*uh* s]	호전적인, 싸우기 좋아하는
7404	**submerge** [s*uh* b-**murj**]	잠수하다, 물속에 잠기다, (생각·감정 등을) 깊이 감추다
7405	**perplex** [per-**pleks**]	(무엇을 이해할 수 없어서) 당혹하게 하다
7406	**fang** [fang]	(뱀·개 등의) 송곳니

---

262. Take chances, make mistakes. That's how you grow. Pain nourishes your courage. You have to fail in order to practice being brave.
_Mary Tyler Moore

기회를 잡고 실수를 하라. 그것이 당신이 성장하는 방법이다. 고통은 용기를 키운다. 용감해지기 위해 실패해야 한다. _매리 테일러 무어

7407	**militate** [**mil**-i-teyt]	(불리하게) 작용하다, 영향을 미치다
7408	**interlocutory** [in-ter-**lok**-yuh-tawr-ee]	대화의, 회화체의
7409	**floe** [floh]	(바다에 떠다니는) 얼음덩어리, 유빙
7410	**infest** [in-**fest**]	(곤충이나 쥐 같은 동물이) 들끓다, 우글거리다, 만연하다
7411	**carol** [**kar**-uh l]	캐럴(기쁨의 노래), (새의) 지저귐, 즐겁게 노래하다
7412	**allot** [uh-**lot**]	(시간·돈·업무 등을) 할당[배당]하다
7413	**lugubrious** [loo-**goo**-bree-uh s]	침울한, 우울한, 애처로운
7414	**isosceles** [ahy-**sos**-uh-leez]	이등변의
7415	**tort** [tawrt]	불법행위
7416	**circumscribe** [**sur**-kuh m-skrahyb]	(권리 등을) 제한[억제]하다, 둘레에 선을 긋다
7417	**bulldozer** [**boo** l-doh-zer]	불도저, 협박자
7418	**pudgy** [**puhj**-ee]	땅딸막한, 포동포동한
7419	**cursive** [**kur**-siv]	필기체의

---

263. Nature is relentless and unchangeable, and it is indifferent as to whether its hidden reasons and actions are understandable to man or not.
_Galileo Galilei

자연은 수그러들지 않고 변하지 않으며, 인간이 그 숨겨진 원리와 행동을 이해할 수 있는지에 관해서는 관심이 없다. _갈릴레오 갈릴레이

7420	**diffraction** [dih-**frak**-sh*uh* n]	회절
7421	**demean** [dih-**meen**]	(자신의) 품위를 떨어뜨리다, 비하하다, 행동하다[처신하다]
7422	**munificent** [myoo-**nif**-*uh*-s*uh* nt]	대단히 후한, 아낌없이 주는, 손이 큰
7423	**epilepsy** [**ep**-*uh*-lep-see]	(의학) 간질
7424	**starfish** [**stahr**-fish]	불가사리
7425	**chive** [chahyv]	(조미료) 골파, 쪽파, 달래, 부추
7426	**filibuster** [**fil**-*uh*-buhs-ter]	(의회에서의) 의사 진행 방해
7427	**compatriot** [k*uh* m-**pey**-tree-*uh*]	동포, 동료, 같은 나라의
7428	**skimpy** [**skim**-pee]	꼭 끼는, 불충분한, (너무 작아서) 노출이 심한
7429	**whet** [wet]	(욕구·흥미를) 돋우다[동하게 하다]
7430	**acme** [**ak**-mee]	절정, 극치, 정점
7431	**quibble** [**kwib**-*uh* l]	(별것도 아닌 일로) 옥신각신하다[투덜대다], 둘러대다, 불만, 궤변
7432	**cryogenic** [krahy-*uh*-**jen**-ik]	극저온의

264. If money is your hope for independence you will never have it. The only real security that a man will have in this world is a reserve of knowledge, experience, and ability. _Henry Ford
자립을 위한 희망이 돈이라면 절대 자립할 수 없을 것이다. 이 세상에서 사람이 가질 수 있는 유일한 안정은 지식과 경험 그리고 능력의 비축이다. _헨리 포드

7433	**shrew** [shroo]	잔소리가 심한 여자, 욕을 퍼부으며 떠들다
7434	**effervescence** [ef-er-**ves**-*uh* ns]	거품이 남, 흥분, 활기
7435	**neophyte** [**nee**-*uh*-fahyt]	초심자, 초보자
7436	**recrimination** [ri-krim-*uh*-**ney**-sh*uh* n]	(상대방의 비난에 맞대응으로) 비난, 맞고소
7437	**clinch** [klinch]	성사시키다, 매듭짓다, 결말을 내다, (권투에서) 끌어안음
7438	**knead** [need]	반죽하다, 개다, 주무르다
7439	**raisin** [**rey**-zin]	건포도
7440	**cortege** [kawr-**tezh**]	(장례·의식의) 행렬, 수행원들
7441	**hermetic** [hur-**met**-ik]	밀봉한, 사이가 긴밀한
7442	**fetus** [**fee**-t*uh* s]	(임신 9주 후의) 태아
7443	**periscope** [**per**-*uh*-skohp]	잠망경, 전망경
7444	**influent** [**in**-floo-*uh* nt]	유입하는, 흘러드는
7445	**swindle** [**swin**-dl]	사취하다, 사기치다, 사취, 사기꾼

---

265. The only conquests which are permanent and leave no regrets are our conquests over ourselves. _Napoleon Bonaparte

영원하며 어떠한 후회들도 남기지 않는 유일한 정복들은 우리 자신에 대한 정복들이다.
_나폴레옹 보나파르트

7446	**glisten** [**glis**-*uh* n]	(젖은 것이) 반짝이다, 번들거리다
7447	**rove** [rohv]	방랑하다, 헤매다, (눈이) 두리번거리다
7448	**fetter** [**fet**-er]	(남의 자유를) 구속하다, (죄수의 발에) 족쇄를 채우다, 속박, 구속
7449	**punctilious** [puhngk-**til**-ee-*uh* s]	꼼꼼한, 딱딱한, (좋은 뜻에서) 형식에 치우친
7450	**fatuous** [**fach**-oo-*uh* s]	어리석은, 얼빠진, 실체가 없는, 비현실적인
7451	**beatific** [bee-*uh*-**tif**-ik]	아주 행복해 하는, 기쁨이 충만한
7452	**scurrilous** [**skur**-*uh*-*luh* s]	상스러운, 천박한
7453	**twirl** [twurl]	빙글빙글 돌다[돌리다], 휘두르다, (손가락으로) 배배 꼬다
7454	**exude** [ig-**zood**]	(느낌 등이) 물씬 풍기다, 스며 나오다, 발산시키다
7455	**muffle** [**muhf**-*uh* l]	(소리를) 죽이다[약하게 하다], (따뜻하게 하기 위해) 감싸다[덮다]
7456	**sheath** [sheeth]	칼집, 덮개
7457	**trawl** [trawl]	대대적으로 조사하다, 샅샅이 훑다, 저인망 어업을 하다
7458	**rotund** [roh-**tuhnd**]	둥근, 통통한

---

266. He who is devoid of the power to forgive, is devoid of the power to love. _Martin Luther King Jr

용서하는 힘이 결여된 사람은 사랑하는 힘도 결여되어 있다. _마틴 루터 킹 주니어

7459	**cathode** [**kath**-ohd]	음극 〈anode: 양극〉
7460	**hobble** [**hob**-*uh* l]	다리를 절다, 절뚝거리다, 어색한 방법을 쓰다, 서투른 진행 방법[말투]을 쓰다
7461	**filly** [**fil**-ee]	암망아지, 말괄량이
7462	**protean** [**proh**-tee-*uh* n]	변화무쌍한, 여러 역을 해내는
7463	**bronchial** [**brong**-kee-*uh* l]	(의학) 기관지의
7464	**ingot** [**ing**-g*uh* t]	주괴, 금은괴
7465	**tycoon** [tahy-**koon**]	(재계의) 거물
7466	**digress** [dih-**gres**]	주제에서 벗어나다, 다른 말을 하기 시작하다, 빗나가다
7467	**loquacious** [loh-**kwey**-sh*uh* s]	말이 많은, 떠들썩한
7468	**boomerang** [**boo**-m*uh*-rang]	부메랑, (노리던 대상이 아니라 계획의) 장본인에게 해로운 결과를 낳다
7469	**umbrage** [**uhm**-brij]	불쾌, 분개, 나뭇잎
7470	**lop** [lop]	(나뭇가지를) 자르다[잘라 내다], 축 처지다, 늘어지다
7471	**galore** [guh-**lawr**]	많은, 풍성한, 푸짐하게

> 267. The real voyage of discovery consists not in seeking new landscapes but in having new eyes. _Marcel Proust
> 깨달음의 참 여행은 새로운 경치들을 찾는 데에 있는 것이 아니라 새로운 시각을 갖는 데에 있다.
> _마르셀 프루스트

7472	**malfeasance** [mal-**fee**-z*uh* ns]	불법행위, 부정행위
7473	**libation** [lahy-**bey**-sh*uh* n]	(과거 신에게 바치던) 헌주[신주]
7474	**etcetera** [et-**set**-er-*uh*]	기타 등등, 그 밖의 여러 가지
7475	**wrangle** [**rang**-g*uh* l]	(복잡하고 오래 계속되는) 언쟁[다툼], 언쟁을 벌이다[다투다]
7476	**fulsome** [**foo** l-s*uh* m]	(칭찬 등이) 지나친[진실성이 안 느껴지는]
7477	**pupa** [**pyoo**-p*uh*]	번데기
7478	**flabbergasted** [**flab**-er-gas-tid]	크게 놀란, 당황스러운
7479	**exorcise** [**ek**-sawr-sahyz]	(귀신을) 내쫓다, 몰아내다, (나쁜생각을) 떨쳐버리다
7480	**gird** [gurd]	둘러싸다, 묶다, 조롱하다, 비웃다
7481	**coeval** [koh-**ee**-v*uh* l]	같은 시대의, 시작 시기가 같은
7482	**skewer** [**skyoo**-er]	꼬챙이, 꼬챙이에 꿰다
7483	**perk** [purk]	거만하게 굴다, (귀 등이) 쫑긋 서다, 기운을 회복하다, (급료 외에) 특전
7484	**verbiage** [**vur**-bee-ij]	장황함, 쓸데없는 말이 많음

---

268. History informs us of past mistakes from which we can learn without repeating them. _William H. Hastie

역사는 우리에게 그것들을 반복하지 않고 배울 수 있는 과거의 실수들을 알려준다. _윌리엄 H. 하스티

단어로 세상 읽기

oil

석유(oil) 파동이 있었던 1973~1979년 전후로 'oil'이라는 단어가 정말 많이 쓰였는지 확인하기 위해 검색해 보았습니다. 결과는 예상대로였습니다. 1980년을 기점으로 사용 빈도의 정점을 확인할 수 있었습니다. 하지만 더 흥미로운 결과를 발견하였습니다. 석유파동 시기만큼 뚜렷한 두 개의 피크가 추가로 확인된 것입니다. 그 피크의 시기는 바로 또 세계 1, 2차 세계 대전 직후입니다. 이미 공장(factory)이라는 단어를 검색했을 때도 똑같은 상황을 확인한 적이 있습니다. 전쟁과 전후 복구 시기는 어느 때보다 물자의 소모가 많은 시기이기 때문에 공장, 석유 같은 2차 산업과 밀접하게 관련된 단어들의 사용이 문헌에서 폭발적으로 증가되었다는 것이 정말 흥미롭습니다. 방대한 단어 데이터의 누적에서 역사적 상황을 유추할 수 있다는 것이 빅데이터의 힘을 새삼 실감하게 합니다. BIGVOCA는 시대적 상황까지 반영하고 있는 가장 현실적이고 완벽한 우선순위 기반 단어장입니다. 함께 열심히 단어를 외우실까요?^^ [X축: 연도, Y축: 총 단어 중 사용 빈도]

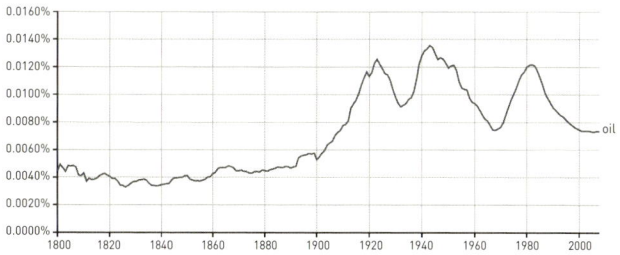

7485	**debauch** [dih-**bawch**]	(주색으로) 타락시키다, (여자를) 유혹하다, 주색에 빠지다, 방탕, 난봉
7486	**hauteur** [hoh-**tur**]	오만, 거만
7487	**gambit** [**gam**-bit]	(우세를 확보하려는) 선수, 책략
7488	**chromatic** [kroh-**mat**-ik]	색채의, 반음계의, (생물) 염색체의
7489	**serenade** [ser-*uh*-**neyd**]	(사랑하는 여인의 창 밖에서 부르는) 세레나데, 소야곡, 세레나데를 부르다
7490	**interloper** [**in**-ter-loh-per]	침입자, 주제넘은 사람
7491	**blurt** [blurt]	불쑥 내뱉다[말하다]
7492	**venial** [**vee**-nee-*uh* l]	(죄 따위가) 용서할 수 있는, 죄가 가벼운
7493	**loiter** [**loi**-ter]	어정거리다, 빈둥거리다
7494	**vapid** [**vap**-id]	김빠진, 지루한, 활기 없는
7495	**gauche** [gohsh]	(사람을 대하는 데) 서투른, 눈치 없는
7496	**innards** [**in**-erdz]	내장, 기계의 내부
7497	**constrict** [k*uh* n-**strikt**]	압축하다, 단단히 죄다

269. Be gentle to all, and stern with yourself. _St. Teresa of Avila
모두에게 온화하라. 그리고 자신에게는 엄격하라. _ 아빌라의 성녀 테라사

7498	**fester** [fes-ter]	(상처가) 곪다, (나쁜 생각·감정 등이) 악화되다
7499	**distill** [dih-stil]	증류하다, 증류하여 불순물을 제거하다, 추출하다
7500	**geyser** [gahy-zer]	간헐천, 분출하다
7501	**verve** [vurv]	열정, 활기, 정력
7502	**sleazy** [slee-zee]	추잡한, 지저분한, 천박한
7503	**improvident** [im-prov-i-duhnt]	선견지명이 없는, 경솔한
7504	**cinch** [sinch]	쉬운 일, 확실한 일, 꽉 잡기
7505	**realtor** [ree-uh l-ter]	부동산업자, 공인중개사
7506	**fluorescent** [floo-res-uh nt]	형광성의, 형광등
7507	**plaudits** [plaw-dits]	칭찬, 찬사
7508	**cajole** [kuh-johl]	감언으로 꾀다[속이다], 회유하다
7509	**confetti** [kuh n-fet-ee]	색종이 조각
7510	**rejuvenate** [ri-joo-vuh-neyt]	활력을 되찾게 하다, 다시 젊어 보이게 하다

> 270. Outstanding leaders appeal to the hearts of their followers – not their minds. _Anonymous
> 뛰어난 지도자들은 추종자들의 가슴에 호소한다. 그들의 머리가 아니라. _작자 미상

7511	**gripe** [grahyp]	불만, 불평, 괴롭힘, 불평을 하다, 괴롭히다
7512	**gaff** [gaf]	(큰 물고기를 물에서 끌어올리는 데 쓰는) 갈고리, 작살
7513	**hornet** [**hawr**-nit]	말벌, 심술쟁이
7514	**recant** [ri-**kant**]	(신념 등을) 철회하다, 부인하다
7515	**cornucopia** [kawr-n*uh*-**koh**-pee-*uh*]	풍요의 뿔, (좋은 것들이 가득 찬) 보고
7516	**fiduciary** [fi-**doo**-shee-er-ee]	(자산) 신탁의, 수탁자의
7517	**gullet** [**guhl**-it]	식도, 목구멍
7518	**inculcate** [in-**kuhl**-keyt]	(생각 · 도덕률 등을 특히 자주 반복함으로써 머릿속에) 심어주다, 주입시키다
7519	**bib** [bib]	턱받이, (스포츠 경기 때 가슴과 등에 다는) 번호판
7520	**bonanza** [b*uh*-**nan**-z*uh*]	노다지, 아주 수지맞는 일
7521	**salubrious** [s*uh*-**loo**-bree-*uh* s]	건강에 좋은, 몸에 좋은, 살기 좋은
7522	**crimp** [krimp]	곱슬곱슬하게 하다, (천 등에) 주름을 잡다, 유괴 주선업자
7523	**trapezoid** [**trap**-*uh*-zoid]	사다리꼴, 부등변사각형

271. There is no such thing as failed experiment, only experiments with unexpected outcomes. _R. Buckminster Fuller
실패한 실험 같은 것은 없으며 단지 예상치 못한 결과들이 나온 실험들만이 있을 뿐이다.
_R 버크민스터 풀러

7524	**abjure** [ab-**joo**r]	(신념 등을) 포기하다, 철회하다
7525	**miasma** [mahy-**az**-m*uh*]	(지저분한·불쾌한) 공기[기운/냄새]
7526	**welt** [welt]	(맞거나 쓸려서 피부가) 부푼[부은] 자국
7527	**drool** [drool]	군침을 질질 흘리다, 과장된 말투로 말하다
7528	**blare** [blair]	요란하게 울리다, 울려 퍼지다
7529	**flog** [flog]	태형을 내리다, 채찍으로 때리다, 팔아 치우다
7530	**chafe** [cheyf]	(피부가) 쓸리다[까이다], (어떤 한계 때문에) 짜증내다[애태우다]
7531	**gainsay** [**geyn**-sey]	부정하다, 반대하다, 논쟁하다
7532	**gloat** [gloht]	(자신의 성공에) 흡족해하다, (남의 실패를) 고소해하다
7533	**rummage** [**ruhm**-ij]	샅샅이 뒤지다, 찾아내다
7534	**vitriolic** [vi-tree-**ol**-ik]	(논평이) 독설에 찬, 통렬한
7535	**truancy** [**troo**-*uh*n-see]	무단결석, 꾀를 부려 쉬기
7536	**quaternary** [**kwot**-er-ner-ee]	네 가지 요소로 된, 네 개 한 벌의

272. One of the tests of leadership is the ability to recognize a problem before it becomes an emergency. _Arnold H. Glasow
리더십의 조건 중 하나는 위급상황이 되기 전에 문제를 알아채는 능력이다. _아놀드 H. 글라소

7537	**jostle** [**jos**-*uh* l]	(많은 사람들 사이에서) 거칠게 밀치다[떠밀다], ~와 겨루다, 밀치락달치락
7538	**propound** [pr*uh*-**pound**]	(이론·문제 등을) 제안[제의]하다
7539	**scallop** [**skal**-*uh* p]	가리비, 물결 모양으로 만들다
7540	**spook** [spook]	유령, 스파이, 겁먹게 하다
7541	**atavistic** [at-*uh*-**vis**-tik]	인간 본래의
7542	**portend** [pawr-**tend**]	(불길한) 전조가 되다, 징후를 보이다
7543	**strew** [stroo]	흩다, 흩뿌리다, 흩어지다, 흩뿌려져 있다
7544	**shrivel** [**shriv**-*uh* l]	시들게 하다, 쪼글쪼글해지다
7545	**somatic** [soh-**mat**-ik]	신체의, 육체의, 체세포의 (주로 생물학, 해부학)
7546	**tadpole** [**tad**-pohl]	올챙이
7547	**dissemble** [dih-**sem**-b*uh* l]	(진짜 감정·의도를) 숨기다, 가식적으로 꾸미다
7548	**deprecate** [**dep**-ri-keyt]	비난하다, 반대하다
7549	**apprise** [*uh*-**prahyz**]	알리다, 통지하다

---

273. We judge others by their behavior. We judge ourselves by our intentions. _Ian Percy

우리는 다른 사람들을 그들의 행동에 따라 판단한다. 우리는 스스로 의도에 따라 판단한다. _아이언 펄시

7550	**crevasse** [kr*uh*-**vas**]	깊이 갈라진 틈
7551	**ingratiate** [in-**grey**-shee-eyt]	(못마땅함) 환심을 사다, 비위를 맞추다
7552	**casuistry** [**kazh**-oo-*uh*-stree]	(궤변으로 도덕적·법률적 문제를 해결하는 방식) 결의법
7553	**polyglot** [**pol**-ee-glot]	여러 언어로 쓰인, 여러 언어를 사용하는
7554	**aplomb** [*uh*-**plom**]	(어려운 상황에서의) 침착함
7555	**cackle** [**kak**-*uh* l]	꼬꼬댁 울다, (불쾌하게) 낄낄 웃다[키득거리다]
7556	**halcyon** [**hal**-see-*uh* n]	평온한, 물총새
7557	**washout** [**wosh**-out]	(비로 인한) 대실패, 토사의 유실
7558	**snip** [snip]	(가위로 싹둑) 자르다, (가위로 싹둑) 자르기, 자투리
7559	**requiem** [**rek**-wee-*uh* m]	추모 예배, 추도 미사, 진혼곡
7560	**gobble** [**gob**-*uh* l]	게걸스럽게 먹다, (칠면조가 목에서) 고르륵고르륵 하는 소리를 내다
7561	**augur** [**aw**-ger]	(상서롭지 못한) 전조가 되다, 점쟁이
7562	**capitation** [kap-i-**tey**-sh*uh* n]	균일 할당, 인두세

> 274. Beauty is worse than wine; it intoxicates both the holder and the beholder. _Aldous Huxley
> 아름다움은 와인보다 나쁘다. 그것은 보유자와 보는 사람 양쪽 모두를 취하게 한다. _올더스 헉슬리

7563	**toot** [toot]	(관악기·경적을) 울리다, 코카인을 흡입하다
7564	**mutate** [**myoo**-teyt]	돌연변이가 되다, 돌연변이를 만들다, (새로운 형태로) 변형되다
7565	**daub** [dawb]	(페인트·진흙 등을 두껍게) 바르다[칠하다], (의도적으로) 더럽히다
7566	**jeer** [jeer]	야유[조롱]하다, 야유, 조롱
7567	**lisp** [lisp]	혀짤배기소리, 혀짤배기 소리로 발음하다
7568	**avocation** [av-*uh*-**key**-sh*uh* n]	취미, 여가 활동, 부업
7569	**recline** [ri-**klahyn**]	(편안하게) 비스듬히 기대다[눕다], (의자 등받이가) 뒤로 넘어가다[넘기다]
7570	**aviary** [**ey**-vee-er-ee]	(동물원의 큰) 새장
7571	**scamper** [**skam**-per]	(아동이나 작은 동물이) 날쌔게 움직이다, 허둥지둥 도망치다[달려가다]
7572	**unctuous** [**uhngk**-choo-*uh* s]	기름기 있는[유성의], (말이) 번지르르한
7573	**mercuric** [mer-**kyoo** r-ik]	수은의, 수은을 포함한
7574	**atelier** [**at**-l-yey]	작업실, 아틀리에
7575	**derby** [**dur**-bee]	(동일 지역 내의 스포츠팀들끼리 하는) 시합[경기], 경주, 경마

---

275. The shoe that fits one person pinches another; there is no recipe for living that suits all cases. _Carl Jung

누군가에게 맞는 신발은 다른 사람에게는 맞지 않는다. 모든 상황에 맞는 방법이란 없다. _칼 융

7576	**totter** [**tot**-er]	(술에 취하거나 몸이 아파서) 비틀거리다, (약해서) 무너질 것 같다, 고물 장수
7577	**pedant** [**ped**-nt]	지나치게 규칙을 찾는[세세한 것에 얽매이는] 사람, 학자라고 뽐내는 사람
7578	**scalpel** [**skal**-p*uh* l]	외과용 메스
7579	**fidget** [**fij**-it]	안절부절못하다, (초조 · 지루함 · 흥분 등으로) 꼼지락거리다
7580	**leery** [**leer**-ee]	의심 많은, 교활한
7581	**cower** [**kou**-er]	(겁을 먹고) 몸을 숙이다[웅크리다]
7582	**fracas** [**frey**-k*uh* s]	(보통 여러 사람이 벌이는) 싸움[언쟁]
7583	**broil** [broil]	(석쇠 · 그릴에) 굽다, 아주 더워지다[덥게 만들다]
7584	**serendipity** [ser-*uh* n-**dip**-i-tee]	뜻밖의 재미[기쁨], 운 좋은 발견
7585	**churlish** [**chur**-lish]	막된, 무례한, 촌뜨기의
7586	**sear** [seer]	(강한 불에 겉 부분을) 그슬다[재빨리 굽다], (통증이 불길처럼) 후끈 치밀다
7587	**crony** [**kroh**-nee]	(많은 시간을 함께 보내는) 친구, 벗
7588	**diaphragm** [**dahy**-*uh*-fram]	(해부) 횡격막, 가로막, 칸막이, 여성용 피임 기구

276. A sympathetic friend can be quite as dear as a brother. _Homer
공감할 줄 아는 친구는 형제만큼 소중하다. _호머

7589	**pistil** [**pis**-tl]	(꽃의) 암술
7590	**chicanery** [shi-**key**-n*uh*-ree]	교묘한 속임수, 발뺌, 핑계
7591	**blip** [blip]	(삐 소리와 함께 나타나는) 깜박 신호, 일시적인 현상[문제]
7592	**gaggle** [**gag**-*uh* l]	시끌벅적한 무리[사람들], 거위 떼
7593	**omnivorous** [om-**niv**-er-*uh* s]	잡식성의, 아무거나 먹는
7594	**flout** [flout]	(법 등을 고의적으로) 어기다[무시하다]
7595	**turgid** [**tur**-jid]	(글 등이) 복잡하고 따분한[이해하기 힘든], 부어오른, 물이 불어난
7596	**hem** [hem]	(옷 등의) 단, 단을 만들다[올리다]
7597	**slink** [slingk]	살금살금 움직이다, (송아지를) 유산[조산]하다, 여윈
7598	**pram** [pram]	유모차, (우유 배달용) 손수레
7599	**litigious** [li-**tij**-*uh* s]	소송을 일삼는
7600	**behemoth** [bih-**hee**-m*uh* th]	거대 기업, 거대한 사람[동물]
7601	**understate** [uhn-der-**steyt**]	(실제보다) 축소해서 말하다, 삼가서 말하다

277. Work isn't to make money; your work to justify life. _Marc Chagall
일은 돈을 벌기 위한 것이 아니다. 당신의 일은 삶을 정당화하기 위한 것이다. _마르크 샤갈

7602	**nub** [nuhb]	요점, 핵심
7603	**mordant** [**mawr**-dnt]	신랄한, 통렬한
7604	**mogul** [**moh**-g*uh* l]	거물, 실력자
7605	**viaduct** [**vahy**-*uh*-duhkt]	육교, 고가도로
7606	**maim** [meym]	불구로 만들다, 쓸모없게 만들다
7607	**dalliance** [**dal**-ee-*uh* ns]	시간 낭비(에 불과한 일), (이성과) 놀아남
7608	**bemoan** [bih-**mohn**]	슬퍼하다, 한탄하다, 가엾게 여기다
7609	**jettison** [**jet**-*uh*-s*uh* n]	투하하다, (필요없는 것을) 버리다[폐기하다], (생각·믿음 등을) 버리다
7610	**heft** [heft]	중량, 중요성, 손으로 무게를 달다
7611	**prurient** [**proo** r-ee-*uh* nt]	호색한, 외설적인
7612	**wraith** [reyth]	(사망 직전·직후의 나타나는) 유령
7613	**sassy** [**sas**-ee]	건방진, 멋진, 대담한
7614	**eavesdrop** [**eevz**-drop]	엿듣다, 도청하다

---

278. Before borrowing money from a friend, decide which you need more.
_Addison H. Hallock
친구로부터 돈을 빌리기 전에 당신이 어느 것을 더 필요로 하는지 결정하라. _애디슨 H. 할록

7615	**mortify** [**mawr**-t*uh*-fahy]	굴욕감을 주다, (욕망 등을) 억제하다, 극복하다
7616	**trapeze** [tra-**peez**]	공중그네, 사다리꼴
7617	**shoo** [shoo]	쉬이[휘이]라고 하다, [개·새 등을] 쉬(이)하고 소리를 쳐서 쫓다
7618	**sclerosis** [skli-**roh**-sis]	경화증, 경변
7619	**nestle** [**nes**-*uh* l]	따뜻이 앉다[눕다], (아늑한 곳에) 자리잡다
7620	**serum** [**seer**-*uh* m]	(생물) 혈청, (의학) 면역혈청
7621	**occidental** [ok-si-**den**-tl]	서양의, 서구의
7622	**pubescent** [pyoo-**bes**-*uh* nt]	사춘기의
7623	**manicure** [**man**-i-ky*oo* r]	손톱 손질, 손 관리, 손톱 손질을 하다
7624	**gerund** [**jer**-*uh* nd]	동명사(-ing를 붙여 만든 명사)
7625	**fusillade** [**fyoo**-s*uh*-leyd]	일제사격, 빗발치는 것
7626	**baste** [beyst]	호되게 때리다, 가봉하다, 육즙을 끼얹다
7627	**palpitation** [pal-pi-**tey**-sh*uh* n]	(심장의) 고동, 가슴이 떨림

---

279. Friendship may, and often does, grow into love, but love never subsides into friendship. _George Gordon Byron

우정은 아마, 그리고 종종 그렇듯이, 사랑으로 성장할 수 있지만 사랑은 결코 우정으로 내려앉지 않는다. _조지 고든 바이런

7628	**mollify** [**mol**-*uh*-fahy]	진정시키다, 달래다, 완화시키다
7629	**translucent** [trans-**loo**-s*uh* nt]	반투명한
7630	**spatter** [**spat**-er]	(액체 방울 등을) 튀기다, 후두두 떨어지다, 튀는 방울들, 후두두 떨어지는 소리
7631	**somersault** [**suhm**-er-sawlt]	재주넘기, 공중제비, 공중제비를 넘다
7632	**tandem** [**tan**-duh m]	2인용 자전거, 직렬식 기계
7633	**sextant** [**sek**-st*uh* nt]	육분의(각도와 거리를 정확하게 재는 데 쓰이는 광학기계)
7634	**suckle** [**suhk**-*uh* l]	젖을 먹이다, 젖을 빨다
7635	**cantankerous** [kan-**tang**-ker-*uh* s]	심술궂은, 툭하면 싸우는
7636	**calloused** [**kal**-*uh* st]	굳은살이 박인
7637	**wreathe** [ree*th*]	둘러[에워]싸다, (천천히) 둥글게[휘감듯] 움직이다
7638	**ember** [**em**-ber]	(장작·숯이 타다 남은) 잉걸불, 타고 남은 불
7639	**incriminate** [in-**krim**-*uh*-neyt]	죄를 씌우다, 고소하다, 연루하다
7640	**fecund** [**fee**-kuhnd]	다산의, 비옥한, 아이디어가 풍부한

---

280. Zeal without knowledge is like expedition to a man in the dark.
_John Newton
지식 없는 열의는 어둠 속에서 하는 탐험과 같다. _존 뉴턴

7641	**impost** [**im**-pohst]	부과금, 세금, 관세
7642	**maggot** [**mag**-uht]	구더기, 변덕
7643	**gustatory** [**guhs**-tuh-tawr-ee]	미각의, 맛의
7644	**nostrum** [**nos**-truhm]	엉터리약, (효과가 없을 것 같은) 처방[대책]
7645	**antipodes** [an-**tip**-uh-deez]	지구의 정반대 쪽에 있는 지점
7646	**dragonfly** [**drag**-uhn-flahy]	잠자리
7647	**vertebral** [**vur**-tuh-bruhl]	(해부) 척추의
7648	**bombast** [**bom**-bast]	호언장담, 허풍, 과장된 말
7649	**demerit** [dih-**mer**-it]	결점, 단점, 약점
7650	**mull** [muhl]	숙고하다, 실수하다, 뒤죽박죽, 설탕과 향신료를 넣어 데우다
7651	**paunch** [pawnch]	(남자의 살찐) 배, 올챙이배, 배를 가르다
7652	**tangent** [**tan**-juhnt]	(기하) 접선의
7653	**gyration** [jahy-**rey**-shuhn]	회전운동, 소용돌이 모양

281. Never underestimate the power of passion. _Eve Sawyer
결코 열정의 힘을 과소평가하지 말라. _이브 소이어

7654	**spleen** [spleen]	비장, 지라, 화, 분노
7655	**incubus** [**in**-ky*uh*-b*uh* s]	큰 걱정거리, 악몽, (잠자는 여자를 덮친다는) 악마
7656	**tetragonal** [te-**trag**-*uh*-nl]	사각의, 사각형의
7657	**abduct** [ab-**duhkt**]	유괴[납치]하다
7658	**chowder** [**chou**-der]	조개·생선에 감자·양파 등을 넣은 수프
7659	**ebullient** [ih-**buhl**-y*uh* nt]	패기만만한, 사기가 충천한
7660	**gimmick** [**gim**-ik]	(관심을 끌기 위한) 술책[장치], 속임수 장치를 하다
7661	**prawn** [prawn]	새우, 새우를 잡다
7662	**pentagon** [**pen**-t*uh*-gon]	오각형, 미국 국방부
7663	**diabolic** [dahy-*uh*-**bol**-ik]	악마의, 마성의, 극악무도한
7664	**metallurgy** [**met**-l-ur-jee]	금속공학, 야금학
7665	**rewind** [ree-**wahynd**]	다시 감다, 되감다
7666	**boorish** [**boo** r-ish]	야비한, 상스러운, 천박한

282. Never ruin an apology with an excuse. _Kimberly Johnson
결코 변명으로 사과를 망치지 말라. _킴벌리 존슨

7667	**interjection** [in-ter-**jek**-sh*uh* n]	감탄, 감탄사
7668	**purgative** [**pur**-g*uh*-tiv]	깨끗이 하는[정화하는], 대변을 보게 하는, 설사약
7669	**molt** [mohlt]	(새가) 털을 갈다, (곤충 등이) 허물을 벗다
7670	**spank** [spangk]	엉덩이를 때리다, (말·배·자동차 등이) 질주하다
7671	**riddance** [**rid**-ns]	탈출, 모면하기, 귀찮은 것을 쫓아 버림
7672	**detox** [dee-**toks**]	(인체 유해 물질의) 해독
7673	**palliate** [**pal**-ee-eyt]	(병을 치료하지는 않고) 완화시키다, 변명하다
7674	**frill** [fril]	(옷·커튼 등의) 주름장식, (꼭 필요하지 않는데 덧붙이는) 장식[기와]
7675	**execration** [ek-si-**krey**-sh*uh* n]	저주, 혐오, 몹시 싫은 것
7676	**proselyte** [**pros**-*uh*-lahyt]	개종자, 전형자, 변절자
7677	**snooze** [snooz]	잠깐 자다, 눈을 붙이다
7678	**spew** [spyoo]	뿜어내다, 토하다
7679	**quaver** [**kwey**-ver]	(목소리가 긴장하거나 무서워) 떨리다, (목소리의) 떨림

283. Growing old is mandatory – Growing up is optional. _Chili Davis
나이가 드는 것은 강제적이다. – 성장하는 것은 선택적이다. _칠리 데이비스

7680	**sinecure** [**sahy**-ni-ky*oo* r]	한가한 직위나 직무[한직], 명예직
7681	**impugn** [im-**pyoon**]	의문을 제기하다
7682	**globule** [**glob**-yool]	(액체나 용액의) 작은 방울
7683	**hodgepodge** [**hoj**-poj]	뒤범벅, 뒤죽박죽
7684	**snide** [snahyd]	헐뜯는, 가짜의
7685	**impersonate** [im-**pur**-s*uh*-neyt]	(다른 사람인 척) 가장하다, (재미로 다른 사람을) 흉내내다, 대역 하다
7686	**pander** [**pan**-der]	창녀의 포주, 나쁜 짓의 중개자
7687	**quintet** [kwin-**tet**]	5인조, 오중주단
7688	**debase** [dih-**beys**]	(가치·품위를) 저하시키다
7689	**stoke** [stohk]	불을 때다, 연료를 더 넣다, (감정을) 부추기다, 배를 채우다
7690	**ensnare** [en-**snair**]	유혹하다, 덫으로 잡다, 걸려들게 하다
7691	**vitiate** [**vish**-ee-eyt]	가치를 떨어뜨리다, 손상시키다, 해치다
7692	**coterminous** [koh-**tur**-m*uh*-n*uh* s]	국경[경계]를 접한, 매우 유사한

284. Real integrity is doing the right thing, knowing that nobody's going to know whether you did it or not. _Oprah Winfrey
진정성이란 아무도 당신이 했는지 모를 지라도 옳은 일을 하는 것이다. _오프라 윈프리

7693	**electromagnet** [ih-lek-troh-**mag**-nit]	전자석
7694	**licit** [**lis**-it]	허가 받은, 정당한
7695	**fondle** [**fon**-dl]	사랑스럽게 다루다, 애무하다
7696	**fumigation** [**fyoo**-mi-gey-sh*uh* n]	훈증 소독, 향을 피움
7697	**salacious** [s*uh*-**ley**-sh*uh* s]	(이야기 등이) 외설스러운, 음란한
7698	**shackle** [**shak**-*uh* l]	족쇄[쇠고랑]를 채우다, (행동·말 등을) 구속[제약]하다
7699	**congruity** [k*uh* n-**groo**-i-tee]	일치, 조화, 적합
7700	**sequester** [si-**kwes**-ter]	격리시키다, 가압류하다
7701	**encumber** [en-**kuhm**-ber]	지장을 주다, 거추장스럽게 하다
7702	**tonsil** [**ton**-s*uh* l]	편도선
7703	**callow** [**kal**-oh]	미숙한, 풋내기인
7704	**waffle** [wof-*uh* l]	와플, 애매한 태도를 취하다
7705	**apoplectic** [ap-*uh*-**plek**-tik]	(화가 나서) 졸도할 지경인, 중풍의, 뇌졸증의

285. The secret of success is learning how to use pain and pleasure instead of having pain and pleasure use you. If you do that, you're in control of your life. If you don't, life controls you. _Tony Robbins
성공의 비결은 고통과 기쁨에 좌우되는 것 대신 고통과 기쁨을 사용하는 법을 배우는 것이다. 이를 통해 당신은 삶의 통제권을 갖는다. 반대의 경우라면 삶이 당신을 조종할 것이다. _앤서니 라빈스

7706	**amanuensis** [*uh*-man-yoo-**en**-sis]	대필자, 필기자
7707	**clement** [**klem**-*uh* nt]	(날씨가) 온화한, (처벌 대상에게) 관대한
7708	**doldrums** [**dohl**-dr*uh* mz]	침울, 우울
7709	**abalone** [ab-*uh*-**loh**-nee]	(해산물) 전복
7710	**scald** [skawld]	(뜨거운 물·김에) 데다, (뜨거운 물·김에) 데인 상처
7711	**upbraid** [uhp-**breyd**]	질책하다, 호되게 나무라다
7712	**theist** [**thee**-ist]	유신론자, 일신론자
7713	**centigrade** [**sen**-ti-greyd]	섭씨의, 100도 눈금으로 나뉜, 백분도, 섭씨온도
7714	**mutilate** [**myoot**-l-eyt]	(인체를 심하게) 훼손하다, (팔·다리를 절단하여) 불구로 만들다, 못쓰게 만들다
7715	**streamer** [**stree**-mer]	색 테이프, (좁고 기다란) 띠
7716	**anodyne** [**an**-*uh*-dahyn]	진통제, (감정 등을) 누그러뜨리는 것, 진정 작용을 하는, 온건한
7717	**epitomize** [ih-**pit**-*uh*-mahyz]	완벽한 보기이다, 전형적으로 보여주다, 축약적으로 나타내다
7718	**seesaw** [**see**-saw]	시소, 동요, 변동, 일진일퇴, 시소 같은, 아래위로 움직이는, 동요하는

---

286. Opportunities are never lost. The other fellow takes those you miss.
_Anonymous

기회는 없어지지 않는다. 당신이 놓친 기회를 다른 사람이 잡을 것이다. _작자 미상

7719	**enunciate** [ih-**nuhn**-see-eyt]	또박또박 말하다[발음하다], (생각을 명확히) 밝히다
7720	**abet** [uh-**bet**]	(나쁜 일을) 사주하다[교사하다]
7721	**snuggle** [**snuhg**-uh l]	(사람에게) 바싹 달라붙다, (따뜻한 곳에) 파묻다[들이밀다]
7722	**mesmeric** [mez-**mer**-ik]	(사람에게) 최면을 거는 듯한, 완전 넋을 빼놓는
7723	**enshrine** [en-**shrahyn**]	소중히 간직하다[모시다]
7724	**heliocentric** [hee-lee-oh-**sen**-trik]	태양을 중심으로 하는
7725	**tentacle** [**ten**-tuh-kuh l]	촉수
7726	**lucre** [**loo**-ker]	(부당하게 얻은) 돈, 이익
7727	**impoverish** [im-**pov**-er-ish]	빈곤[가난]하게 하다, 떨어뜨리다[저하시키다]
7728	**perspicuous** [per-**spik**-yoo-uh s]	명료한, 명쾌한
7729	**elope** [ih-**lohp**]	눈이 맞아 함께 달아나다, 가출하다
7730	**jibe** [jahyb]	혐담, (곤란하게 만드는 말을) 하다, 일치하다[어울리다]
7731	**mealy** [**mee**-lee]	(채소 등이 부드럽고 물기가 적어) 파삭파삭한, 파슬파슬한, 굵은 가루의

287. Success is counted sweetest by those who ne'er succeed.
_Emily Dickinson
성공이 그렇게 달콤한 이유는 결코 성공하지 못한 사람들이 있기 때문이다. _에밀리 디킨스

engine

단어로 세상 읽기 'factory' 편에서 많은 분야의 기술이 포화되었다고 언급했습니다. 과연 얼마나 포화가 되었을까요? 세상에서 여전히 가장 큰 비즈니스 중의 하나인 자동차 산업을 살펴보겠습니다. 그중에서도 자동차의 핵심 부품인 엔진 (engine)을 조사해 보았습니다. 그래프에서 나오는 것처럼 engine이라는 단어는 사용 빈도수는 꾸준히 늘다가 1950년을 기점으로 급격히 줄기 시작해 그 사용 빈도수가 다시는 늘지 않는 것을 볼 수 있습니다. 이런 현상은 연구 논문이 많이 나오다가 급격히 줄어들었기 때문에 발생하는 것으로 추정됩니다. 실제로 자동차 성능의 핵심인 연비는 엔진의 효율과 직결됩니다. 하지만 엔진이라는 기술 발전의 한계에 부딪힌 후로부터는 자동차의 연비 개선은 차체 경량화, 하이브리드 같은 새로운 기술로 개선되고 있습니다. 엔진 기술의 발전은 이미 상당히 오래 전부터 포화되었고 그것이 단어의 사용 빈도에서도 확인된다는 것이 신기하면서도 뭔가 씁쓸합니다. 왜냐하면 우리나라의 가장 큰 산업 중 하나가 자동차 수출 산업이기 때문입니다. 과연 우리는 새로운 패러다임에 도래하는 시점에 잘 준비하고 있을까요? 우리나라 자동차 제조 업체들도 새로운 트렌드에 맞춰서 꾸준히 잘 해주기를 바래봅니다. [X축: 연도, Y축: 총 단어 중 사용 빈도]

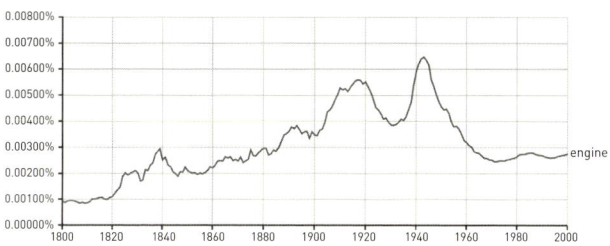

7732	**slake** [sleyk]	(물을 마셔서) 갈증을 해소하다, 욕구를 만족시키다
7733	**platitude** [**plat**-i-tood]	진부한 이야기, 흔해 빠진 말
7734	**acrobat** [**ak**-r*uh*-bat]	곡예사
7735	**pester** [**pes**-ter]	(자꾸 부탁을 하여) 성가시게 하다, 조르다
7736	**sanitarium** [san-i-**tair**-ee-*uh* m]	요양소, 휴양지
7737	**jowl** [joul]	턱밑 살, 처진 목살
7738	**ablution** [*uh*-**bloo**-sh*uh* n]	목욕재계
7739	**castaway** [**kast**-*uh*-wey]	난파한, 버림받은, 조난자
7740	**dabble** [**dab**-*uh* l]	조금 해보다[잠깐 손대다], 첨벙거리다[튀기다]
7741	**jut** [juht]	돌출하다, 튀어나오다, 돌출물, 돌기
7742	**minion** [**min**-y*uh* n]	(권력의) 앞잡이, 부하, (왕의) 총신
7743	**hiccup** [**hik**-uhp]	딸꾹질, 딸꾹질을 하다
7744	**dote** [doht]	맹목적으로 사랑하다, 애지중지하다, (목재가) 썩다

288. What makes the engine go? Desire, desire, desire. _Stanley Kunitz
인생의 원동력은 무엇일까? 첫째도 욕망, 둘째도 욕망, 셋째도 욕망이다. _스탠리 쿠니츠

7745	**malefactor** [**mal**-*uh*-fak-ter]	악인, 죄인
7746	**regicide** [**rej**-*uh*-sahyd]	국왕 시해, 국왕 살해자
7747	**anchovy** [**an**-choh-vee]	멸치
7748	**submersible** [s*uh* b-**mur**-s*uh*-b*uh* l]	수중에서 가동하는, 물속에서 쓸 수 있는
7749	**headlong** [**hed**-lawng]	거꾸로, 곤두박질쳐서, 저돌적으로, 앞뒤 살피지 않고
7750	**impecunious** [im-pi-**kyoo**-nee-*uh* s]	동전 한 푼 없는, 무일푼의
7751	**confection** [k*uh* n-**fek**-sh*uh* n]	당과 제품, 설탕 절임, 정교한[공들인] 것
7752	**raffle** [**raf**-*uh* l]	(특정 기금을 모으기 위한)복권 판매, 제비뽑기, 쓰레기
7753	**fey** [fey]	(보통 사람이) 약간 특이한, 비현실적인
7754	**scrum** [skruhm]	(럭비에서) 스크럼, 서로 밀치락달치락하는 사람들
7755	**galvanize** [**gal**-v*uh*-nahyz]	충격요법을 쓰다, 아연도금을 하다
7756	**proscribe** [proh-**skrahyb**]	금지하다, 배척하다
7757	**flagellation** [flaj-*uh*-**ley**-sh*uh* n]	채찍질, 태형

---

289. The policy of being too cautious is the greatest risk of all.
_Jawaharlal Nehru

매우 조심한다는 방침이야말로 가장 위대한 것이다. _자와할랄 네루

#	Word	Meaning
7758	**descry** [dih-**skrahy**]	(불현듯) 보게 되다, 아득히 먼 곳에서 발견하다
7759	**polygonal** [**pol**-ee-gon-*uh* nl]	다각형의
7760	**tabulate** [**tab**-y*uh*-leyt]	표로 만들다, 평평하게 하다
7761	**plod** [plod]	터벅터벅 걷다, 무거운 발걸음으로 걷다, 무거운 발걸음
7762	**bedlam** [**bed**-l*uh* m]	난리, 법석, 아수라장
7763	**chary** [**chair**-ee]	꺼리는, 조심스러운
7764	**whirr** [wur]	윙 하는 소리를 내다, 윙윙 소리
7765	**bumble** [**buhm**-b*uh* l]	갈팡질팡 헤매다, 우물우물 말하다, (벌이) 윙윙거리다
7766	**murk** [murk]	(연기 등으로) 흐림[어두컴컴함], 암흑
7767	**cadaverous** [k*uh*-**dav**-er-*uh* s]	새파랗게 질린, 시체 같은, 창백한
7768	**expunge** [ik-**spuhnj**]	(이름 · 정보 · 기억 등을) 지우다[삭제하다]
7769	**tattle** [**tat**-l]	고자질하다, 비밀을 누설하다
7770	**rhapsody** [**rap**-s*uh*-dee]	광시곡, 랩소디, 열광적인 표현

> 290. I respect faith, but doubt is what gets you an education.
> _Wilson Mizner
> 나는 믿음을 존중하지만 우리에게 배움을 주는 것은 의구심이다. _윌슨 미즈너

7771	**spry** [sprahy]	활발한, 기운찬
7772	**ineluctable** [in-i-**luhk**-t*uh*-b*uh* l]	피할 수 없는, 불가피한
7773	**teem** [teem]	(세차게) 쏟아지다, 풍부하다, 비옥하다, 가득 차다
7774	**blanch** [blanch]	(충격으로 얼굴이) 핼쑥해지다, (야채를) 데치다
7775	**debrief** [dee-**breef**]	(방금 수행한 임무에 대해) 보고를 듣다
7776	**enervate** [**en**-er-veyt]	힘을 약화시키다, 무기력하게 하다
7777	**esplanade** [**es**-p*luh*-nahd]	(흔히 바닷가나 강가의) 산책로, 둔치
7778	**dowdy** [**dou**-dee]	(여자가) 볼품없는, 단정치 못한 옷차림의
7779	**mnemonics** [ni-**mon**-iks]	기억술, 암기법
7780	**ocular** [**ok**-y*uh*-ler]	눈[안구]의, 눈으로 볼 수 있는, 접안경
7781	**squelch** [skwelch]	(물기 때문에) 철벅철벅 소리를 내다, 억누르다, 진압하다
7782	**kudos** [**koo**-dohz]	(특정한 성취나 위치에 따르는) 영광
7783	**opine** [oh-**pahyn**]	의견을 말하다[밝히다]

> 291. Someone is sitting in the shade today because someone planted a tree a long time ago. _Warren Buffett
> 누군가 오늘 그늘에 앉아 있을 수 있는 것은 다른 이가 오래 전에 나무를 심어서이다. _워렌 버핏

7784	**accolade** [**ak**-*uh*-leyd]	포상, 칭찬, 영예를 수여하다
7785	**scoot** [skoot]	서둘러 가다, 스쿠터, 마시고 떠들기
7786	**exasperate** [ig-**zas**-p*uh*-reyt]	몹시 화나게[짜증나게] 하다
7787	**twitter** [**twit**-er]	(새가) 지저귀다[짹짹거리다], 지저귐, 흥분한 상태
7788	**redound** [ri-**dound**]	(신용·이익 등을) 높이다[늘리다], 초래하다, (결과로서) 되돌아오다
7789	**languorous** [**lang**-ger-*uh* s]	나른한, 노곤한, 지루한
7790	**viscosity** [vi-**skos**-i-tee]	점도, 점착성
7791	**denizen** [**den**-*uh-zuh* n]	(특정 지역에서 사는) 사람[생물], 귀화를 허가하다
7792	**measly** [**mee**-zlee]	홍역에 걸린, 쥐꼬리만 한
7793	**muggy** [**muhg**-ee]	날씨가 후덥지근한
7794	**chevron** [**shev**-r*uh* n]	V형 무늬, 갈매기모양 계급장
7795	**patty** [**pat**-ee]	패티, 고기 등을 다져 동글납작하게 빚은 것
7796	**defector** [dih-**fek**-ter]	탈주자, 망명자, 배반자

292. Intense love does not measure, it just gives. _Mother Teresa
강렬한 사랑은 평가하지 않는다. 단지 주기만 할 뿐이다. _마더 테레사

7797	**lecherous** [**lech**-er-*uh* s]	호색의, 음란의
7798	**engross** [en-**grohs**]	몰두하게 만들다, 열중시키다
7799	**bravura** [br*uh*-**vyoo** r-*uh*]	고도의 예술적 기교, 화려한 연주
7800	**berate** [bih-**reyt**]	호되게 꾸짖다, 야단치다
7801	**panache** [p*uh*-**nash**]	위풍당당, 허세
7802	**pucker** [**puhk**-er]	오므라들다, 주름지다, 주름
7803	**bawl** [bawl]	(화를 내며) 고함치다[소리를 지르다], (시끄럽게) 울어대다
7804	**firefly** [**fahy***uh* r-flahy]	반딧불이, 개똥벌레
7805	**vituperation** [vahy-too-p*uh*-**rey**-shuh n]	혹평, 독설
7806	**condiment** [**kon**-d*uh*-m*uh* nt]	양념, 조미료, 향신료
7807	**midriff** [**mid**-rif]	횡격막, (배와 가슴 사이의) 몸통
7808	**crumple** [**kruhm**-p*uh* l]	구겨지다, (얼굴이) 일그러지다, (의식을 잃거나 술에 취해서) 쓰러지다
7809	**narcissist** [**nahr**-s*uh*-sist]	자기 도취자

293. Life is something that everyone should try at least once.
_Henry J. Tillman

인생은 누구나 한 번쯤 시도해볼 만한 것이다. _헨리 J. 틸만

7810	**bight** [bahyt]	(해안의) 만곡부, 만
7811	**ruminate** [**roo**-m*uh*-neyt]	심사숙고하다, 곰곰이 생각하다
7812	**squawk** [skwawk]	꽥꽥 울다, 큰 소리로 투덜거리다
7813	**feckless** [**fek**-lis]	무책임한, 무기력한
7814	**wrack** [rak]	난파물, 고문대, 고문하다
7815	**bootleg** [**boot**-leg]	(판매가) 불법인, 해적판의, 밀주를 제조하다[판매하다]
7816	**fornication** [fawr-ni-**key**-sh*uh* n]	우상숭배, 간통
7817	**ghoulish** [**goo**-lish]	귀신 같은, 잔인한, 엽기적인
7818	**munch** [muhnch]	아삭아삭[우적우적] 먹다
7819	**tress** [tres]	땋은 머리, 덩굴, 숱 많은 머리칼
7820	**lobule** [**lob**-yool]	귓불
7821	**warble** [**wawr**-b*uh* l]	(높고 불안정한 목소리로) 노래하다, 지저귀다
7822	**slither** [**slit*h*** -er]	(매끄럽게) 스스르 나아가다[기어가다], 미끄러지듯 나아가다

> 294. Seeing much, suffering much, and studying much, are the three pillars of learning. _Benjamin Disraeli
> 많이 보고 많이 겪고 많이 공부하는 것은 공부의 세 기둥이다. _벤저민 디즈레일리

#	Word	Meaning
7823	**tangy** [**tang**-ee]	(맛이) 짜릿한, (냄새가) 톡 쏘는
7824	**blotch** [bloch]	얼룩, 반점, 종기, 얼룩지게 하다
7825	**loony** [**loo**-nee]	미친, 미치광이
7826	**truncate** [**truhng**-keyt]	길이를 줄이다, 짧게 하다, 끝을 자른, 일부를 줄인
7827	**harry** [**har**-ee]	(계속적인 질문 · 부탁으로) 괴롭히다[못살게 굴다], (적에 대해) 거듭 공격하다
7828	**frisk** [frisk]	몸수색을 하다, 뛰어다니다, 깡충깡충 뛰다
7829	**canine** [**key**-nahyn]	개의, 개 같은, 송곳니
7830	**prolix** [proh-**liks**]	(글 등이) 장황한, 지루하게 긴
7831	**dyspeptic** [dis-**pep**-tik]	소화불량의, 성질이 나쁜
7832	**anthropoid** [**an**-thr*uh*-poid]	유인원, 사람 비슷한
7833	**honk** [hongk]	경적을 울리다, 토하다
7834	**spiel** [speel]	(손님을 끌기 위해) 능숙하게 떠벌리는 말, 과장되게 이야기하다
7835	**agglomeration** [*uh*-glom-*uh*-**rey**-sh*uh* n]	덩어리, 응집 작용

295. In the field of observation, chance favors only the prepared mind.
_ Louis Pasteur

관찰의 영역에서는 준비된 자에게만 기회가 온다. _루이 파스퇴르

7836	**backwash** [**bak**-wosh]	안 좋은 결과, 여파, 역류
7837	**swag** [swag]	훔친 물건, 장물, 축 늘어뜨리다, 흔들리게 하다
7838	**slipshod** [**slip**-shod]	대충 하는, 엉성한
7839	**bate** [beyt]	(감정·동작 등을) 덜다, 줄이다, (가죽 등을) 알칼리액에 담가 부드럽게 하다
7840	**joust** [joust]	(말을 타고) 마상 창 시합을 하다, 격렬한 언쟁을 벌이다
7841	**peddle** [**ped**-l]	(여러 곳으로 물건을) 팔러 다니다, 행상을 다니다, (생각 등을) 퍼뜨리다
7842	**bludgeon** [**bluhj**-*uh* n]	(곤봉 같은 것으로) 패다, 강요하다, 곤봉
7843	**proctor** [**prok**-ter]	시험 감독관, 대학 학생감, (시험을) 감독하다
7844	**doodle** [**dood**-l]	(지루해 하면서) 뭔가를 끼적거리다
7845	**induration** [in-doo-**rey**-sh*uh* n]	단단하게 됨[경화], 완고
7846	**amble** [**am**-b*uh* l]	느긋하게 걷다
7847	**engrave** [en-**greyv**]	(나무·돌·쇠붙이 등에) 새기다
7848	**sully** [**suhl**-ee]	(가치를) 훼손하다[떨어뜨리다], 더럽히다

---

296. Never explain--your friends do not need it and your enemies will not believe you anyway. _Elbert Hubbard

절대 설명하지 마라. 친구라면 설명할 필요가 없고, 적이라면 어차피 당신의 말을 믿지 않으니. _엘버트 허버드

#	Word	Meaning
7849	**centipede** [**sen**-*tuh*-peed]	지네
7850	**percolate** [**pur**-k*uh*-leyt]	스며들다, 삼투하다, 여과하다
7851	**actuary** [**ak**-choo-er-ee]	보험계리인
7852	**abbreviate** [*uh*-**bree**-vee-eyt]	(단어·구 등을) 줄여 쓰다[축약하다]
7853	**mangle** [**mang**-guh l]	짓이기다, 심하게 훼손하다, 시트 등의 주름을 펴는 기계
7854	**android** [**an**-droid]	인간의 모습을 한 로봇
7855	**quackery** [**kwak**-*uh*-ree]	엉터리 치료, 돌팔이 의사의 수법
7856	**lope** [**an**-droid]	성큼성큼 걷다[달리다], 깡충깡충 뛰다
7857	**seethe** [see*th*]	(마음속으로 분노 등이) 부글거리다, (사람·동물들로) 들끓다, 소용돌이치다
7858	**reconnoiter** [ree-k*uh*-**noi**-ter]	정찰하다, 조사하다, 답사하다
7859	**disburse** [dis-**burs**]	(특정 목적을 위해 모은 돈에서) 지출하다
7860	**chickenpox** [**chik**-uh n-poks]	수두
7861	**revamp** [ree-**vamp**]	(구두코·가죽을) 갈다, 개조하다

> 297. Just the knowledge that a good book is awaiting one at the end of a long day makes that day happier. _Kathleen Norris
> 긴 하루 끝에 좋은 책이 기다리고 있다는 생각만으로 그날은 더 행복해진다. _캐슬린 노리스

7862	**bugbear** [**buhg**-bair]	근심거리[골칫거리], 마귀, 귀신
7863	**prude** [prood]	얌전한[고상한] 체하는 사람, 내숭을 떠는 사람
7864	**mendacity** [men-**das**-i-tee]	거짓된 행동, 허위
7865	**hutch** [huhch]	(작은 짐승용의) 우리
7866	**concentric** [k*uh* n-**sen**-trik]	(기하) 중심이 같은, 동심원의
7867	**haggle** [**hag**-*uh* l]	(물건 값을 두고) 실랑이를 벌이다, 흥정을 하다, 옥신각신
7868	**capsize** [**kap**-sahyz]	전복시키다, 뒤집다, 전복
7869	**jangle** [**jang**-g*uh* l]	땡그랑거리다, 시끄러운 소리를 내다, 거슬리게 하다, 거슬리는 소리, 말다툼
7870	**accost** [*uh*-**kawst**]	(위협적으로) 다가가 말을 걸다
7871	**appertain** [ap-er-**teyn**]	(권리 · 의무 등이) ~에 속하다, 부속하다, 관계하다
7872	**confute** [k*uh* n-**fyoot**]	틀렸음을 입증하다, 잘못을 깨닫게 하다
7873	**pylon** [**pahy**-lon]	(고압선 설치용) 철탑, (비행기의 항로를 나타내는) 목표탑
7874	**teeny** [**tee**-nee]	아주 작은, 10대의

> 298. Education is the ability to listen to almost anything without losing your temper or your self-confidence. _Robert Frost
> 교육이란 이성을 잃지 않고 또는 자신감을 잃지 않고도 거의 모든 것에 귀 기울일 수 있는 능력이다.
> _로버트 프로스트

7875	**esquire** [**es**-kwahy*uh* r]	님, 귀하, 향사(기사 다음의 신분)
7876	**titter** [**tit**-er]	킥킥거리다, 킥킥 웃다
7877	**qualm** [kwahm]	양심의 가책, 거리낌
7878	**pamper** [**pam**-per]	지나치게 소중히 보살피다, 응석을 받아 주다
7879	**splay** [spley]	(손가락·다리 등을) 벌리다[벌어지다], 비탈지게 하다
7880	**obtrude** [*uh* b-**trood**]	(원하지 않는데 시야·의식 속으로) 끼어들다, 주제넘게 나서다
7881	**grovel** [**gruhv**-*uh* l]	굽실거리다, (무언가를 찾느라) 기어 다니다
7882	**anagram** [**an**-*uh*-gram]	철자를 바꾼 어구 ex) tree → teer
7883	**delectation** [dee-lek-**tey**-sh*uh* n]	즐거움, 기쁨
7884	**rive** [rahyv]	찢다, 쪼개다, 잡아 뜯다, (마음을) 찢어놓다, 아프게 하다
7885	**runt** [ruhnt]	(한배에서 태어난 새끼들 중) 제일 작고 약한 녀석
7886	**slob** [slob]	(지저분한) 게으름뱅이
7887	**yawl** [yawl]	소형 범선[돛단배], 슬픈 듯이 길게 외치다

299. Man's feelings are always purest and most glowing in the hour of meeting and of farewell. _Jean Paul Richter
인간의 감정은 만남과 헤어짐 속에서 가장 순수하며 가장 빛난다. _장 폴 리히터

#	Word	Meaning
7888	**belch** [belch]	트림하다, (연기 등을 펑펑) 내뿜다
7889	**impregnate** [im-**preg**-neyt]	(어떤 물질을) 가득 스며들게[퍼지게] 하다, 임신[수정]시키다
7890	**pundit** [**puhn**-dit]	전문가, 권위자
7891	**gyroscope** [**jahy**-ruh-skohp]	항공기·선박 등의 평형 상태를 측정하는 데 사용하는 기구
7892	**hallow** [**hal**-oh]	신성하게 하다, 신성한 것으로 숭배하다, 신에게 바치다
7893	**desecrate** [**des**-i-kreyt]	(신성한 것을) 훼손하다, 신성모독을 하다
7894	**abut** [uh-**buht**]	(땅이나 건물 등이) 인접하다
7895	**bauble** [**baw**-buh l]	겉만 번지르르한 싸구려 물건, 싸구려 보석
7896	**daunt** [dawnt]	겁먹게[기죽게] 하다
7897	**tyro** [**tahy**-roh]	초심자, 초보자
7898	**whittle** [**wit**-l]	(나무 등을) 깎아서 만들다, 조금씩 깎다
7899	**drivel** [**driv**-uh l]	군침, 콧물, 군침을 흘리다, 허튼소리
7900	**imprecation** [im-pri-**key**-shuh n]	저주, 욕설

> 300. This time, like all times, is a very good one, if we but know what to do with it. _Ralph Waldo Emerson
> 언제나 그렇듯 현재도 아주 훌륭한 시대입니다. 이 시대에 우리가 무엇을 해야 하는지만 인지하고 있다면. _ 랠프 월도 에머슨

7901	**attune** [*uh*-**tyoon**]	(악기 등을) 조율하다, (마음 등을) 맞추다, 익숙하게 하다, (파장에) 맞추다
7902	**bestir** [bih-**stur**]	분발하다
7903	**bisect** [bahy-**sekt**]	양분하다, 이등분하다
7904	**vilify** [**vil**-*uh*-fahy]	비난[비방]하다, 헐뜯다
7905	**aliment** [**al**-*uh*-*muh* nt]	자양물, 영양물, 영양물을 주다
7906	**bloat** [bloht]	부풀어 오르다, (남을) 우쭐하게 하다
7907	**dandruff** [**dan**-dr*uh* f]	비듬
7908	**demotic** [dih-**mot**-ik]	민중의, 일반 보통 사람의
7909	**defame** [dih-**feym**]	헐뜯다[비방하다]
7910	**incapacitate** [in-k*uh*-**pas**-i-teyt]	무능[무력]하게 하다, 실격시키다
7911	**douse** [dous]	(물을 뿌려 불을) 끄다, (전등을) 끄다, (옷·구두 등을) 벗다
7912	**prance** [prans]	(뽐내며) 활보하다, (말이) 껑충거리며 다니다
7913	**deface** [dih-**feys**]	(외관을) 훼손하다

---

301. To travel hopefully is a better thing than to arrive.
_Robert Louis Stevenson
희망차게 여행하는 것이 목적지에 도착하는 것보다 좋다. _로버트 루이스 스티븐슨

7914	**amaranth** [**am**-*uh*-ranth]	영원히 시들지 않는 꽃
7915	**stodgy** [**stoj**-ee]	소화가 잘 안 되는, 따분한
7916	**fission** [**fish**-*uh* n]	핵분열, (세포) 분열
7917	**assort** [*uh*-**sawrt**]	분류하다, 구분하다, 구색을 갖추다, (같은 종류끼리) 짜맞추다
7918	**malediction** [mal-i-**dik**-sh*uh* n]	저주, 악담, 욕
7919	**satiate** [**sey**-shee-yet]	(욕구 등을) 실컷 만족시키다, 물릴 정도로 주다
7920	**gazette** [g*uh*-**zet**]	신문, 관보
7921	**sublet** [suhb-**let**]	(집·토지 등을) 전대(轉貸)하다, 하청을 주다
7922	**dumpling** [**duhmp**-ling]	(고기 등을 넣은) 만두, (안에 과일이 든 디저트용) 경단
7923	**pituitary** [pi-**too**-i-ter-ee]	뇌하수체
7924	**segue** [**sey**-gwey]	(한 가지 노래·주제 등에서 다른 것으로 부드럽게) 넘어가다[이어지다]
7925	**arrogate** [**ar**-*uh*-geyt]	(칭호 등을) 사칭하다, (권리를) 가로채다, 부당하게 요구하다
7926	**necromancer** [**nek**-r*uh*-man-see]	점쟁이, 마법사, 무당

302. Don't be afraid your life will end; be afraid that it will never begin.
_Grace Hansen
인생이 끝날까 두려워하지 마라. 당신의 인생이 시작조차 하지 않을 수 있음을 두려워하라. _그레이스 한센

#	Word	Meaning
7927	**renege** [ri-**nig**]	(합의 등을) 어기다[저버리다], 취소하다
7928	**mobster** [**mob**-ster]	폭도, 폭력배
7929	**jocund** [**jok**-*uh* nd]	유쾌한, 명랑한
7930	**gawk** [gawk]	멍청히 바라보다, 얼간이
7931	**gumption** [**guhmp**-sh*uh* n]	상황 대처 능력, 진취성
7932	**poach** [pohch]	(생선 등을) 졸이다, (동물 등을) 밀렵하다, 가로채다[도용하다], 침범하다
7933	**extrude** [ik-**strood**]	(압력을 가하여) 밀어내다, (금속 등을) 압출성형하다, 마그마가 분출하다
7934	**finicky** [**fin**-i-kee]	(옷·음식 등에) 지나치게 까다로운, 타박이 심한
7935	**antic** [**an**-tik]	색다른, 이상야릇한, 괴상한, 익살스러운 짓, 장난
7936	**mollusk** [**mol**-*uh* sk]	연체동물
7937	**honorarium** [on-*uh*-**rair**-ee-*uh* m]	사례비, 보수금
7938	**outflank** [out-**flangk**]	측면에서 공격하다, 선수를 치다
7939	**mantis** [**man**-tis]	사마귀

303. Believe me: the secret for harvesting from existence the greatest fruitfulness and greatest enjoyment is - to live dangerously.
_Friedrich Nietzsche

나를 믿어라. 인생에서 최대의 성과와 기쁨을 수확하는 비밀은 위험하게 사는 것에 있다. _프리드리히 니체

7940	**thresh** [thresh]	타작[탈곡]하다, 요동치다
7941	**tangerine** [tan-j*uh*-**reen**]	귤
7942	**christen** [**kris**-*uh* n]	세례(명)를 주다, 이름[명칭]을 붙이다, 처음으로 사용하다
7943	**vicissitude** [vi-**sis**-i-tood]	우여곡절, (인생·운명 등의) 변천
7944	**monger** [**muhng**-ger]	상인, 장수, 하찮은 일에 분주한 사람
7945	**vaccinate** [**vak**-s*uh*-neyt]	예방주사를 맞히다[접종하다]
7946	**cushy** [k*oo* **sh**-ee]	수월한, 즐거운
7947	**botanic** [b*uh*-**tan**-ik]	식물의, 식물학의, 식물에서 채취한
7948	**obfuscate** [**ob**-f*uh*-skeyt]	(일부러) 애매하게[혼란스럽게] 만들다
7949	**implode** [im-**plohd**]	자체적으로 파열되다, 내측에 파열하다, (조직·시스템 등이) 결딴나다, 붕괴되다
7950	**waylay** [**wey**-ley]	(돈을 훔치거나 공격하기 위해) 불러 세우다, 잠복하여 습격하다
7951	**maul** [mawl]	(동물이 사람을 공격하여) 상처를 입히다, 혹평하다, 압승하다, 큰 망치
7952	**pyrotechnics** [pahy-r*uh*-**tek**-niks]	불꽃놀이, 화려함

304. Attempt easy tasks as if they were difficult, and difficult as if they were easy; in the one case that confidence may not fall asleep, in the other that it may not be dismayed. _Baltasar Gracian
쉬운 일을 어려운 일처럼, 어려운 일을 쉬운 일처럼 시도하라. 전자는 자신감이 잠들지 않게, 후자는 자신감을 잃지 않기 위함이다. _발타자르 그라시안

#	Word	Meaning
7953	**marinate** [**mar**-*uh*-neyt]	양념장에 재워 두다
7954	**godforsaken** [**god**-fer-sey-k*uh* n]	재미없는, 우울한, 황량한
7955	**maceration** [mas-*uh*-**rey**-sh*uh* n]	부드럽게 함, 쇠약해짐
7956	**ransack** [**ran**-sak]	샅샅이 뒤지다[찾다], 약탈하다
7957	**waddle** [**wod**-l]	뒤뚱뒤뚱 걷다
7958	**yap** [yap]	요란하게 짖어대다, 지적 전문직에 종사하는 젊은이
7959	**mope** [mohp]	의기소침하다, 우울해지다
7960	**dawdle** [**dawd**-l]	꾸물거리다, 시간을 낭비하다
7961	**rehash** [ree-**hash**]	개작, 재탕, 거의 그대로 반복하다, 재탕을 내놓다
7962	**loll** [lol]	나른하게 누워[서/앉아] 있다, (몸이) 축 늘어지다
7963	**tiff** [tif]	(가벼운) 말다툼, (약한) 술
7964	**raze** [reyz]	완전히 파괴하다, 휩쓸어 버리다, 문질러 지우다
7965	**conjoin** [k*uh* n-**join**]	결합시키다, 결합하다

---

305. Men of genius do not excel in any profession because they labor in it, but they labor in it because they excel. _ William Hazlitt
천재는 노력하기 때문에 어떤 영역에서 뛰어난 것이 아니다. 뛰어나기 때문에 그 영역에서 노력한다.
_윌리엄 해즐릿

7966	**foible** [**foi**-b*uh* l]	(별로 해롭지 않은) 결점, 약점
7967	**drafty** [**draf**-tee]	통풍이 잘 되는, 외풍이 있는
7968	**whinny** [**win**-ee]	(말이) 히힝 울다, 울음소리
7969	**adjoin** [*uh*-**join**]	인접하다, 붙어 있다
7970	**wallop** [**wol**-*uh* p]	때려눕히다, 완파하다
7971	**fratricide** [**fra**-tri-sahyd]	형제 살해, 형제 살해범
7972	**erogenous** [ih-**roj**-*uh*-n*uh* s]	성욕을 자극하는, 성적으로 민감함
7973	**goggle** [**gog**-*uh* l]	고글, 큰 안경, 눈을 휘둥그레 뜨고 보다
7974	**inure** [in-**yoo** r]	익히다, 단련하다, (법률적으로) 효력을 발생하다
7975	**trundle** [**truhn**-dl]	덜컹덜컹 굴러가다, 느릿느릿 걷다
7976	**dismember** [dis-**mem**-ber]	(회사·기관 등의) 업무를 분할[축소]하다, 시신을 훼손하다
7977	**talon** [**tal**-*uh* n]	(맹금류의 갈고리 모양의) 발톱
7978	**decimate** [**des**-*uh*-meyt]	(특정 지역의 동식물이나 사람들을) 대량으로 죽이다, 심하게 훼손하다

---

306. If I have lost confidence in myself, I have the universe against me.
_Ralph Waldo Emerson
본인에 대한 자신감을 잃으면 온 세상이 나의 적이 된다. _ 랠프 월도 에머슨

#	Word	Meaning
7979	**dander** [**dan**-der]	비듬
7980	**ballistic** [b*uh*-**lis**-tik]	탄도학의, 격노하여
7981	**asinine** [**as**-*uh*-nahyn]	어리석은, 터무니없는
7982	**perforate** [**pur**-f*uh*-reyt]	구멍을 뚫다, 관통하다
7983	**headquarter** [**hed**-kwawr-ter]	본부를 두다[설치하다]
7984	**lapidary** [**lap**-i-der-ee]	매우 정교한, 보석 세공의, 보석 세공술
7985	**astound** [*uh*-**stound**]	경악시키다, 큰 충격을 주다
7986	**gabble** [**gab**-*uh* l]	빠르게 말하다, 지껄이다, 지껄임
7987	**umbra** [**uhm**-br*uh*]	그늘, 그림자, 일식·월식 때 지구나 달에서 가장 어두운 부분
7988	**screed** [skreed]	(재미없는) 긴 글, 장황한 이야기
7989	**hanker** [**hang**-ker]	갈망하다, 못내 그리워하다
7990	**inundate** [**in**-*uh* n-deyt]	감당 못할 정도로 주다[보내다], 침수시키다
7991	**wheedle** [**weed**-l]	감언이설로 빼앗다, 감언으로 꾀어 시키다

> 307. Judge yourself with the judgment of sincerity, and thou will judge others with the judgment of charity. _John Mitchell Mason
> 성실함의 잣대로 자신을 평가하라. 그리고 관대함의 잣대로 타인을 평가하라. _존 미첼 메이슨

7992	**vacillate** [**vas**-*uh*-leyt]	(의견 등이) 흔들리다[자주 바뀌다], 동요하다
7993	**estrange** [ih-**streynj**]	소원하게 하다, 이간하다, 사이를 멀어지게 하다
7994	**antsy** [**ant**-see]	안달하는, 좀이 쑤시는
7995	**lucent** [**loo**-s*uh* nt]	빛을 내는, 번쩍이는
7996	**parch** [pahrch]	바싹 마르게[몹시 건조하게] 하다
7997	**freckle** [**frek**-*uh* l]	주근깨, 기미
7998	**embroil** [em-**broil**]	혼란시키다, 휘말리게 만들다
7999	**lampoon** [lam-**poon**]	풍자하다
8000	**gnarl** [nahrl]	(나무) 마디, 옹이, 혹, 비틀다, 마디지게 하다

---

308. About the only thing that comes to us without effort is old age.
_Gloria Pitzer
노력 없이 얻는 거의 유일한 것은 노년이다. _글로리아 피쳐

BIGVOCA
advanced

단어를 외우는 가장 완벽한 방법

2016년 7월 22일 초판 1쇄 발행
2022년 6월 22일 초판 36쇄 발행

지 은 이 | 신영준
감 수 자 | 김필립, 황예슬, 황지환
펴 낸 이 | 김정수, 강준규

책임편집 | 유형일
마 케 팅 | 추영대
마케팅지원 | 배진경, 임혜솔, 송지유

펴 낸 곳 | ㈜로크미디어
출판등록 | 2003년 3월 24일
주   소 | 서울시 마포구 성암로 330 DMC첨단산업센터 318호
전   화 | 02-3273-5135 FAX | 02-3273-5134
편   집 | 070-7863-0333
홈페이지 | http://rokmedia.com
전자우편 | rokmedia@empas.com

값 12,000원
979-11-5999-667-2 (14740)
979-11-5999-649-8 세트

이 책의 모든 내용에 대한 편집권은 저자와의 계약에 의해 ㈜로크미디어에 있으므로
무단 복제, 수정, 배포 행위를 금합니다.

senate senator: 상원 의원 encompass all-encompassing: 모두를 아우르는, 총괄적인 antagonist antagonistic: 적대적인 antagonism: 적의, 적대감 antagonize: 적대감을 불러일으키다 bead beaded: 구슬로 장식한, ~이 방울방울 맺힌 beady: (눈이) 반짝거리는 unification unify: 통일[통합]하다 stigma stigmata: 성흔 stigmatize: 오명을 씌우다, 낙인찍다 offend offence: 위법[범법]행위, 범죄, 화나게 [불쾌하게]하는 행위, 모욕 offending: 불쾌하게 하는, 문제가 되는, 유죄인 offender: 범죄자, 나쁜 짓을 하는 사람[것] reap reaper: 수확하는 사람[기계] mitigate mitigation: 완화, 경감 mitigating: 경감시키는 unmitigated: (나쁜 것을 묘사할 때) 순전한, 완전한, 누그러지지 않은 junk junky: 싸구려의, 쓰레기 같은 dispatch dispatcher: (열차 등의) 운행 관리원[조차원], 비상 차량 배치 담당자 modal modality: 양식, 형식 evacuation evacuate: (위험지역에서) 대피시키다, (위험한 장소에서) 피난하다, (위나 장을) 비우다 deter undeterred: 단념하지 않는 deterrent: 제지하는 deterrence: 제지, 억제, 방해물 pirate piracy: 해적질, 저작권 침해 cosmos cosmic: 우주의, 장대한 cosmology: 우주론 bug buggy: 유모차, 카트, 벌레투성이의 accuse accusation: 혐의 (제기), 비난, 고발, 기소 accuser: 고소[고발]인, 비난자 accusatory: 고발[기소/비난]하는, 혐의를 제기하는 bud rosebud: 장미꽃 봉오리 budding: 싹트기 시작하는, 신예의 lame 설득력 없이 lameness: 절름발이, 불구, 불충분함 fragrant fragrance: 향기, 향, 향수 coward cowardice: 겁, 비겁 hypocrisy hypocrite: 위선자 perennial biennial: 2년에 한 번씩의, 격년의 triennial: 3년마다 한 번씩 있는 decennial: 10년간[마다]의 centennial: 100년마다의, 100주년 millennial: 천년 간의 millennium: (예수 탄생을 기준으로 그 전후의) 천 년, 새로운 천 년이 시작되는 시기 insurrection insurgency: 반란[내란] (시도) insurgent: 반란[내란]을 일으킨 사람 roast roasting: (고기·채소 등이) 구운, 살이 타는 듯이 더운 revise revision: 수정[정정] (사항), 검토, 변경 dogma dogmatic 독단적인 dogmatism: 독단(적인 행동·태도) simulate simulated: 모조의, 모의의 simulator: 모의실험 장치 simulation: 모의실험, 흉내 내기 dissimulation: 시치미 뗌, 위장, 위선, 질환 은폐 speculate speculation: 추측, (어림)짐작, 투기 speculative: 추측에 근거한, 뭔가를 가늠하려는 듯한, 투기적인 speculator: 투기자 villain villainous: 악랄한, 몹시 불쾌한, 지독한 incense incensed: 몹시 화난, 격분한 forge forgery: 위조죄, 위조된 물건 limp limply: 유연하게, 흐느거리면서 accelerate accelerant: 촉진제, 촉매 accelerated: 속도가 붙은 acceleration: 가속, 가속도 accelerator: 가속장치 maneuver outmaneuver: 술책으로 이기다, (상대방의) 허를 찌르다 lament lamentable: 한탄스러운, 통탄할 lamentation: 애통, 한탄, 통탄 bail bailout: 긴급 구제 orator oratory: 웅변술, 기도실, (작은) 예배당 oratorical: (격식 때로 못마땅함) 연설[웅변]의 homicide homicidal: 살인의, 살인을 범하는 abyss abysmal: 최악의, 최저의 dilute undiluted: 희석하지 않은, 물을 타지 않은 jerk jerky: (급출발·급정지를 하면서) 덜컥거리는, 육포 fabrication fabricate: 날조하다[조작하다], 제작[조립]하다 morbid morbidity: (정신의) 병적 상태[성질], 불건전, (어떤 병의) 사망률, (특정 지구의) 질병률 phantom phantasm: 환영(幻影) phantasmagoria: 환등, 주마등처럼 스쳐 지나가는 장면 phantasmagoric: 환영 같은, 주마등같이 변하는 subscribe subscriber: 구독자, 기부자[후원자], (정기적인 비용을 지불하는 서비스) 이용자[가입자] subscription: 구독료, 구독, (정기적으로 내는) 기부금[사용료/회비] owl owlish: 올빼미[부엉이] 같은 haunt haunting: (아름답거나 슬프거나 무서워서) 잊을 수 없는[잊혀지지 않는] anarchy anarchist: 무정부주의자 anarchic: 무정부의, 무법 상태의 anarchism: 무정부주의의 maze mazy: 미로 같은, 구불구불한 disparity disparate: 이질적인, 공통점이 없는

topography topographic: 지형의, 지형학의 **affliction afflict**: 괴롭히다, 피해를 입히다
algebra algebraic: 대수의, 대수적인 **deploy deployment**: 배치 **eruption erupt**:
분출하다, (갑자기 폭력적으로) 분출되다, (감정 등을) 터뜨리다, (발진 등이) 돋다 **aviation**
aviator: 비행사 **convex convexity**: 볼록면, 볼록함 **weave interweave**: 섞어 짜다[넣다]
weaver: 베 짜는 사람, 직공, 방직공 **premier premiership**: 수상직, 수상 임기, (잉글랜드)
프리미어 리그 **chronology chronological**: 발생[시간] 순서대로 된, 연대순의 **ache**
aching: 쑤시는, 아리는, 마음 아픈 **achy**: (계속 조금씩) 아픈 **headache**: 두통 **backache**:
요통 **stomachache**: 복통 **recess recession**: 경기후퇴, 불경기, 불황, 물러남 **recessive**:
(생물) 열성(劣性)의 **blur blurred**: 흐릿한, (기억이) 희미한, 구별이 잘 되는 **blurry**: 흐릿한,
모호한 **obese obesity**: 비만, 비대 **cheat cheater**: 사기꾼, 협잡꾼 **haze hazing**:
(신참자를) 골리기, 못살게 굴기 **hazy**: 실안개가 낀, (연무가 끼어) 흐릿한, (기억 등이) 모호한
slack slacker: 게으름뱅이 **retina retinal**: 망막의 **cornea**: 각막 **amuse amusing**:
재미있는, 즐거운 **amused**: 재미있어[즐거워] 하는 **amusement**: 재미, 우스움, 오락, 놀이
torrent torrential: 양동이로 들이붓듯이 내리는 **inflict infliction**: (고통 · 벌 · 타격을)
가함[줌], 형벌, 고통, 시련 **transcend transcendent**: 초월적인, 탁월한 **transcendental**:
선험적인, 심원한 **transcendence**: 초월, 탁월 **hum humming**: 윙윙거리는, 콧노래 부르는,
정력적인, 원기 왕성한, 활발한 **grease greasy**: 기름투성이의, 기름이 많은 묻은, 기름을
많이 쓴, (진실성이 안 느껴지게) 지나치게 정중한 **cartoon cartoonist**: 만화가 **twofold**
threefold: 세 배의, 세 부분이 있는 **tenfold**: 열 배의 **defy defiance**: (공개적으로 하는)
반항[저항] **defiant**: 반항[저항]하는 **fuss fussy**: (별 중요하지 않은 것에) 안달복달하는
[까다로운/야단스런], 신경질적인 **vigilance vigilant**: 바짝 경계하는, 조금도 방심하지 않는
devastate devastated: 엄청난 충격을 받은 **devastation**: (특히 넓은 지역에 걸친)
대대적인 파괴[손상] **devastating**: 대단히 파괴적인, 엄청난 손상을 가하는, 엄청나게
충격적인, 굉장한, 대단히 인상적인 **suspend suspense**: 서스펜스, 긴장감 **suspension**:
정직, 정학, 출장 정지, 서스펜션 **panting pant**: (숨을) 헐떡이다, 갈망[열망]하다, 증기를
내뿜다[내뿜으며 나아가다] **pants**: 팬티, 바지 **emblem emblematic**: 상징적인, 전형적인
lyric lyrical: 서정적인, (표현이) 아름답고 열정적인 **tranquil tranquilizer**: 진정시키는
사람[물건], 정신안정제 **tranquility**: 평온 **tranquillize**: 안정시키다 **marvel marvelous**:
놀라운, 믿기 어려운, 신기한, 기묘한, 기적적인, 초자연적인 **lunar sublunary**: 달 아래의, 달
영향하의, 지구 특유의, 현세의 **polish polisher**: 닦는[윤내는] 기구 **monotonous**
monotone: (말을 할 때) 단조로운 소리[방식], (소리 · 색깔이) 단조로운[변화가 없는]
monotony: 단조로움 **redeem redeeming**: (결점 · 실망 등을) 보충하는, 벌충하는
redeemable: (현금 · 상품과) 교환할 수 있는 **irredeemable**: (너무 나빠서) 바로잡을
수 [구제할 길] 없는 **attic garret**: 다락방 **ambivalent ambivalence**: 양면가치, 반대 감정
병존, 모순 **scant scanty**: 얼마 안 되는, 빈약한 **vest vested**: (권리 등의) 소유가 확정된,
확립된, 보호받는 **nostalgia nostalgic**: 향수 어린 **anecdote anecdotal**: 입증되지 않은,
일화적인 **inert inertia**: 무력, 탄성, 관성 **marsh marshy**: 늪의, 늪 같은, 축축한 땅의, 늪이
많은 **strap strapping**: 가죽 끈 재료, 반창고, 건장한, (거짓말 등이) 엄청난 **strapless**:
(드레스 등이) 끈이 없는 **endorse endorsement**: (공개적인) 지지, 이서 (유명인이 상품을)
보증[홍보] **override overriding**: 최우선의, 가장 중요한 **illuminate illuminated**:
(불빛이) 환한[빛나는] **illumination**: (불)빛, 조명, (옛날 책에 보통 손으로 한) 채색, 이해,
깨달음 **illuminating**: 이해를 돕는, 분명하게 하는 **illuminative**: 밝게 하는, 계몽적인,
조명의, 비추는 **geology geological**: 지질학의 **geologist**: 지질학자 **geologic**: 지질학의,
지질의 **obstinate obstinacy**: 완고함, 고집, 집요한 끈기, 강퍅함, (병의) 난치, 완고한 언행

crusade crusader: (옳다고 믿는 것을 이루기 위한 장기적이고 단호한) 운동을 벌이는 사람
consonant consonance: 일치, 조화, 협화, 화음 **rattle** rattler: 딸랑딸랑 소리 내는 것,
수다쟁이 **rattlesnake**: 방울뱀 **occult** occultism: 신비학, 신비주의 **dignify** dignified:
위엄[품위] 있는 **dignity**: 위엄, 품위, 존엄성, 자존감 **undignified**: 품위 없는 **bounty**
bountiful: 많은, 풍부한, 너그러운 **bounteous**: 아주 너그러운 **precede** precedent:
선례, 판례, 전례 **precedence**: 우선(함) **preceding**: 이전의, 앞선 **unprecedented**: 전례
없는, 미증유의 **precession**: 전진(운동), 선행, 우선 **browse** browser: (컴퓨터) 브라우저,
(물건 살 생각은 없고) 둘러보는 사람 **converge** convergence: 집중성, 집합점 **proverb**
proverbial: 속담에도 나오는, 유명한, 소문이 나 있는 **sanitary** sanitation: 위생 시설[관리]
unsanitary: 비위생적인, 보건상 나쁜, 건강에 좋지 않은 **volcano** volcanic: 화산의,
화산작용에 의해 만들어진 **hysterical** hysteric: 히스테리의 발작, 히스테리 환자 **hysteria**:
흥분·공포·분노 때문에 정신없이 울거나 웃거나 하는 상태 **degenerate** degenerative:
퇴행성의 **degeneration**: 악화, 타락, 퇴보 **replicate** replication: (법률) 피고의 답변에
대한 원고의 재항변, (DNA 등의) 복제, 모사, 반향[메아리] **ginger** gingerbread: 생강 쿠키
intrigue intriguing: (특이하거나 분명한 해답이 없어서) 아주 흥미로운 **eclipse** ecliptic:
일식의, 월식의 **deformity** deformed: (사람이나 신체 일부가) 기형의 **deform**: 변형시키다,
기형으로 만들다 **deformation**: 변형, 기형 **tumult** tumultuous: (특히 기쁜 마음으로)
떠들썩한, 격동의 **distract** distracting: 마음을 산란케 하는, 미칠 것 같은 **distraction**:
집중을 방해하는 것, 오락(활동) **wretch** wretchedness: 가엾음, 불쌍함, 지독함, 불쾌함
sponge spongy: 스펀지 같은, 부드럽고 흡수성이 좋은 **mobilize** mobilization: 동원,
전시 체제화 **immobilize**: 고정시키다, 움직이지 못하게 하다 **demobilization**: 동원 해제,
제대 **prodigious** prodigy: 영재 **apprehend** apprehensive: 걱정되는, 불안한
apprehension: 우려, 불안, 체포 **discord** discordant: 조화[화합]를 이루지 못하는,
불협화음의, 귀에 거슬리는 **resonant** resonance: 울림, 낭랑함, 공명, 공진 **prefix** suffix:
접미사 **oblivion** oblivious: 의식하지 못하는 **aspire** aspirant: 출세를 염원하는 사람,
포부가 큰 사람 **aspiration**: 열망, 포부, 염원 **aspiring**: 출세지향적인, 장차 ~가 되려는
federation federate: 연합하다, 연방제를 실시하다 **tact** tactful: 요령[눈치] 있는
tactical: 작전[전술]의, 전략[전술]적인 **tactician**: 책략가, 모사 **tactic**: 전략[작전], 전술
tactless: 요령[눈치] 없는 **tactile**: 촉각[촉감]의, 촉각을 이용한 **profane** profanation:
신성모독, 오용 **profanity**: 신성모독, 불경, 비속한 말 **digest** digestion: 소화, 소화력
digestive: 소화의 **digestible**: 소화하기 쉬운 **indigestion**: 소화불량 **rogue** roguish:
(사람이 악동) 장난꾸러기 같은 **patriot** patriotism: 애국심 **patriotic**: 애국적인 **renounce**
renunciation: (신념·생활 방식 등의) 포기[포기 선언], 금욕 **mirth** mirthlessly: 즐겁지
않게, 음울하게, 서글프게 **mirthful**: 유쾌한, 명랑한, 즐거운, 희희낙락한 **mirthless**: 실제로는
즐거워하지 않는 **dictator** dictatorial: 독재의, 군림하는 **dictatorship**: 독재 정부, 독재국가
ignition ignite: 불을 붙이다, 점화하다 **embark** disembark: (배·비행기에서) 내리다
embarkation: 승선, 탑승, 적재, (새 사업 등에서의) 착수 **tempest** tempestuous: (감정이)
열렬한[격정적인], (거센) 폭풍에 의한[폭풍이 치는] **splash** splashy: 눈에 확 띄는 **galaxy**
galactic: 은하계[수]의, 젖 분비를 촉진하는 **intergalactic**: 은하계 사이의 **starve**
starvation: 기아, 굶주림 **ferocious** ferocity: 흉포함, 흉포한 행동 **frivolous** frivolity:
까부는 짓 **herb** herbivorous: 초식성의 **herbal**: 허브의, 약초의 **herbalist**: 약초 재배자,
약초상 **mania** megalomania: 과대망상증, 과도한 권력욕 **megalomaniac**: 과대망상증
환자 **maniacal**: 미친 듯한 **maniac** 미치광이, ~광 **kleptomaniac**: 도벽이 있는, 절도광의,
절도광 **annihilation** annihilate: 전멸시키다, 완패시키다, 완파하다 **fraternity**

fraternization 친화, 친목, 친교 **fraternal**: 형제간의, 공제(共濟)의 **spike spiky**: 끝이 뾰족한, 못투성이의, 뾰족뾰족한, 성을 잘 내는 **stair stairway**: (건물 내·외부에 있는 일련의) 계단 **staircase**: (건물 내부에 난간으로 죽 이어져 있는) 계단 **mourn mourning**: 애도, 상복 **mournful**: 애절한 **bake baker**: 제빵사, 빵집 주인 **bakery**: 빵집, 제과점 **sneak sneaky**: 교활한, 엉큼한 **sneaker**: 살금살금 하는 사람, 비열한 사람, 고무창 운동화 **cuff handcuff**: 수갑을 채우다 **refine refinement**: (작은 변화를 통한) 개선[개량], 정제, 제련, 교양, 품위, 세련, 고상함 **refinery**: 정제[제당/정유] 공장 **rust rusty**: 녹슨, 녹투성이의, (운동 실력·기술 등이) 녹이 슨, 예전 같지 않은 **mint minted**: 최근에 생겨난, 박하 맛이 나는, 아주 부자인 **minty**: 박하 맛이 나는 **secession secede**: 분리 독립하다, 탈퇴하다, 탈당하다 **colossal colossus**: 대단히 중요한 사람, 거인, 거대한 것, 거대한 조각상 **hawk hawker**: 행상(을 하는 사람) **curl curly**: 곱슬곱슬한, 동그랗게 말린 **stroll stroller**: 거니는[산책하는] 사람 **atonement atone**: 속죄하다 **rapture rapt**: 완전히 몰입한, 넋이 빠진 **rapturous**: 황홀해 하는, 열광적인 **enrapture**: 황홀하게 만들다, 도취시키다 **gasp gasping**: 헐떡거리는, 숨결이 가쁜, 경련하는 **suburb suburban**: 교외의, 평범한, 따분한 **reassure reassured**: 자신감을 되찾게 하는, 안심시키는 **reassurance**: 안심시키기, 안심시키는 말[행동] **cavern cavernous**: 휑뎅그렁한, 동굴 같은 **nude nudity**: 벌거벗은 상태, 알몸 노출 상태 **denude**: (덮게 등을) 벗기다 **denudation**: 발가벗김, 발가숭이 **flatter flattery**: 아첨 **flatterer**: 아첨꾼, 알랑거리는 사람 **unflattering**: (옷 등이) 어울리지 않는, 호의적이지 않은 **demeanor misdemeanor** 경범죄, 비행[못된 짓] **soy soybean**: 콩, 대두 **elevate elevation**: 승진, 승격, 해발 높이, 고도, (지면보다) 높은 곳, (정도·양의) 증가 **elevated**: (지위가) 높은, 고상한, (주변이나 지면보다) 높은, 고가(高架)의 **prosecute prosecution**: 기소, 소추, 고발, 기소자 측, 검찰 측, 추진 **prosecutor**: 소추자, 검찰관, 기소 검사 **dispense dispensation**: 특별 허가, 시혜, 제도[체제] **dispenser**: (손잡이·단추 등을 눌러 안에 든 것을 바로 뽑아 쓸 수 있는) 기계[용기] **dispensary**: 조제실, 진료소 **atrophy atrophied**: 소모한, 위축한, 쇠퇴한 **figurative figuratively**: 비유적으로 **figuration**: 형체 부여, 비유적 표현 **circuit circuitry**: 전기 회로망 **circuitous**: 빙 돌아가는 **empathize empathy**: 감정이입, 공감 **empathic**: 감정이입의 **pharmacy pharmacist**: 약사 **pharmaceutical**: 약학의, 제약의, 약, 제약 **rudimentary rudiment**: 기본, 근본 **flaw flawed**: 결함이 있는 **flawless**: 흠 하나 없는, 나무랄 데 없는 **crank cranky**: 기이한, 짜증을 내는 **brace bracing**: (차가우면서) 상쾌한 **grind grinder**: 가는[빻는] 기구 **grinding**: 끝도 없이 계속되는 **grindstone sap sappy**: 수액이 많은, 원기 왕성한, 활기찬 **batter battered**: 낡은, 닳은, 구타당한, 매 맞는 **contagious contagion**: (접촉) 전염[감염] **refractory refraction**: 굴절 **refract**: 굴절시키다 **coma comatose**: 혼수상태인, 완전히 탈진한 **fluent fluency**: 능숙도, 능수능란함 **genealogy genealogical**: 족보의, 계보의 **oracle oracular**: 신탁과 같은, 숨은 뜻이 있는 **incline inclination**: 의향, 성향, 경사, (고개를) 약간 숙이기 **disclination**: 내키지 않음, 열의 부족 **disinclined**: 내키지 않는, 꺼리는 **peel peeler**: (과일·채소 등의) 껍질을 벗기는 칼 **bump bumpy**: 울퉁불퉁한, 평탄치 않은 **bumper**: (자동차의) 범퍼, 엄청나게 큰[많은] **bumptious**: 잘난 체하는, 건방진 **detriment detrimental**: 해로운 **foresee foreseeable**: 예견[예측]할 수 있는 **foresight**: 예지력, 선경지명 **prostitute prostitution**: 매춘, (가치 없는 일에) 재능을 팖[썩임] **idiom idiomatic**: 관용구가 든, (언어 표현이 모국어 사용자처럼) 자연스러운 **parasite parasitism**: 기생 (생활) **parasitic**: 기생충에 의한, 기생하는, 기생충 같은 **pivot pivotal**: 중심(축)이 되는 **fry fryer**: 튀김 냄비, 튀김용 닭 **predator predatory**: 약탈하는, 포식성의, 약한 사람들을 이용해 먹는 **peach peachy**: 복숭아 같은, 복숭아색의, 좋은, 아주 멋진 **impede unimpeded**: 가로막는 것이

없는, 방해받지 않는 **impediment**: (무엇의 진행을 막는) 장애물, (언어 사용상의) 장애 **brood brooding**: 음울한 **broody**: (여자가) 아이를 몹시 갖고 싶어 하는, (새 암컷이) 알을 품고 싶어 하는, 시무룩한 **pendulum pendulous**: 축 늘어져 대롱거리는 **seam seamless**: 이음매가 없는, 아주 매끄러운 **thorn thorny**: (문제 등이) 곤란한[골치 아픈], 가시가 있는 **locomotive locomotion**: 운동[이동/보행] (능력) **enlist enlistment**: 병적 편입, 모병, 병적 기간 **equator equatorial**: 적도의 **aroma aromatic**: 향이 좋은 **apocalyptic apocalypse**: 세상의 종말 **evade evasion**: 회피, 모면, 얼버무리기 **evasive**: 얼버무리는 **evasively**: 회피적인, 얼버무려 **infallible fallible**: 실수를 할 수 있는 **fallibility**: 잘못하기 쉬움 **dentist dental**: 치아의, 치과의 **tidy untidy**: 단정치 못한, 어수선한, 깔끔하지 못한, 정리를 잘 안 하는 **flare flaring**: 너울너울 [활활] 타는, (외관이) 화려한, 요란한 **pomp pompous**: 젠체하는[거만한] **valiant valiantly**: 용감하게, 뛰어나게 **valor**: 용기, 용맹, 무용 **supervise supervision**: 감독, 관리, 지도 교수에 의한 개인 지도 **supervisor**: 감독관, 관리자, 지도교수 **contiguous contiguity**: 접촉, 근접 **iniquity iniquitous**: 대단히 부당한[잘못된] **averse aversion**: 아주 싫어함, 혐오감 **bribe bribery**: 뇌물 수수 **traction tractable**: 다루기 쉬운 **intractable**: 아주 다루기 힘든 **tractor**: 트랙터, 견인차 **chivalry chivalrous**: (여자에게) 예의 바른[정중한] **chivalric**: 기사도의: 기사적인 **congratulate congratulation**: 축하 (인사), 축하해(요)! **pluck plucky**: 용기[결단력] 있는 **fable fabulist**: 우화 작가, 이야기꾼 **confabulation**: 마음속으로 이야기를 지어내는 행위 또는 그런 이야기 **defer deferred**: 연기된, 거치된, 징병 유예중인 **humid humidity**: 습도, 습기 **bridle unbridled**: 억제되지 않은 **pessimistic pessimist**: 비관주의자 **pessimism**: 비관적인 생각[기분], 비관주의 **longitude longitudinal**: 세로(방향)의, 길이의, 종적인(무엇의 장기적인 변화 과정을 다룬), 경도(경선)의 **oscillation oscillator**: 발진기, 진동자 **oscillate**: (감정·행동이) 계속 오가다, 진동하다 **flint flinty**: 아무 감정이 없는, 플린트를 함유한 **symphony symphonic**: 교향악의, 조화를 이루는 **gloss glossy**: 윤이 나는, (겉보기에) 화려한, 고급 잡지 **gallop galloping**: 급증하는, 급속히 진행[확산]되는 **conceit conceited**: 자만하는 **corporeal incorporeal**: 무형의, 영적인, 실체가 없는 **insulate insulator**: 절연 처리용 자재[장치] **insulation**: 절연 처리 **incarceration incarcerate**: 감금하다, 투옥하다 **odious odiousness**: 밉살스러운, 불쾌한 **odium**: 증오 **seclusion seclude**: 은둔하다, 고립시키다 **stellar interstellar**: 항성 간의, 행성 간의 **visceral eviscerate**: 내장을 제거하다, 골자를 빼버리다 **abject abjection**: 비참한 상태, 비천, (균류의) 포자 방출 **scrape scraping**: (무엇을 긁거나 깎아서 생긴) 부스러기 **scraper**: 긁어내는 도구 **circumcision circumcise**: 할례를 하다 **compile compilation**: 모음집[편집본], 편집, 편찬 **compiler**: 편집자, 편찬자, 컴파일러 **excretion excrete**: 배설[분비]하다 **excretory**: 배설[분비]의 **excrement**: 대변, 배설물 **patriarch patriarchal**: 가부장제의, 가부장적인 **animate animated**: 활기찬, 활발한, 동영상으로 된, 만화영화로 된 **animation**: 생기, 활기, 만화영화, 동영상 **reanimate**: 되살리다[소생시키다] **inanimate**: 무생물의, 죽은, 죽은 것 같은 **reanimation**: 소생, 부활, 고무, 격려 **impair impaired**: 손상된, 제 기능을 못하는, 장애가 있는 **impairment**: (신체적·정신적) 장애 **ascetic asceticism**: 금욕주의 **ponder ponderous**: 대단히 무거운, 육중한, 짐스러운, (이야기 등이) 지루하고 답답한 **numb benumb**: 무감각하게 하다, 얼게 하다, 마비시키다, 멍하게 하다 **numbing**: 감각을 마비시키는, 망연자실하게 하는 **rouse rouser**: 각성자, 환기자 **rousing**: 열렬한, 활발한, 분발[각성]시키는 **arouse**: (느낌·태도를) 불러일으키다[자아내다], (성욕을) 자극하다, 분발하게 하다 **aroused**: 흥분한 **arousing**: 자극적인 **arousal**: 각성, 환기, 자극 **blot blotter**: 흡수지, 압지, 사건 기록부 **felony felon**: 중죄인, 흉악범 **felonious**: 중죄로, 흉악한 **dedicate dedicated**: 전념하는, 헌신적인

dedication: 전념, 헌신, 봉헌식, 헌납[헌정]식, 헌정사 **mend mending**: 고치는 일, 수선, 수선할 것, 파손품 **tumble tumbledown**: 금방이라도 무너질 듯한, 다 허물어져 가는 **tumbling**: (체조) 텀블링 **membrane membranous** 막(모양)의, 막을 형성하는 **edible inedible**: 먹을 수 없는, 못 먹는 **augment augmentation**: 증가, 증가물, (음악에서 주제의) 확대 **meditate meditation**: 명상, 묵상, 명상록 **premeditated**: (범행·나쁜 행동이) 사전에 계획된, 계획적인 **unpremeditated**: (범행·나쁜 행동이) 사전에 계획된 것이 아닌 **premeditation**: 미리 생각[계획]함, 고의 **deduct deductible**: 공제할 수 있는, **ductility**: 연성, 유연성, 양순한 성품 **freak freakish**: 별난, 기이한 **freaky**: 기이한 **quadrant quadrangular**: 사각형의, 네모꼴의 **quadratic**: 이차방정식, 정사각형의 **austere austerity**: 내핍 상태, 금욕적임, 엄격함, 내핍 생활 **erratic erratically**: 괴상하게, 변덕스럽게 **erratum**: (책 속에 리스트로 명시된) 오자 **refresh refreshment**: 가벼운 식사, 음료, 다과, 원기 회복 **refreshing**: 신선한, 원기를 북돋우는 **refresher**: 원기를 회복시키는 것, 청량음료 **assimilate assimilation**: 흡수, 동화 **zoo zoology**: 동물학 **zoologist**: 동물학자 **knob knobby**: 혹이 많은, 울퉁불퉁한, 둥근 언덕이 많은, 곤란한 **spice spicy**: 양념 맛이 강한, (이야기·뉴스거리 등이) 흥미로운, 약간 충격적인, (비평 등이) 신랄한, 매서운 **perspiration perspire**: 땀을 흘리다, 땀이 나다 **glacier glacial**: 빙하의, 빙하기의, 몹시 추운, 얼음 같은, 냉정한 **disperse dispersal**: 해산, 분산, 확산 **dispersion**: 확산, 분산 **firsthand secondhand**: 간접의, 전해 들은, 중고의, 간접으로 **beforehand**: 사전에, 전에 미리 **libel libelous**: 중상[비방]하는, 명예훼손의 **refute irrefutable**: 반박할 수 없는 **refutation**: 논박, 반박, 반증 **bustle bustling**: 부산한, 북적거리는 **interpolation interpolate**: 말참견하다, (글에다) 덧붙이다[삽입하다] **constipation constipated**: 변비에 걸린 **adore adoration**: 흠모, 경배 **adorable**: 사랑스러운 **adorer**: 숭배자 **adoring**: 흠모하는 **philanthropy philanthropic**: 인자한, 박애주의의 **philanthropist**: 자선가, 박애주의자 **delinquent delinquency**: (특히 청소년의) 비행 [범죄] **psychosis psychosomatic**: 심리적인 문제로 인한 **psychopathic**: 정신병의 **mingle intermingle**: (사람·생각·색깔 등을) 섞다[혼합하다] **versatile versatility**: 다재, 다능 **infernal inferno**: 지옥, (걷잡을 수 없이 큰) 불[화재] **howl howling**: (폭풍 등이) 울부짖는, 휘몰아치는, 엄청난, 극심한 **drip dripping**: 흠뻑 젖은, 물이 뚝뚝 떨어지는, (고기를 요리할 때 나오는) 기름 **drippy**: 얼간이 같은, 감상적인, 액체 상태의, 방울이 뚝뚝 떨어질 것 같은 **labyrinth labyrinthine**: 복잡한, 미궁의 **refund refundable**: 반제할[갚을] 수 있는, 반환할 수 있는 **subdue subdued**: (기분이) 가라앉은, 꺼리진, 좀 우울한, (빛·색깔 등이) 부드러운, 은은한, (사업 활동이) 한산한 **barbarian barbaric**: 야만적인, 이방인[미개인]의 **barbarous**: 잔혹한, 악랄한, 상스러운 **chunk chunky**: 두툼한, 땅딸막한, (음식이) 덩어리가 든 **avenge avenger**: 복수하는 사람, 원수를 갚는 사람 **tangle tangled**: 헝클어진, 복잡한, 뒤얽힌 **untangle**: (엉킨 것을) 풀다, (복잡하거나 혼란스러운 것을) 풀다 **entangle**: 얽어매다, (걸어서) 꼼짝 못하게 하다, ~를 ~와 얽히게 만들다 **filth filthy**: 아주 더러운, 추잡한(보통 섹스와 관련된), (날씨가) 음산한 **filthiness**: 불결함, 더러움, 상스러움 **attest attested**: 증명된, 무균 보증된, 공정 기준 합격의 **attestation**: 증명, 입증, 증거 **fervor fervent**: 열렬한, 강렬한 **fervid**: 열렬한 **perfervid**: 매우 열심인, 열렬한, 열정적인 **sarcastic sarcasm**: 빈정댐, 비꼼 **devour devouring**: 게걸스레 먹는, (감정이) 열렬한, 강렬한 **conical conic**: 원뿔의 **astute astuteness**: 기민, 교묘, 예리함 **overwhelm overwhelming**: 압도적인, 너무도 강력한, 저항하기 힘든 **audacity audacious**: 대담한 **distort distortion**: (모양을) 찌그러뜨림, 왜곡된 이야기, 뒤틀림, 왜곡, 곡해 **acquiescence acquiesce**: 묵인하다 **acquiescent**: 잠자코 동의하는, 묵종하는, 묵인하는 **stagnant**

stagnation: 침체, 부진, 불황 **stagnate**: 침체되다, 부진해지다, 고이다 **renown** **renowned**: 유명한, 명성 있는 **subtraction subtract**: 빼다, 공제하다 **axiom axiomatic**: 자명한, 격언적인 **chew chewy**: 꼭꼭 씹어 먹어야 하는 **deduce deductive**: 연역적인, 추리의 **deduction**: 추론, 연역, 공제(액) **complicity complicit**: 공모한, 연루된 **granular granulation**: 과립 상태, 알갱이로 되기 **configuration configure**: 형성하다, 배열하다 **gratify gratification**: 만족감[희열] **gratifying**: 흐뭇한, 기쁜 **abstain abstainer**: 기권자, 술을 많이 안 마시는 사람 **abstention**:: 기권, 자제 **abstinence**: 자제, 금욕 **abstinent**: 금욕적인, 자제하는 **meager meagerness**: 빈약함, 불충분함 **meagerly**: 빈약하게, 결핍되어 **allergy allergic**: 알레르기가 있는, 알레르기성의, 몹시 싫어하는, 알레르기가 생길 정도인 **mystic mystical**: 신령스러운, 신비주의의 **mysticism**: 신비주의 **mystify**: 혼란스럽게[얼떨떨하게] 만들다 **mystique**: 신비로움, 비밀스러움 **degrade degradation**: 비하, 수모, 저하[악화] **degrading**: 비하하는, 모욕적인 **biodegradable**: 자연분해성의 **commend commendable**: 칭찬[인정]받을 만한 **commendation**: 칭찬, 인정, (칭찬하여 주는) 상[훈장], 찬사 **plural plurality**: 많은 수, (선거에서) 최다 득표수, (문법) 복수 **ephemeral ephemera**: 단명하는 것, 하루살이, 잠깐 쓰고 버리는 것 **eradicate eradication**: 근절, 박멸, 소거 **gamble gambler**: 노름꾼, 도박[투기]꾼 **insolent insolence**: 건방짐, 오만, 무례, 건방진 태도 **hypnotize hypnosis** 최면, 최면 상태 **hypnotic**: 최면을 거는 듯한, 최면 상태의 **hypnotism**: 최면술 **hypnotist**: 최면술사 **recital recite**: 암송[낭송/낭독]하다, (열거하듯) 죽 말하다, 나열하다 **recitation**: 암송, 낭독, 낭송 **coronation coronal**: 왕관, 왕관의, (천문) 코로나의 **corona**: (일식/월식 때 생기는) 광환[코로나] **ovary ovarian**: 난소의, 씨방의 **detain detention**: 구금[구류], (학생에 대한 벌로서) 방과 후 남게 하기 **fathom unfathomable**: 불가해한, 무슨 생각을 하는지 알 수 없는, 심중을 알 수 없는 **scramble unscramble**: (암호 따위를) 해독하다, 순서를 바로 맞추다, 제대로 정리하다 **complacency complacent**: 자기만족의, 상냥한, 자기만족적인 **grate grater**: (과일 등을 가는) 강판 **grating**: 쇠창살, (소리 등이) 귀에 거슬리는 **revolve revolver**: 회전식 연발 권총 **inauguration inaugurate**: 취임하게 하다, 개시를 알리다, 개관을 선언하다 **inaugural**: 취임식의, 개회의 **abominable abominate**: 증오하다, 혐오하다 **abomination**: 혐오[가증]스러운 것 **abominably**: 밉살맞게, 지독히 **hinge unhinged**: 경첩을 뗀, 불안정한, 흐트러진 **surpass surpassing**: 빼어난, 우수한, 비상한 **chaste chastity**: (육체적) 순결 **denounce denunciation**: 맹렬한 비난 **customize customized**: 개개인의 요구에 맞춘 **sluggish slug**: 민달팽이, 괄태충, (독한 술의) 한 모금, 총알, (주먹으로) 세게 치다, 강타하다 **recur recurring**: 되풀이하여 발생하는, 순환하는 **recurrence**: 되풀이, 반복, 재발 **jeopardy jeopardize**: 위태롭게 하다, 위험에 빠뜨리다 **shave unshaven**: 면도를 하지 않은 **shaving**: 수염을 밀기, 면도, 깎아낸 부스러기, 할인 **repel repellent**: 역겨운, 혐오감을 주는, (특히 물이) 스며들지 않게 하는 **concur concurrence**: 동의, 의견 일치, 동시 발생 **karma karmic**: 업보의, 숙명적인 **solicit solicitation**: 간원, 간청, 애걸복걸, (매춘부의) 유혹 **solicitude**: 배려 **solicitor**: 상품 판촉원, 사무 변호사 **solicitous**: 세심히 배려하는 **annotation annotate**: 주석을 달다 **pierce piercing**: 날카로운, 꿰뚫어 보는 듯한, 귀청을 찢는 듯한, 가슴을 후비는[찢는] 듯한 **enclose enclosed**: (담 등으로) 에워싸인, 동봉된, 바깥세상과 접촉이 거의 없는 **enclosure**: 울타리[담]를 친 장소, (편지에) 동봉된 것 **carve carving**: 조각품, 새긴 무늬, 조각술 **carver**: 조각가, (식탁에서) 고기를 써는 사람, 고기 써는 나이프 **grudge grudging**: 마지못해 주는 **begrudge**: 시기하다, 못마땅해[아까워] 하다 **resilient resilience**: 탄력, 복원력 **repress repression**: 탄압, 진압, 억압 **repressive**: (정부 체제가) 억압적인, (욕구 등을) 억누르는

7

irrepressible: 활력이 넘치는, 억누를 수 없는 **zest zesty**: 강한 풍미를 가진, 자극을 주는 **expel expulsion**: (어떤 장소에서의) 축출[추방], 퇴학, (조직에서의) 제명[축출] **displace displaced**: 추방된, 유민의 **displacement**: (제자리에서 쫓겨난) 이동, (배의) 배수량 **counterfeit counterfeiting**: 화폐 위조 **menopause menopausal**: 폐경기의 **purify purifier**: 정화장치 **purification**: 정화, 정제 **etching etch**: 식각하다, 새기다 **dexterity dexterous**: 손재주가 비상한, 솜씨 좋은 **enroll enrollment**: 등록, 기재, 입학, 입대 **alumni alumnus**: 동창생〈단수〉 **sew sewing**: 바느질, 재봉, 바느질용 **sewer**: 재봉사, 하수관, 수채통 **semen seminal**: 생식의, 정액의, 발생의 **belligerent belligerence**: 호전성, 투쟁성, 교전, 전쟁 **belligerency**: 교전 상태 **renovation renovate**: 새롭게 하다, 개조하다, 수선하다 **agile agility**: 민첩, 명민함 **lunatic lunacy**: 바보짓, 미친 짓 **slander slanderous**: 중상적인, 비방적인 **elliptical ellipse**: 타원 **volley volleyball**: 배구 **blasphemy blasphemous**: 불경스러운, 모독적인 **blaspheme**: 신성모독적인 발언을 하다 **clutter cluttered**: 어질러진, 어수선한 **genus generic**: 포괄적인, 총칭의, 회사 이름이 붙지 않은 **generically**: 일반적으로, 총칭적으로 **handicap handicapped**: (신체적·정신적) 장애가 있는, 장애가 있는 **felicity felicitous**: 아주 적절한, 절묘하게 어울리는 **felicitation**: 축사, 축하합니다 **spasm antispasmodic**: 경련을 막는, 진경제 **sparkle sparkling**: 반짝거리는, 탄산이 든, 흥미로운, 재기 넘치는, 아주 좋은, 뛰어난 **sparkly**: 불꽃을 튀기는, 반짝반짝 빛나는, 생기에 찬, 활기 있는, (포도주가) 발포성의 **thwart athwart**: 가로질러, 반대하여, 어긋나 **fasten fastener**: (옷·가방·창문 등의) 잠금장치 **unfasten**: (잠긴 것을) 풀다[끄르다] **peep peephole**: 작은 구멍, 검사창 **paranoia paranoid**: 편집증 환자의, 편집증의 **wield unwieldy**: 다루기 불편한[거추장스러운], 통제하기 힘든 **wieldy**: 휘두르기 쉬운, 다루기 쉬운 **calorie calorific**: 칼로리의, 열을 발생하는 **caloric**: 칼로리의, 열의, 열로 구동되는 **venom venomous**: 독이 있는, 앙심에 찬 **metamorphosis metamorphose**: 변하다, 탈바꿈하다 **whirl whirling**: 소용돌이치는, 선회[회전]하는 **ail ailment**: 질병, 질환 **ailing**: 병든, 약화된 **leash unleash**: 가죽끈 등을 풀다, 놓아주다, 속박을 풀다, (감정 등을) 촉발시키다 **amnesia amnesiac**: 기억상실증[건망증] 환자, 기억상실증의 **expire expiry**: 만료, 만기 **expiration**: 만료, 만기, 종결 **expiring**: 만료의, 임종의, (불꽃이) 꺼져가는 **fallacy fallacious**: 잘못된, 틀린 **acupuncture acupuncturist**: 침술사, 침술가 **tenable untenable**: 지지할 수 없는, 지킬 수 없는 **confide confiding**: 신뢰를 나타내는, 은밀한 **confidant**: (비밀도 털어놓은 절친한) 친구 **exhortation exhort**: 열심히 권하다, 촉구하다, 훈계하다 **hortatory**: 충고의, 장려의, 격려의 **astrology astrological**: 점성술의 **omnipotent omnipotence**: 전능, 무한한 힘 **elucidate elucidation**: 설명, 해명 **panorama panoramic**: 파노라마(식)의, 개관적인 **commemorate commemoration**: (중요 인물·사건의) 기념[기념행사] **offline online**: 온라인의, 접속되어 **intonation intone**: 특정한 음조로 말하다, 억양을 붙여서 말하다 **weld welder**: 용접공 **welding**: 용접(기술) **sagacity sagacious**: 현명한 **emulation emulate**: (흠모하는 대상을) 모방하다, 경쟁하다 **impetuous impetus**: (일의 추진에 필요한) 자극(제), (물체의) 추동력 **impetuosity**: 격렬, 맹렬, 성급함 **avarice avaricious**: 탐욕스러운, 욕심 많은 **fleet fleeting**: 순식간의, 잠깐 동안의 **sprinkle sprinkler**: 살수장치, 스프링클러 **sprinkling**: 약간 뿌리는 양, 드문드문 있는 수 **aggrieved aggrieve**: 괴롭히다, 고통을 주다, 억누르다 **nourish nourishing**: 영양이 되는, 자양분이 많은 **malnourished**: 영양실조의 **soot sooty**: 그을음이 묻은, 거무튀튀한 **atheist atheistic**: 무신론의, 신앙이 없는 **atheism**: 무신론 **septic antiseptic**: 소독제, 방부제, 살균의 **regal regalia**: 왕권의 상징물들 예복, 휘장 **exemplify exemplary**: 모범적인, 본보기를 보이기 위한[가혹한] **exemplar**: 모범,

전형 **exemplification**: 예증, 실증, 예시 **repugnant** **repugnance**: (강한) 반감[혐오감] **decipher** **indecipherable**: 해독[이해]할 수 없는 **undecipherable**: 판독할 수 없는 **dilapidated** **dilapidation**: 무너짐, 허물어진 것 **circumvent** **circumvention**: 계략으로 속임, 한 수 더 뜸, 우회 **connotation** **connote**: 암시하다, 내포하다 **enlighten** **enlightened**: 깨우친, 계몽된, 개화된 **enlightening**: 계몽적인, 밝혀 주는, 깨우치는 **enlightenment**: 깨우침, 이해, (18세기의) 계몽주의 시대 **donate** **donation**: 기부, 기증 **prick** **prickly**: 가시로 뒤덮인, (감촉이) 꺼끌꺼끌한, 쉽게 발끈하는, (쟁점 등이) 다루기 힘든, 골치 아픈 **remit** **remittance**: 송금액, 송금 **unremitting**: 끊임없는, 약해지지 않는 **remission**: 감형, 감면, (병의) 차도 **elate** **elated**: 의기양양한, 우쭐해진 **derision** **deride**: 조롱[조소]하다 **derisive**: 조롱[조소]하는 **heave** **heaving**: ~이 가득한 **unravel** **ravel**: 얽히게 하다 **exclaim** **exclamation**: 감탄사 **synonym** **synonymous**: 같은[비슷한] 뜻을 갖는, 동의어[유의어]의, 아주 밀접한 **ferment** **fermentation**: 발효, 소동, 인심의 동요 **crocodile** **alligator**: (북미·남미 중국산) 악어 **varnish** **unvarnished**: 아무것도 덧붙이지 않은, 있는 그대로의 **quiz** **quizzical**: (표정이) 약간 놀란[재미있어 하는] 듯한 **enchantment** **enchant**: 황홀하고[넋을 잃게] 만들다 **disenchanted**: 환멸을 느낀, 환상이 깨진 **disenchantment**: 미몽에서 깨어남, 각성 **thrift** **thrifty**: 절약하는 **thriftless**: 돈을 헤프게 쓰는, 낭비하는 **slant** **slanted**: 치우친, 편향된, 기울어진 **auspicious** **inauspicious**: 상서롭지 못한, 불길한 **auspice**: 원조, 보호, 찬조, 전조, 길조 **exuberant** **exuberance**: 풍부, 무성함, 윤택 **lax** **laxly**: 해이하게, 명확하지 않게 **laxative**: 배변을 쉽게 하는 약, 완화제 **avid** **avidity**: 탐욕, 갈망 **infect** **infected**: (세균에) 감염된[오염된] **disinfectant**: 소독약, 살균제 **infection**: 감염, 전염병 **infectious**: 전염되는[전염성의] **disinfect**: 소독[살균]하다, 바이러스를 제거하다 **glaze** **glazed**: 윤이 나는, 광택이 나는, [눈이] 멀건, 멍한 **caprice** **capricious**: 변덕스러운, 잘 변하는 **whimsical** **whimsy**: 엉뚱한[기발한] 생각[방식] **neurotic** **neuropathy**: 신경 장애, 신경병질 **neurosis**: 신경증, 강한 공포 **neurological**: 신경의, 신경학의 **stifle** **stifling**: (공기 등이) 숨 막힐 듯한, 답답한, (예절 등이) 딱딱하고 거북한 **autistic** **autism**: 자폐성, 자폐증 **inoculation** **inoculate**: 접종하다, 예방주사를 놓다 **wrestle** **wrestler**: 레슬링 선수 **wrestling**: 레슬링 **bigotry** **bigot**: 편견이 아주 심한 사람 **bigoted**: 편협한, 옹졸한 **persevere** **perseverance**: 인내(심) **laurel** **laureate**: (뛰어난 업적으로 훈장·상을 받은) 수상자 **intrude** **intruder**: 불법 침입자, 불청객 **intrusive**: 거슬리는, (발음에서) 침입음의 **intrusion**: 침범, 마음대로 들어감 **docile** **docility**: 온순, 유순, 다루기 쉬움 **deteriorate** **deterioration**: 악화, (가치의) 하락, 저하, 퇴보 **affluence** **affluent**: 부유한, 유복한 **crook** **crooked**: 비뚤어진, 구부러진, 부정직한 **inject** **injection**: 주사, 자금 투입, (액체의) 주입 **injector**: 주사기, 주사 놓는 사람, 연료 분사 장치 **buckle** **unbuckle**: 버클을 끄르다 **intimidate** **intimidated**: 겁을 내는, 무서워하는 **intimidating**: 겁을 주는 **intimidation**: 협박, 위협 **cloister** **cloistered**: 세속으로부터 격리된 **introspection** **introspective**: 자기 성찰적인 **diverge** **divergent**: (관습 등에서) 일탈한, (의견 등이) 다른, (수학) 발산의 **entreat** **entreaty**: 간청, 애원 **artery** **arteriosclerosis**: 동맥경화증 **arterial**: 동맥의, 동맥과 같은 **annex** **annexation**: 부가, 첨가, 부가물, 합병 **fiend** **fiendish**: 사악한, 기괴한, (불쾌할 정도로) 교묘한[복잡한], 정말 골치 아픈[어려운] **conscription** **conscript**: 징집된, 징집하다, 징집병 **exacerbate** **exacerbation**: 악화, 격화, 분노 **grunt** **grunting**: 후음음을 내는 것, 불평불만을 하는 것, 그렁거림 **bereaved** **bereavement**: 사별, 가족[친지]의 사망 **tenacious** **tenacity**: 고집, 끈기, 불굴 **cripple** **crippled**: 불구의, 무능력한 **compress** **compressor**: (공기) 압축기 **compression**: 압축, 압착, 요약 **decompress**: 기압이 줄다, 압축 파일을 풀다 **cyber** **cybernetic**: 인공두뇌의,

인공두뇌학의 **secrete secretion**: 분비, 분비물, 은닉 **evangelist evangelize**: 전도하다, 기독교로 개종시키다 **evangelization**: 복음 전도 **scruple unscrupulous**: 부도덕한, 무원칙한 **scrupulous**: 세심한, 꼼꼼한, 양심적인 **heretic heretical**: 이교의, 이단의 **heresy**: (종교상의) 이단, (정통적이거나 일반적이 아닌) 이단 **censor censorial**: 검열의, 매우 비판적인 **censorship**: 검열 **implacable placable**: 달래기 쉬운, 온화한, 너그러운 **enigma enigmatic**: 수수께끼 같은, 불가사의한 **conglomerate conglomeration**: 복합(체), 응집, 복합기업의 형성 **waive waiver**: 면제, 포기, 포기 증서 **clot clotted**: 응고한, 엉긴, 순전한 **bruise bruising**: (마음이) 힘든[불편한] **subsist subsistent**: 존립[존재]하는, 실재의, 타고난, 고유의, 실재하는 것, (추상 개념으로서의) 존재물 **subsistence**: 최저 생활, 호구 **rotation rotate**: 회전하다[시키다], (일을) 교대로 하다 **rotary**: 회전하는, 회전식의 **bulge bulging**: 튀어[불거져]나온 **mammal mammalian**: 포유류의 **addict addictive**: 중독성의, 중독성이 있는 **addiction**: 중독 **addicted**: 중독된 **delineation delineate**: (상세하게) 기술하다[그리다/설명하다] **subvert subversion**: 전복, 파괴 **subversive**: 전복시키는, 파괴하는 **plagiarism plagiarize**: 표절하다, 도용하다 **plagiarist**: 표절자, 도용인 **acclaim acclaimed**: 칭찬을 받은 **acclamation**: 환호성, 박수갈채 **acquaint acquaintance**: 지인, 면식, 지식 **acquaintanceship**: 안면, 면식 **reacquaint**: 다시 익히게 하다, 다시 알게 되다 **vindictive vindictiveness**: 복수심이 강함, 보복적임 **nominate nominee**: (직책·수상자 등에) 지명[추천]된 사람, 후보 **nomination**: 지명, 추천, 임명 **equivocal unequivocal**: 명백한, 분명한 **equivocation**: 얼버무리기 **equivocate**: 얼버무리다, 모호하게 말하다 **clamor clamorous**: 떠들썩한, 시끄러운, 불평을 말하는 **thump thumper**: 탁[쾅] 치는 사람[것] **utopia utopian**: 유토피아적인, 이상적인 **nutritious nutritionist**: 영양학자 **nutrition**: 영양 **malnutrition**: 영양실조 **nutritional**: 영양상의 **nutrient**: 영양소, 영양분 **nutriment**: 자양물, 음식물, 영양분 **swirl swirling**: 소용돌이치는, 현기증 나는 **swirly**: 소용돌이치는, 꼬인, 뒤얽힌 **saw sawmill**: 제재소 **sawdust**: 톱밥 **encyclopedia cyclopedia**: 백과사전 **encyclopedic**: 백과사전의, 박식한, 정통한 **evocative evocation**: (감정·기억 등의) 환기 **lurid luridly**: 번쩍번쩍하면서, 짙게, 전율적으로 **seduce seducer**: (성관계를 하자고) 유혹하는 사람 **seductive**: (성적으로) 유혹[매혹]적인, 마음을 끄는 **seduction**: (성관계를 하자는) 유혹, 유혹[매력] **poise poised**: (금방이라도 동작을 취할) 태세를 갖추고 있는, 아슬아슬하게 균형을 이루고 있는, 침착한 **dissipate dissipated**: 방탕한, 낭비된 **dissipation**: 낭비, 방탕, 소실 **enquire enquiring**: 탐구적인, 물어보는 듯한 **miscarriage miscarry**: 유산하다, 실패하다 **amputation amputate**: 절단하다, 잘라내다 **ion ionic**: 이온의, 이온성의 **lactic lacteal**: 젖의, 젖 모양의 **detach detached**: 다른 집들과 떨어져 있는 **detachment**: 무심한, 거리를 두는 **detachable**: 사심 없는, 공정한 **brew brewery**: 맥주 공장 **brewer**: 맥주 양조업자 **quench quenchless**: 억누를 수 없는 **unquenchable**: 채울 수 없는 **gymnasium gymnastic**: 체조의 **gymnastics**: 체조, 체육 **gym**: 체육관 **gymnast**: 체조 선수 **laudable laudation**: 칭찬, 찬미 **laud**: 칭찬하다 **laudatory**: 칭찬, 감탄 **lethargy lethargic**: 무기력한, 둔감한, 기면증의 **alchemy alchemist**: 연금술사 **derogatory derogation**: 폄하, (가치 등의) 저하, 계약의 부분적 수정 **derogate**: 폄하하다, (권위 등을) 떨어뜨리다 **forbear forbearance**: (특히 잘못한 사람에 대한) 관용[관대] **balm embalm**: (시체에) 방부 처리를 하다[미라로 만들다] **balmy**: (공기·날씨 등이) 아늑한, 훈훈한 **braid braided**: 짠, 꼰, (머리를) 땋은 **fanatic fanatical**: 광신적인 **fanaticism**: 광신 **souvenir keepsake**: 기념품, 유품 **indolent indolence**: 게으름, 나태, (병의) 치유가 늦음 **jaundice jaundiced**: 황달에 걸린, 편견을 가진, 질투가 심한 **polemic polemical**: 격론의, 격론을 벌이는

vindicate vindication: 옹호, 변호, 지지, 입증, 해명 **phobia phobic**: 공포증의, 공포증이 있는 사람 **claustrophobic**: 폐쇄 공포증의 **ratify ratification**: 비준, 재가, 인가, 승인 **idyllic idyll**: 전원시, 목가, 전원 풍경 **amalgamation amalgamate**: 합병하다, 융합하다 **dissuade dissuasion**: (설득하여) 단념시킴, 만류, 말림 **gaudy gaud**: 싸구려 장식품, 외양만 번지르르한 싼 물건 **deviation deviate**: (일상·예상 등을) 벗어나다 **sever severance**: 단절, 고용 계약 해지, 해고 **menstruation menstrual**: 월경의 **hexagonal hexagon**: 육각형 **twitch twitchy**: 불안해[초조해] 하는, 휙 움직이는 **stunt stunted**: 성장[발달]을 저해당한 **allure allurement**: 매혹, 유혹, 유혹물 **alluring**: 매혹적인 **whine whiny**: 짜증나는 **radiate radiance**: 빛[광채], 광휘 **radiation**: 방사선, (에너지 등의) 복사 **radiant**: 빛나는, 복사(輻射)의 **radiator**: 방열기, 냉각장치 **radial**: 방사상의 **irradiation**: 빛을 투사함, 계몽, 광선, 방사선요법 **detract detractor**: 가치를 깎아내리는 사람, 중상을 일삼는 사람 **detraction**: 비난, 중상, 감손 **cryptic cryptogram**: 암호문 **encryption**: 암호화 **decryption**: 해독 **libido libidinous**: 선정적인, 호색의 **wither withering**: (사람의) 기를 죽이는[위축시키는] **contrive contrived**: 억지로 꾸민 듯한, 부자연스러운 **contrivance**: (글이나 행동이) 억지로 짜 맞춘 것, 부자연스러움, (교묘한) 장치[도구], 재간, 수완 **larva larval**: 애벌레의, 미숙한 **hilarious hilarity**: 아주 우스움, 유쾌 **dodge dodgy**: 의심스러운, 부정직해 보이는, 부실한, 위험한 **subside subsidiary**: 부수적인, (기업이) 자회사의, 자회사 **subsidy**: 보조금, 장려금 **stink stinking**: 악취가 나는, 역겨운, 엄청 화를 내는 **stinky**: 악취가 나는, 지독한, 역겨운 **etymology etymologically**: 어원상으로, 어원학적으로 **foreboding forebode**: 전조가 되다, (불길한) 예감이 들다 **interrogate interrogation**: 심문, 질문, 의문부호 **interrogatory**: 질문하는 듯한, 의문을 나타내는, 질문서 **colloquial colloquialism**: 구어적 표현 **colloquially**: 구어체로, 회화체로 **colloquy**: 대화 **malevolent malevolence**: 악의, 증오 **eulogy eulogist**: 찬사를 올리는 사람, 찬미자 **eulogize**: 칭송하다, 찬사를 보내다 **savage savagery**: 야만성, 흉포성, 야만적인, 행위 **dejected dejection**: 실의, 낙담 **matrimony matrimonial**: 결혼 생활의, 부부 간의 **reptile reptilian**: 파충류의, 비열한 **elude elusive**: 찾기[규정하기] 힘든 **propel propeller**: 프로펠러 **propulsion**: 추진, 추진력 **sorcery sorcerer**: 마법사, 마술사 **lenient lenience**: 관대, 온화 **leniency**: 관대함, 자비, 너그러움 **legible illegible**: 읽기 어려운 **legibly**: 읽기 쉽게, 판독할 수 있게 **drudgery drudge**: 힘들고 단조로운 일을 오랫동안 하는 사람 **credulity credulous**: 잘 믿는[속는] **incredulous**: 믿지 않는, 못 믿겠다는 듯한 **incredulity**: 쉽사리 믿지 않음, 불신 **exalt exaltation**: 굉장한[날아갈 듯한] 행복감[기쁨], (높은 지위로의) 승격[격상] **vestige vestigial**: (자취·흔적으로) 남아 있는 **enumerate enumeration**: 셈, 계산, 열거, 목록, 알람표 **specter spectral**: 유령 같은, 귀신의, 스펙트럼의 **crunch crunchy**: 아삭아삭한, 바삭바삭한 **pawn pawnshop**: 전당포 **construe misconstrue**: 오해하다, 잘못 해석하다 **permeate impermeable**: 통과시키지 않는, 불침투성의 **permeable**: 스며들 수 있는, 투과성의 **permeability**: 삼투성, 투과성 **impudent impudence**: 뻔뻔스러움, 무례함 **startle startling**: 깜짝 놀랄, 아주 놀라운[특이한], (색깔이) 놀랍도록 선명한 **oppress oppression**: 압박, 압제, 억압, 탄압, 학대, 압박감, 우울, 의기소침, 고난 **oppressive**: 억압[탄압]하는, 억압적인, (날씨가) 숨이 막힐 듯한, 후텁지근한, (근심·걱정으로) 답답한[질식할 것 같은] **oppressor**: 억압[탄압]하는 사람[집단], 압제자 **allege allegedly**: 주장에 의하면, 이른바 **allegation**: (증거 없는) 혐의[주장] **euphoria euphoric**: (병적인) 큰 기쁨의 **snipe sniper**: 저격수 **meddle meddlesome**: 간섭[참견]하길 좋아하는 **incandescent incandescence**: 백열, 고온 발광, (분노 따위의) 불타오름 **natal antenatal**: 출산 전의, **prenatal**: 태어나기 전의,

태아기의 **orb** orbit: 궤도, (특정 개인·조직 등의) 영향권[세력권], (다른 천체의) 궤도를 돌다 **orbiting**: 궤도를 선회하는 **orbital**: 궤도의, 도시 외곽을 도는 **orbicular**: 공 모양의, 둥근, 원형의, (비유) 완전한, 완벽한 **orbed**: 공 모양의, 원형의, 둥근, 눈이 있는 **discontinue** **discontinuous**: 불연속적인, 단속적인 **discontinuity**: 중단(된 상태), 단절, 중단 **profuse** **profusion**: 다량, 풍성함 **harass** **harassed**: 잔뜩 지친[시달리는] **harassment**: 괴롭힘, 애먹음 **infringe** **infringement**: 위반, 위배, 침해 **infringer**: 위반자, 침해자 **congregation** **congregate**: 모이다, 소집하다 **capitulation** **capitulate**: (오랫동안 거부하던 것에) 굴복하다, (조건부로) 항복하다 **glamor** **glamorous**: 화려한, 매력이 넘치는 **burglar** **burglary**: 절도(죄), 빈집털이 **itch** **itchy**: 가려운, 가렵게 하는 **emaciated** **emaciation**: 여윔, 쇠약, 초췌 **deflect** **deflection**: 편향, 비뚤어짐, 굴절 **ulceration** **ulcerate**: 궤양화하다 **ulcer**: 궤양, 부패 상태 **mire** **mired**: 수렁[궁지]에 빠진, 진흙탕[진창]에 박힌 **miry**: 진창 같은, 수렁 같은 **quagmire**: 수렁, 진창 **infirm** **infirmity**: (장기적인) 병약[질환] **infirmary**: 병원, 양호실, 의무실 **inhale** **inhaler**: (호흡 곤란 환자들을 위한) 흡입기 **inhalation**: 흡입, 흡입제 **magnanimity** **magnanimous**: 관대한, 도량이 넓은 **magnanimously**: 관대하게 **intrepid** **intrepidity**: 대담함, 용맹함 **ejaculation** **ejaculate** (생리) 사정하다, 내뿜다 (갑자기) 외치다 **muck** **mucky**: (흙 등이 묻어) 더러운, 추잡한, 외설적인 **emigrate** **emigration**: (타국으로의) 이주, 이민 **emigrant**: 이민자[이주민] **abhorrence** **abhorrent**: 질색인, 동떨어진 **culpable** **culpability**: 질책 받을 일, 유죄성, 과실이 있음 **logarithm** **logarithmic**: (수학) 대수의 **magnify** **magnification**: 확대, 확대율, 배율 **supersede** **supersession**: 경질, 면직, 교체 **slump** **slumped**: 꼬꾸라져 있는 **wily** **wiliness**: 교활함, 술책을 부림 **wile**: 책략, 사기, 농간을 부리다, 속이다, (시간을) 즐겁게 보내다 **despondency** **despondent**: 풀이 죽은, 실의에 빠진 **despond**: 낙담하다 **despondingly**: 낙담하여, 절망적으로 **loath** **loathing**: 혐오감, 증오심 **loathe**: 혐오하다 **loathsome**: 혐오스러운 **decompose** **decomposed**: 분해[부패]된 **decomposition**: 분해, 해체, 부패, 변질 **flirt** **flirtatious**: 추파를 던지는, 교태를 부리는 **flirtation**: (재미 삼아) ~에 잠깐 손을 댐, 추파를 던짐 **mediocrity** **mediocre**: 보통밖에 안 되는, 썩 좋지는 않은 **extricate** **extrication**: 구출, 탈출 **inextricable**: 불가분한, 떼려고 해도 뗄 수 없는, 탈출할 수 없는 **opulent** **opulence**: 풍부, 부유, 화려함 **masturbation** **masturbate**: 자위행위를 하다 **preemptive** **preempt**: 선매권에 의하여 획득하다, (예상된 사태를) 선수를 쳐서 회피다 **indigent** **indigence**: 가난, 빈곤, 궁핍 **synopsis** **synoptic**: 개요의, 요약의 **intern** **internship**: 인턴사원 근무 **corrugated** **corrugation**: 물결 모양으로 만들기, 주름 **pave** **pavement**: 인도, 보도, (땅 위에 널돌을 깔아 만든) 포장 지역 **paving**: (땅에 널돌 등을 깔아 만든) 포장된 표면, (도로 등의) 포장재 **propitious** **unpropitious**: 불운한, 불길한, 형편이 좋지 못한 **procreation** **procreate**: 아이[새끼]를 낳다 **procreative**: 출산[생식]의 **banal** **banality**: 진부함, 시시한 말 **commute** **commuter**: 통근자 **commutation**: 교환, (지급 방법의) 대체 **perturb** **perturbation**: (심리적인) 동요, 작은 변화 **imperturbable**: 내정한, 침착한 **perturbed**: 혼란된, 동요한 **imperturbability**: 침착, 냉정, 태연함 **emanate** **emanation**: 발산, 방사, 내뿜음 **hallucination** **hallucinatory**: 환각의, 환각을 일으키는 **hallucinate**: 환각을 느끼다 **hallucinogen**: 환각제 **repudiate** **repudiation**: 거절, 부인, (국채 등의) 지불거절, 이혼, 의절 **ameliorate** **amelioration**: 개량, 개선 **abate** **abatement**: 감소, 감퇴, 폐지, 금지 **unabated**: 조금도 수그러들지 않는 **kindle** **rekindle**: (감정·생각 등을) 다시 불러일으키다[불붙이다] **grizzly** **grizzle**: 회색, 회색머리, 칭얼거리다, 보채다 **savor** **savory**: 맛 좋은, 풍미 있는, 기분 좋은 **unsavory**: 좋지 못한 냄새[맛]이 나는,

불미스러운 **inadvertent** **inadvertency**: 부주의, 소홀로 인한 실수 **abrasive** **abrasion**: 마모, 침식, 찰과상 **abrade**: 신경질 나게 하다, 닳다 **codification** **codify**: 체계적으로 정리하다, 성문화하다 **defile** **defilement**: 더럽힘, 오염 **undefiled**: 더럽혀지지 않은, 순결한 **aggravate** **aggravation**: 악화, 심각, 도발 **aggravated**: 가중처벌이 가능한[악질적인] **aggravating**: 악화하는, 약 오르는 **shred** **shredder**: 파쇄기 **fortify** **fortification**: 방어 시설, 요새화, 무장 **plumb** **plumber**: 배관공, 맞춰 놓다, 때려부수다 **explication** **explicate**: 설명[해석]하다 **inexplicable**: 설명할 수 없는 **infuse** **infusion**: (어떤 것을 더 강하게 되게 하기 위한) 투입, 우려낸 차, 주입 **voluptuous** **voluptuary**: 주색을 탐하는 사람, 쾌락주의자 **mishap** **hapless**: 불운한, 불행한 **hap**: 운[요행], 우연히 일어나다 **stub** **stubbed**: 그루터기 같은, 짧고 굵은, 뭉툭한 **gritty** **nitty-gritty**: (쟁점·상황의) 핵심[요체] **canvass** **canvasser**: 호별 방문자, 선거 운동원, 주문 받는 사람, 외판원 **coerce** **coercion**: (협박에 의한) 강제[강압] **overbearing** **overbear**: 위압하다, 압도하다, 애를 너무 많이 낳다, 열매가 너무 열리다 **carp** **carping**: 트집 잡는, 잔소리 심한, 트집 잡기 **skew** **skewed**: 왜곡된, 편향된, 경사진, 삐딱한 **askew**: 삐딱하게, 비스듬히 **duplicity** **duplicitous**: 불성실한, 사기의 **scathing** **unscathed**: 상처가 없는, 상처를 입지 않은 **reticent** **reticence**: 과묵, (입을) 조심함, 마음이 내키지 않음 **hump** **humped**: 혹이 있는, 혹 모양의 **coax** **coaxing**: 구슬리기, 달램 **atrocity** **atrocious**: 형편없는, 끔찍한, 극악무도한 **castration** **castrate**: 거세하다 **punctual** **punctuality**: 시간 엄수, 정확함 **retaliate** **retaliatory**: 앙갚음의, 복수심이 강한 **retaliation**: 복수, 앙갚음 **cleave** **cleft**: 움푹 들어간 부분, 갈라진 틈 **cleaver**: 큰 식칼 **concord** **concordance**: 용어 색인, 유사, 일치 **stipulate** **stipulation**: 조항, 조건, 계약 **fawn** **fawning**: 아양부리는, 알랑거리는 **garnish** **garniture**: 장식, 장식물, (요리의) 고명, 비품 **eviction** **evict**: (주택이나 땅에서) 쫓아내다[퇴거시키다] **outlandish** **outlander**: 외국인, 이방인 **vandalism** **vandal**: 예술 문화 파괴자, 공공물 등을 고의로 부수는 사람 **amphibious** **amphibian**: 양서류 **endow** **endowment**: 기부, (타고난) 자질[재능] **pacific** **pacifist**: 평화주의자 **pacify**: 진정시키다[달래다], 평화를 가져오다 **pacifier**: 달래는 사람, 조정자 **decode** **decoder**: 해독기 **retract** **retraction**: 철회, 취소, 오므리기 **retractable**: 집어넣을[오므릴] 수 있는 **retractor**: 철회자, 끌어당기는 것, 수축근 **wrinkle** **wrinkly**: 주름진, 구김살이 생긴 **flake** **flaky**: (조각조각으로) 얇게 벗겨지는, 괴퍅인 **peck** **pecker**: 곡괭이 **woodpecker**: 딱따구리 **obliterate** **obliteration**: 말소, 삭제, 소멸, 망각 **lubrication** **lubricant**: 윤활유, 미끄럽게 하는 **lubricate**: 윤활유를 바르다, 기름을 치다 **lubricity**: 매끄러움, 음탕, 불안정함 **reprehensible** **reprehend**: 책망하다, 꾸짖다, 나무라다 **strut** **strutting**: 으스대며 걷는, 거드름 부리는, 젠체하는 **virile** **virility**: (남성의) 정력, 생식능력, 남자다움 **froth** **frothy**: 거품이 떠 있는, 허황된, 실속 없는, 하늘하늘한 **cello** **cellist**: 첼로 연주자 **ambience** **ambient**: 주위의, 잔잔한, 은은한 **sloth** **slothful**: 나태한 **profligate** **profligacy**: 낭비, 방탕, 난봉 **hype** **hyper**: 들뜬, 흥분한, 과대 선전을 하는 사람 **convene** **reconvene**: 다시 모이다[소집하다] **orthopedic** **orthopedist**: 정형외과 의사 **espouse** **espousal**: 지지, 옹호 **detest** **detestable**: 혐오[가증]스러운 **detestation**: 아주 싫어함, 혐오, 증오 **obtuse** **obtuseness**: 무딤, 둔감함 **meteor** **meteoric**: 일약 ~한 (유명해진), 유성의 **meteorite**: 운석 **stagger** **staggering**: (너무 엄청나서) 충격적인, 믿기 어려운 **staggeringly**: 비틀거리며, 주저하며 **sacrilege** **sacrilegious**: 신성을 더럽히는, 교회를 침범하는 **exhale** **exhalation**: 발산, 증발, 숨을 내쉼 **rave** **raving**: (사람이) 발광한, 미쳐 날뛰는, 대단한, 굉장한 **lingual** **bilingual**: 두 나라 말을 하는 **wring** **wringer**: 짜는 사람, 착취자, 짜는 기계, 탈수기, 쓰라린 경험, 시련 **parenthesis** **parenthetical**: 삽입 어구로 제시된 **parentheses**:

괄호 **blemish unblemished**: 흠[오점] 하나 없는 **pickle pickled**: 식초에 절인, 술 취한 **tatter tattered**: 낡을 대로 낡은, 누더기[넝마기]가 된, 다 망가진 **hustle hustler**: 사기꾼, 매춘부 **invert inverted**: (아래위를) 뒤집다, (순서를) 도치시키다 **inversion**: 도치[전도] **inverse**: 반대의, 역의 **orthography orthographic**: 철자가 바른, (기하) 정사영의, 직각의 **agnostic agnosticism**: 불가지론 **pervade pervasive**: 만연하는, (구석구석) 스며[배어]드는 **condense condensed**: 응축한, 요약한 (활자가) 폭이 좁은 **condensation**: (차가운 표면에 생기는) 물방울, 응결, (책 등의) 요약 **abort abortive**: 무산된, 수포로 돌아간 **aborted**: 유산된, 발육부전의 **abortion**: 낙태 **jubilant jubilation**: 승리감, 환호, 환희 **clam clammy**: (기분 나쁘게) 축축한, 진득거리고 차가운 **fornication fornicate**: 간통하다, 아치형의, 활 모양의 **febrile febrifuge**: 해열제, 청량음료, 해열성의 **licentious licentiousness**: 부도덕함, 음탕함 **grumble grumbling**: 불평 **miser miserly**: 구두쇠인, 수전노인, 아주 적은 **deplore deplorable**: 개탄스러운 **buoy buoyant**: 경기가 좋은, 자신감에 차 있는, 부력이 있는 **buoyancy**: 부력, 쾌활함, 상승 경향 **erring unerring**: 정확한, 과오를 범하지 않는 **creak creaky**: 삐걱거리는, 낡은, 제 기능을 못하는 **abdication abdicate**: 왕위에서 물러나다, 퇴위하다, 책무를 다하지 못하다 **decrepit decrepitude**: 노쇠, 늙어빠짐 **symbiosis symbiotic**: 공생의, 공생하는 **decease deceased**: 사망한, 고인 **ravenous ravenously**: 게걸스럽게, 갈망하여 **sulky sulk**: 부루퉁하다, 샐쭉하다 **sulkily**: 부루퉁하게, 끝이 나서 **lowercase uppercase**: 대문자 **detonation detonate**: 폭발하다[시키다] **detonator**: 기폭 장치 **hydrate rehydrate**: 다시 수화하다 **hydrated**: 수화한 **dehydration**: 탈수, 건조 **hydrant**: 급수전, 소화전 **hydraulic**: 수력의, 수압의 **barrow wheelbarrow**: 외바퀴 손수레 **waver unwavering**: 변함없는, 확고한 **guile beguile**: 구슬리다, (마음을) 끌다, 이끌다 **beguiling**: 묘한 매력이 있는 **assuage assuagement**: 완화, 진정 **luster lusterless**: 광택이 없는 **lackluster**: 흐리멍덩한, 활기 없는 **lustrous**: 번쩍이는, 윤기가 흐르는 **lustrously**: 광택이 나면서, 훌륭하게 **sedate sedative**: 진정제, 진정시키는 **sedation**: 진정제 투여, 진정 상태 **infatuate infatuated**: (사랑하는 대상에) 미쳐 있는[푹 빠진] **infatuation**: 심취, 열병 **covet covetous**: 탐내는, 갈망하는 **evanescent evanescence**: 덧없음 **pervert perversion**: 도착(적인 행동), 왜곡 **perverse**: (사고방식이) 비뚤어진 [삐딱한] **perverted**: 비정상적인, 도착된 **erudite erudition**: 학식, 박식 **confederate confederation**: (국가·사업체의 등의) 연합[연맹] **confederacy**: 연합[연맹] **immerse immersion**: (액체 속에) 담금[잠김], 몰두, 몰입 **nip nipping**: 살을 에는 듯한, 통렬한, 신랄한 **convolution convoluted**: 복잡한, 뒤얽힌, 나선형의 **trite triteness**: 진부함, 닳아빠짐 **convulsion convulse**: 경련을 일으키게 하다, 포복절도 하다, 화가 나서 부들부들 떨다 **convulsive**: 발작적인 **astonish astonishment**: 깜짝[크게] 놀람 **astonishing**: 정말 놀라운, 믿기 힘든 **ignominious ignominy**: 불명예, 굴욕, 치욕 **horticulture horticulturist**: 원예가 **transgress transgressor**: 위반자, 범칙자 **transgression**: 위반, 범죄, 관습에 대한 도전 **improvise improvised**: 즉석에서 지은, 즉흥의 **improvisation**: 즉석에서 하기, 즉석에서 한[지은] 것 **deflation deflated**: 기가 꺾인, 기분이 상한 **deflate**: 공기를 빼다, 기를 꺾다, (통화를) 수축시키다 **repulse repulsive**: 역겨운, 혐오스러운, (물리) 밀어내는 **repulsion**: 역겨움, 혐오감, (물리) 반발, 밀기 **demolish demolition**: 파괴, 폭파, (특권 등의) 타파, 폐허, 폭약 **recluse reclusive**: 세상을 버린, 은둔한, 은퇴한 **null nullify**: (합의 등을) 무효화하다, 효력 없게 만들다 **nullification**: 무효, 파기, 취소 **corroboration corroborate**: 확증[입증]하다, [신념 등을] 강하게 하다 **talisman talismanic**: 부적의, 귀신을 쫓는 **pith pithy**: 간결하거나 함축적인 **dissect dissection**: 절개, 해부, 해부체, 정밀한 분석 **dissecting**: 해부의, 절개용의

ideation **ideational**: 관념적인 **sanctify** **sanctity**: 존엄성, 신성함, 성스러움 **sanctimonious**: 독실한[신성한] 체하는 **consecrate** **consecration**: 신성화, 봉헌 **ordain** **preordained**: 이미 운명 지워진 **archery** **archer**: 활 쏘는 사람, 궁수 **elegy** **elegiac**: 애가의, 비가의 **acquit** **acquittal**: 무죄 선고 **reinstate** **reinstatement**: 복귀, 복직, 회복 **exterminate** **extermination**: 근절, 절멸, 몰살 **exterminator**: 근절자, 몰살자, (해충 등의) 구제약 **dissociate** **dissociation**: 분열, 분리 **dissociative**: 분리적인, 분열성의 **appraise** **appraisal**: 감정, 평가, 견적 **nebula** **nebular**: 성운의 **nebulous**: 흐릿한, 모호한 **orgy** **orgiastic**: 진탕 마시고 노는 **imbecile** **imbecilic**: 백치 같은, 정신박약자의 **contaminate** **contamination**: 오염, 타락, (이야기 등의) 혼합 **decontamination**: 오염 제거 **tickle** **ticklish**: 간지럼을 잘 타는, 곤란한, 목이 간질간질한 **euphemism** **euphemistically**: 완곡하게 **culminate** **culmination**: (오랫동안 계속된 일의) 정점[최고조] **impute** **imputation**: (죄 등을) 전가, 돌림, 비난, 오명 **lewd** **lewdly**: 음탕하게, 방탕하게 **lewdness**: 음탕함, 방탕함 **senile** **senility**: 노쇠, 노령, 노망 **quirky** **quirk**: (우연하게 발생한) 기이한 일, (사람의 성격에서) 별난 점 **upholstery** **upholster**: (소파에) 덮개를 대다 **interpose** **interposition**: 사이에 넣음, 중재, 조정, 간섭 **solvent** **insolvent** **insolvency**: 지불불능, 파산 **solvency**: 지불[상환] 능력 **mow** **mower**: (잔디) 깎는 기계 **brawl** **brawling**: 시끄러운, 떠들썩한, 요란한 **prodding** **prod**: 쿡 찌르다, 재촉하다, 찌르기, 격려, 자극 **peruse** **perusal**: 숙독, 정독 **imp** **impish**: (심각하지 않을 정도로) 버릇없는[장난스러운] **octagonal** **octagon**: 팔각형 **anachronism** **anachronistic**: 시대착오적인 **surmount** **insurmountable**: 능가할 수 없는, 넘을 수 없는, 이겨낼 수 없는 **crag** **craggy**: 바위투성이인, 우락부락하게 생긴 **vociferous** **vociferate**: 큰 소리로 고함치다[외치다], 호통치다 **vociferation**: 외침, 고함 **omniscience** **omniscient**: 전지의, 박식한 **parsimony** **parsimonious**: 인색한, 극도로 절약하는 **carnivorous** **carnivore**: 육식동물, 육식을 좋아하는 사람 **apostate** **apostasy**: 변절, 탈당, 배교 **spinster** **spinsterhood**: (여자의) 독신, 미혼 **parabola** **parabolic**: 포물선의, 비유담[우화] 같은 **temerity** **temerarious**: 무모한, 무턱대고, 무분별한 **procrastination** **procrastinate**: 늑장부리다, 꾸물거리다, 미루다 **funk** **funky**: (음악이) 비트가 강한, 파격적이고 멋진, 지독한 악취가 나는 **decorous** **decorum**: 단정, 예의 바름 **clog** **unclog**: 장애를 없애다 **superintend** **superintendent**: 관리자[감독관], (미국에서) 경찰서장, 건물 관리인 **curd** **curdle**: 응유로 만들다, (우유가 액체와 고체로) 분리되다, (피 등을) 응고시키다 **baffle** **baffling**: 저해하는, 당황하게 하는, 이해할 수 없는 **convalescence** **convalescent**: 요양[회복]의, 요양 중인 **cramp** **cramped**: (방 등이) 비좁은, 비좁게 [답답하게] 있는, (글씨가) 작고 갑갑한, 알아보기 힘든 **rivet** **riveting**: 매혹적인, 황홀하게 하는, 관심을 사로잡는 **dilate** **dilated**: 옆으로 퍼진, 팽창한, 넓어진 **feign** **feint**: 시늉, 가장 **unfeigned**: 거짓 없는, 진실한, 성실한 **bash** **bashing**: 맹비난[맹공격], 강타, 공격 **basher**: 세게 때리는 사람, 혹독한 비판자 **bashful**: 수줍음을 타는 **continence** **incontinent**: 억제할 수 없는, 음란한, (대소변) 실금의 **insinuate** **insinuating**: 넌지시 비치는, 의심스러운, 교묘하게 환심을 사는 **insinuation**: 암시(된 내용), 암시함 **celibate** **celibacy**: (수도사의 종교적인) 독신주의, 금욕 **concoction** **concoct**: 혼합하여 만듦, 조합 **pique** **piquant**: (맛이 상큼하게) 톡 쏘는 듯한, 짜릿한, 흥미진진한 **retro** **retrospect**: 회상, 선례의 참고, 회상하다 **retrofit** 새로 장착하다 **retrograde**: 역행하는 **retrospective**: 회고[회상]하는 **prank** **prankish**: 희롱하는, 장난치는, 재롱부리는 **gullible** **gullibility**: 잘 속음, 사기를 잘 당함 **pimp** **pimping**: 하찮은, 작은, 병약한 **avow** **avowal**: 공언, 자백, 시인 **promulgate** **promulgation**: 선포, 보급, 공표 **magisterial** **magisterially**: 주인답게, 위엄 있게, 당당하게 **inscribe** **inscription**:

(책·금석에) 적힌[새겨진] 글, 제사(題詞), 명문(銘文) **dupe dupery**: 사기, 속임수 **myopia myopic**: 근시의, 근시안적인 **rebut rebuttal**: 원고의 반박, 반증 **encroach encroachment**: 침략, 침해, 침식 **sinew sinewy**: 근육질의 **monogamy bigamy**: 중혼 **polygamy**: 일부다처제 **monogamous**: 일부일처의 **bigamist**: 이중 결혼을 한 자 **polygamous**: 일부다처의 **cram crammed**: 잔뜩 들어 있는[가득 찬], (사람들이) 비좁게 하는 **extort extortionist**: 착취자 **extortion**: 강요, 강탈, 터무니없는 에누리 **extortionate**: 터무니없이 높은 **aqua aquatic**: 물속에서 자라는, 수생의 **aquarium**: 수족관 **aqueous**: 수성의, 물을 함유하는 **languish languidly**: 노곤하게, 기력이 모자라서 **languor**: 나른함 **languid**: 힘없는[느릿느릿한] **admonish admonition**: 책망, 경고, 훈계 **annul annulment**: 취소, 폐지 **marauding marauder**: 약탈자, 습격자 **hedonism hedonist**: 쾌락주의자 **hedonistic**: 쾌락주의적인 **cannibal cannibalism**: 사람 고기를 먹는 풍습, (대기업에 의한) 중소기업의 흡수합병 **suave suavity**: 유화, 온화, 상냥한 태도, 입맛이 순함 **metallurgy metallurgical**: 야금의 **southernmost easternmost**: 가장 동쪽의 **westernmost**: 가장 서쪽의 **northernmost**: 최북단의 **nomad nomadic**: 유목민의, 방랑의 **polytheism polytheistic**: 다신교의, 다신론의 **flippant flippancy**: 경솔, 경박 **molest molestation**: 방해, 괴롭힘, (부녀자) 희롱, 추행 **eject ejection**: 배출, 방출, 유출 **hulk hulking**: (불안감을 줄 정도로) 거대한, 몸집이 큰 **impeach unimpeachable**: 의심할 여지없는 **impeachment**: 탄핵, 비난, 파면 **slush slushy**: 진창의, 깊이가 없고 감상적인 **obsequious obsequiousness**: 아부함, 아첨함 **foreclose foreclosure**: 압류, 담보권 행사 **polygonal polygon**: 다각형 **confiscate confiscation**: 몰수, 압수 **nonchalant nonchalance**: 무관심 **ingest ingestion**: 섭취 **gluttony glutton**: 대식가, 폭식가, 힘든 일을 하기를 즐기는 사람 **scab scabby**: 딱지투성이의, 옴에 걸린, 비열한 **elongate elongation**: 연장, 늘어남, 이각[태양과 행성 간의 각거리] **aver averment**: 언명, 단언, 사실이라는 진술 **saturate saturated**: 흠뻑 젖은, 포화된, 강렬한 **unsaturated**: 충분히 용해되지 않은, 불포화의 **saturation**: 포화, 포화도 **pantheism pantheist**: 범신론자 **sizzling sizzle**: 지글지글 하는 소리는 내다, 찌는 듯이 덥다 **typography typographic**: 인쇄술의 **pout pouting**: 입을 빼죽 내민, 뿌루퉁한 **pouty**: 뿌루퉁한, 토라지기 잘하는 **importunate importunity**: 끈덕짐, 집요함 **importune**: 성가시게 조르다 **lascivious lasciviousness**: 음탕함, 선정적임 **diffident diffidence**: 자신이 없음, 기가 죽음 **indent indentation**: (깎거나 찍어서 생긴) 자국, (행 시작 부분에서) 들여쓴 자리, 주문하기 **stutter stutterer**: 말더듬이 **underwrite underwriter**: (해상 보험) 보험사 **canny uncanny**: 이상한, 묘한 **penury penurious**: 몹시 가난한, 극빈한 **fluff fluffy**: 솜털의, 거품 같은, 폭신해 보이는 **surreptitious surreptitiously**: 몰래, 남모르게, 부정하게 **clairvoyance clairvoyant**: 통찰력이 있는, 천리안의 **prowl prowler**: 헤매는 사람, 좀도둑, 범행 대상을 찾아 다니는 자 **dwindle dwindling**: 점점 적어지는, 저하하는 **leer leering**: 곁눈질하는, 심술궂게 보이는 눈초리의 **leery**: 의심 많은, 교활한 **exigency exigent**: 급박한, 위급한, 자꾸 요구하는 **sepulchral sepulcher**: 무덤, 묘, 무덤에 안치하다, 매장하다 **centenary centenarian**: 100세[년](이상)의, 100세(이상)의 사람 **astigmatism astigmatic**: 난시의, 난시 교정의 **subjugate subjugation**: 복종, 종속 **resound resounding**: 굉장한, 완전한, (길게) 울려 퍼지는 **bluster blustery**: 바람이 거센, 세차게 몰아치는 **cherub cherubic**: 천사의, 천사 같은, 토실토실한 **ruffle ruffled**: 주름 장식을 단 **glum glumly**: 음침하게, 침울하게 **instigate instigation**: 착수, 선동, 부추김 **instigator**: 선동자, 교사자 **wobble wobbly**: 흔들거리는, 기우뚱한 **obdurate obduracy**: 고집, 완고 **copulation copulate**: 성교하다, 교미하다 **inane inanity**: 시시함, 어리석음

pandemonium pandemic: 전국적으로 유행하는, 전국적인 유행병 **perpetrate perpetrator**: 가해자[범인] **disavow disavowal**: 거부, 부정 **protrude protrusion**: 돌출, 돌출부 **condolence condole**: 애도의 뜻을 표하다, 조문하다, 위안하다 **telegraphy telegraphic**: 전신의, 전보의, (문장이) 간결한 **gnaw gnawing**: 신경을 갉아먹는, 괴롭히는 **stoicism stoic**: 금욕주의자, 극기심이 강한 사람 **ether ethereal**: 지극히 가볍고 여린, 천상의 **introverted introvert**: 내성[내향]적인 사람 **extroverted extrovert**: 외향적인 사람 **gibberish gibber**: 횡설수설하다 **quintessence quintessential**: 본질적인, 전형적인 **stammer stammering**: 말을 더듬는, 더듬으며 말하는 **kink kinky**: 배배 꼬인, 잘 꼬이는 **demagogue demagogy**: 민중 선동, 선동 **puritan puritanical**: 청교도적인, 금욕주의적인 **cataclysm cataclysmic**: 격변하는, 무시무시한 **rancor rancorous**: 원한이 있는, 악의에 불타는 **obtrusive obtrusion**: 강요, 주제넘은 참견 **unobtrusive**: 불필요하게 관심을 끌지 않는, 삼가는, 겸손한 **transpire transpiration**: 발산, 증발, 땀 **cuddle cuddly**: 꼭 껴안고 싶은, 껴안을 수 있게 만든 **autocrat autocratic**: 독재의, 횡포한 **autocracy**: 전제정치, 전제군주국 **vanquish vanquisher**: 정복자, 극복하는 사람 **clench unclench**: (꼭 쥐었던 것을) 펴다, 비틀어 열다 **underhand underhanded**: 일손이 모자라는, 비밀의 **commiseration commiserate**: (실망한 사람에게) 위로[동정]를 표하다 **abrogate abrogation**: 폐지, 폐기 **fumble fumbling**: 어설픈, 머뭇거리는 **prescience prescient**: 선견지명이 있는 **abasement abased**: 멸시당한 **abase**: 저자세가 되다, (품위 등을) 떨어뜨리다 **incubate incubation**: (조류의) 알 품기, (질병의) 잠복기 **incubator**: 부화기, (조산아 등의) 보육기 **jocular jocularity**: 익살, 우스꽝스러움 **speckle speckled**: 작은 반점들이 있는, 얼룩덜룩한 **exult exultation**: 의기양양함, 기뻐서 어쩔 줄 모름 **demur demurrer**: 항변자, 이의신청자, 항변, 이의 (신청) **opprobrium opprobrious**: 모욕적인, 입심 사나운 **hurrah hurray**: 만세 **hooray**: 만세 **verbose verbosity**: 수다 **defecation defecate**: 배변하다 **crucify crucifix**: (예수가 못 박혀 있는) 십자가상, 십자 매달리기 **crucifixion**: 십자가에 매달아 죽이는 것 **eraser erase**: (완전히) 지우다[없애다], (지우개 등으로) 지우다 **relegate relegation**: 좌천, 추방 **punctuate punctuation**: 구두점(들), 구두법 **idiosyncrasy idiosyncratic**: 특이한, 색다른 **testicle testicular**: 고환의, 정소의 **deport deportation**: 국외 추방, 국외 이송 **exonerate exoneration**: 면죄, 면책 **empiric empiricism**: 경험주의 **empirically**: 실증적으로 **empirical**: 경험적인, 실증적인 **foment fomentation**: 조장, 유발, 찜질 **abridge unabridged**: 생략되지 않은, 원문 그대로인 **abridgment**: 축소, 단축, 요약 **contravene contravention**: 반대, 위반 **iterate reiterate**: (강조하기 위해) 반복하다, 되풀이하다 **iteration**: 되풀이, 반복 **scorch scorching**: 모든 걸 태워 버릴 듯이 더운 **submerge submerged**: 수몰된, 수중의, 수생의, 감추어진, 최저 생활을 하는 **perplex perplexity**: 당혹감, 당혹스러운[이해하기 힘든] 것 **perplexing**: 난처[당황]하게 하는, 착잡한, 복잡한 **infest infestation**: 침략, 횡행, 만연, (기생충 등의) 체내 침입 **allot allotted**: 할당된 **allotment**: 할당량, 할당, 배당 **circumscribe circumscription**: 둘러쌈, 제한 **bulldozer bulldoze**: 불도저를 밀다[부수다], (강력히) 밀어붙이다, 강요하다 **demean demeaning**: 비하하는, 모욕적인 **epilepsy epileptic**: 간질의, 간질 환자 **skimpy skimp**: (돈 등을) 지나치게 아끼다 **effervescence effervescent**: 거품이 이는, 발포성의, 쾌활한 **effervesce**: 거품이 일다, 활기를 띠다 **recrimination recriminate**: 되받아 비난하다, 맞고소하다 **clinch clincher**: (논쟁을 매듭짓는) 결정적인 사실, 결정타 **swindle swindler**: 사기꾼, 협잡꾼 **rove roving**: 이동해 다니는, 방랑하는 **sheath unsheathe**: 칼집에서 뽑다, 빼내다, 선전포고를 하다 **sheathe**: 칼집에 넣다, (무엇을 보호하기 위해) 싸다 **trawl trawler**: 저인망 어선 **digress**

digression: 지엽으로 흐름, 여담, 탈선 **loquacious loquacity**: 수다, 말 많음 **exorcise exorcist**: 퇴마사 **exorcism**: 악령 쫓기, 푸닥거리, 나쁜 기억을 잊기 위한 행동 **perk perkiness**: 주제넘은, 의기양양, 원기왕성 **perky**: 활기찬, 생기 넘치는 **debauch debauchery**: 방탕, 난봉, 무절제 **distill distillation**: 증류, 증류물 **realtor realty**: 부동산, 물적 재산 **plaudits plaudit**: 갈채, 박수, 칭찬 **rejuvenate rejuvenation**: 회춘, 원기 회복 **gripe griping**: 쿡쿡 찌르듯이 아픈 **gullet esophageal**: 식도의 **oesophagus**: (해부) 식도 **abjure abjuration**: 포기 선언, 맹세하고 그만둠 **flog flogging**: 태형, 장형, 매질 **dissemble dissembler**: 본심을 드러내지 않은 사람 **deprecate deprecating**: 강렬히 반대하는, 비난조의 **deprecation**: 반대, 불찬성, 항의 **casuistry casuistic**: 지적 속임수가 많은, 궤변적인 **casuist**: 궤변가 **augur augury**: 전조, 조짐 **mutate immutable**: 불변의 **transmutation**: 변이, 변질 **mutation**: 돌연변이(과정) **mutant**: 돌연변이의, 돌연변이체 **mutable**: 변할 수 있는, 잘 변하는 **daub dauber**: 칠하는 사람, 미장이 **unctuous unctuously**: 기름 같이, 감동한 척 **unction**: (종교 의식에 사용하는)도유, 번지르르한 말[행동] **mercuric mercurial**: 변덕스러운, 수은의, 수성의 **pedant pedantic**: 지나치게 규칙을 찾는, 아는 체하는 **pendantry**: 박식한 체하기, 지나치게 규칙을 찾음 **sear searing**: 타는[태울] 듯한, 혹독한 **slink slinky**: 몰래 하는, 살금살금 하는 **understate understated**: (스타일 등이) 절제된, 겸손한 **understatement**: 절제된 표현, 절제 **overstate**: (실제보다 더 중요한 것처럼) 과장하다, 허풍 떨다 **mortify mortifying**: 분한, 원통한, 고행이 **occidental occident**: 서양, 서구, 구미 **manicure manicured**: (손톱 등이) 깔끔하게 손질된, (정원 등이) 깔끔하게 손질된 **palpitation palpitate**: (심장이) 두근거리다, 몹시 고동치다 **incriminate incrimination**: 죄를 씌움, 유죄로 함 **fecund fecundity**: 생식력, 다산, 풍부한 창조력 **maggot maggoty**: 구더기 천지의, 변덕스러운, 기묘한 생각을 지닌 **bombast bombastic**: 과장한, 허풍 떠는 **mull mulled**: 설탕과 향신료를 넣어 데운 **paunch paunchy**: 배가 불뚝하게 나온, 올챙이배의 **gyration gyrate**: 빙빙 돌다, 선회하다 **abduct abductor**: 유괴범, 납치범 **abduction**: 유괴, 납치 **pentagon pentagonal**: 오각형의 **diabolic diabolical**: 끔직한, 진저리 나는, 악마 같은 **rewind unwind**: 풀다, 풀리다 **wind-up**: 감게 되어 있는, 마무리를 짓기 위한 **unwound**: 감긴 것이 풀린 **interjection interject**: 말참견을 하다, ~을 던져 넣다 **riddance good riddance**: (~을 안 보게 되어) 속이 시원하다 **palliate palliative**: (근본을 해결하지 않는) 일시적인 처방 **palliation**: 일시적 완화, 변명 **frill frilly**: 주름 장식이 많은 **proselyte proselytize**: 개종시키려 하다 **requite requital**: 보답, 보복 **unrequited**: 보답 없는, 일방적인, 무보수의 **impersonate impersonation**: 의인화, 연기, 말투[태도] 흉내 내기 **impersonator**: 흉내를 내는 연예인, 배우 **debase debasement**: (품위의) 저하, 가치 저하 **vitiate vitiated**: 손상된, 부패된, 타락한 **vitiation**: 손상, 부패 **electromagnet electromagnetic**: 전자기의, 전자석의 **fumigation fumigate**: (연기 · 증기로) 그을리다, 훈증 소독하다 **congruity incongruity**: 부조화, 부적합, 불일치 **sequester sequestered**: 외딴, 한적한 **encumber encumbrance**: 거치적거리는 것, 지장, 장애물 **clement clemency**: 관용, 관대한 처분 **inclement**: (날씨가) 좋지 못한[궂은] **mutilate mutilation**: (수족 등의) 절단, 불구로 하기, (문장 등의) 불완전화, (법) 문서 훼손 **enunciate enunciation**: 똑똑한 말투, 명확한 진술 **mesmeric mesmerize**: 최면을 걸듯 마음을 사로잡다 **mesmerism**: 최면술 **mesmerist**: 최면술사 **heliocentric geocentric**: 지구 중심적인 **heliotropism**: 굴광성 **elope elopement**: 가출, 도망 **acrobat acrobatic**: 곡예적인, 곡예의 **expostulation expostulate**: 훈계하다, 타이르다 **tabulate tabula**: 필기판 **tabulation**: 표(도표) 작성, **tabular**: 표로 나타낸 **embroider embroidery**:

자수(패턴/무늬), 자수법 **teem teeming**: (사람·동물 등이) 바글[와글]거리는 **enervate enervation**: 쇠약, 무기력 **enervated**: 기력이 떨어진 **ocular binocular**: 두 눈으로 보는 **binoculars**: 쌍안경 **exasperate exasperation**: 격노, 분노, 격화, 악화 **lecherous lechery**: 호색, 음탕 **engross engrossed**: 몰두한 **engrossing**: 마음을 사로잡는 **vituperation vituperative**: 통렬한, 악담하는 **crumple crumpled**: 쭈글쭈글한, 주름살투성이의 **narcissist narcissism**: 자기 사랑, 자기도취증 **narcissistic**: 자기애의, 자기 도취적인 **ruminate rumination**: 심사숙고 **blotch blotchy**: 얼룩덜룩한, 얼룩진 **blotched**: 얼룩진 **harry harried**: 몹시 곤란을 겪는, 어찌할 바를 모르는 **frisk frisky**: 기운찬, 놀고 싶어 하는 **prolix prolixity**: 장황함, 지루함 **peddle peddling**: 행상하는, 시시한, 행상 **peddler**: 마약 판매원 **induration indurate**: 단단하게 하다, (마음을) 무감각하게 하다, (고통에) 익숙하게 하다 **engrave engraving**: 판화, 판화 제작 **actuary actuarial**: 보험 통계의 **abbreviate abbreviated**: 단축된, 짧게 한 **abbreviation**: 축약형, 축약 **seethe seething**: 펄펄 끓는, 비등하는, 소용돌이치는, (분노 등으로) 속이 끓어오르는 **prude prudish**: 고상한 체하는, 몹시 얌전 빼는 **mendacity mendacious**: 허위의, 거짓말을 하는 **confute confutation**: 논박, 반증 **grovel groveling**: 비굴한, 기는 **desecrate desecration**: 신성모독 **abut abutting**: 인접한, 접경한 **extradite extradition**: 범인의 인도, 본국 송환 **daunt undaunted**: 의연한, 흔들림 없는 **dauntless**: 불굴의 **intercalation intercalary**: 윤달의, 사이에 낀, 마디 사이의 **rectum rectal**: (해부) 직장 **whittle whittling**: 깎기, 깎은 부스러기 **supplicate supplicant**: 탄원자, 애원자 **imprecation imprecate**: 저주하다, 재앙을 빌다 **attune attuned**: 익숙한, 적절히 대응하는 **vilify vilification**: 중상, 험담, 욕설 **aliment alimentary**: 영양의, 소화의 **bloat bloated**: 부은, 부푼 **dandruff scurf**: 비듬, 때, 오물 **defame defamatory**: 비방하는, 명예를 훼손하는 **defamation**: 명예훼손, 중상 **incapacitate incapacitated**: 무능력하게 된, (너무 바빠서) 옴짝달싹 못하는 **pimple acne**: 여드름, 좌창 **necromancer necromancy**: 마법, 마술, 강령술 **gawk gawky**: (젊은 사람이) 서투른, 어색한 **extrude extrusion**: 밀어냄, 분출, 압출성형 **vaccinate vaccine**: 백신 **vaccination**: 백신 접종, 종두 **botanic botanical**: 식물[학]의 **botanist**: 식물학자 **botany**: 식물, 식물학 **botanize**: 식물을 채집[연구]하다 **implode implosion**: 내파, 안쪽으로 파열하기, 폭파에 의한 철거 **marinate marinade**: (고기·생선을 재는) 양념장 **maceration macerate**: (물에) 불리다, 쇠약케 하다 **conjoin conjoined**: 결합한, 연합한 **adjoin adjoining**: 서로 접한, 옆의, 부근의 **fratricide matricide**: 모친 살해 **parricide**: 근친 살해 **patricide**: 부친 살해 **dismember dismemberment**: 팔다리 절단, 국토 분할 **decimate decimation**: 대량 살해, 대량 파괴 **astound astounded**: 경악한, 몹시 놀란 **astounding**: 경악스러운, 믿기 어려운 **hanker hankering**: 동경, 갈망, 열망 **inundate inundation**: 범람, 침수, 홍수 **vacillate vacillation**: 우유부단, 흔들림 **estrange estrangement**: 별거, 불화, (관계의) 소원 **estranged**: (부부가) 별거 중인, 소원해진